Margarita Moreno

W9-BID-935

Student Activities Manual
for

TERCERA EDICIÓN

NIVEL BÁSICO

María José de la Fuente
Ernesto Martín Peris
Neus Sans Baulenas

PEARSON

Boston   Columbus   Indianapolis   New York   San Francisco   Upper Saddle River
Amsterdam   Cape Town   Dubai   London   Madrid   Milan   Munich   Paris   Montréal   Toronto
Delhi   Mexico City   São Paulo   Sydney   Hong Kong   Seoul   Singapore   Taipei   Tokyo

Executive Editor: Julia Caballero
Editorial Assistant: Samantha Pritchard
Senior Marketing Manager: Denise Miller
Marketing Coordinator: Bill Bliss
Development Editor: Marco Aponte
Development Editor for Assessment: Melissa Marolla Brown
Senior Managing Editor for Product Development: Mary Rottino
Associate Managing Editor (Production): Janice Stangel
Media Editor/Development Editor for Assessment: Meriel Martínez
Senior Media Editor: Samantha Alducin
Executive Editor, MyLanguageLabs: Bob Hemmer
Senior Manufacturing & Operations Manager, Arts & Sciences: Mary Fisher
Operations Specialist: Christina Amato
Publisher: Phil Miller
Full-Service Project Management: MPS Limited, a Macmillan Company
Composition: MPS Limited, a Macmillan Company
Printer/Binder: Edwards Brothers Malloy
Cover Printer: Edwards Brothers Malloy

This book was set in 10/12 Stone Sans.

Copyright © 2012 Pearson Education, Inc., publishing as Prentice Hall, 1 Lake St., Upper Saddle River, NJ 07458. All rights reserved. Manufactured in the United States of America. This publication is protected by Copyright, and permission should be obtained from the publisher prior to any prohibited reproduction, storage in a retrieval system, or transmission in any form or by any means, electronic, mechanical, photocopying, recording, or likewise. To obtain permission(s) to use material from this work, please submit a written request to Pearson Education, Inc., Permissions Department, 1 Lake St., Upper Saddle River, NJ 07458.

10 9 8 7 6 5 4 3 2

ISBN-10: 0-20-501055-5
ISBN-13: 978-0-20-501055-4

Contents

1 gente que estudia español

VOCABULARIO EN CONTEXTO

01-01 **Lista de nombres**

You will hear a list of full names. Listen to them, and indicate whether each name below is a first name, a father's last name, a mother's last name, or is not given at all.

1. Castaño
   nombre   primer apellido   segundo apellido   no se dice

2. Miguel
   nombre   primer apellido   segundo apellido   no se dice

3. María José
   nombre   primer apellido   segundo apellido   no se dice

4. Flores
   nombre   primer apellido   segundo apellido   no se dice

5. Aguirre
   nombre   primer apellido   segundo apellido   no se dice

6. Vázquez
   nombre   primer apellido   segundo apellido   no se dice

7. Isabel
   nombre   primer apellido   segundo apellido   no se dice

8. Domínguez
   nombre   primer apellido   segundo apellido   no se dice

9. Pujante
   nombre   primer apellido   segundo apellido   no se dice

01-02 **Palabras relacionadas**

Laura is working on her Spanish homework. Help her by selecting the word in each group that doesn't belong.

1. paisaje   política   historia   cultura
2. idioma   montaña   playa   ciudad
3. noticias   historia   política   respuesta
4. divertido   aburrido   interesante   bonito
5. pregunta   respuesta   estado   tarea

01-03 **Al contrario**

Can you help Laura with more Spanish vocabulary? Select the opposite of each word.

1. difícil: bonito   fácil   grande   gente
2. divertido: aburrido   grande   pequeño   verdadero
3. falso: verdadero   interesante   grande   fiesta
4. pregunta: apellido   país   respuesta   mundo
5. grande: interesante   pequeño   bonito   popular

01-04 **Mal clasificado**

Your Spanish class is practicing organizing groups of words that are used in the same context. Help them by selecting the word that does not belong in each category given.

1. tarea: escribir   leer   aprender   ser

2. conversación: trabajo   grupo   compañeros   pareja

3. naturaleza: playa   montaña   paisaje   tema

4. país: tareas   estados   ciudades   habitantes

01-05 **Categorías**

To learn vocabulary, Enrique and Javier have to assign the words that they have seen in the first Spanish lesson into categories. Help them by selecting the correct category for each word.

1. conversación
   geografía   número   clase de lengua

2. dieciocho
   geografía   número   clase de lengua

3. escuchar
   geografía   número   clase de lengua

4. habitante
   geografía   número   clase de lengua

5. mundo
   geografía   número   clase de lengua

6. respuesta
   geografía   número   clase de lengua

7. once
   geografía   número   clase de lengua

8. participar
   geografía   número   clase de lengua

9. población
   geografía   número   clase de lengua

10. siete
    geografía   número   clase de lengua

11. montaña
    geografía   número   clase de lengua

12. tarea
    geografía   número   clase de lengua

13. pregunta
    geografía   número   clase de lengua

14. veinte
    geografía   número   clase de lengua

01-06 **Tus categorías**

Group the following topics into three categories, ranking from those that interest you the most to those that interest you the least. Are there any other topics that interest you? You can use the dictionary and add them to the appropriate category.

la playa	las tradiciones	la ciudad
los monumentos	la comida	las fiestas populares
la política	la música	la naturaleza

1 [   ]   **2** [   ]   **3** [   ]

01–07 **Lección de matemáticas**

Listen to each question in this math lesson and give your answers orally in complete sentences.

EJEMPLO:

You hear: ¿Dos más dos?

You say: *Dos más dos son cuatro.*

1. …	3. …	5. …	7. …
2. …	4. …	6. …	8. …

01–08 **La lotería**

Listen to the numbers that have been chosen in today's lottery, and select them from the lists below.

1. Serie 1:
   90521   26500   47658   00561

2. Serie 2:
   09542   53682   78023   56091

3. Serie 3:
   38294   56091   08210   47352

4. Serie 4:
   08210   08500   00561   49310

01–09 **Número de teléfono**

You will hear five people requesting a telephone number. Write the correct numbers next to the names below.

EJEMPLO:

You hear: •¿Me puedes dar el número de teléfono de Alberto?

 ○¿Qué Alberto?

 •Alberto Morcillo, tu amigo de Honduras.

 ○Sí, claro. Apunta…es el 4085966.

You write: Alberto Morcillo *4085966*

1. Pedro Pérez Martín _____

2. Marcos Martínez Paz _____

3. Mario Vargas Pérez _____

4. Milagros Martín _____

5. Paula Peralta _____

01–10 **Matemáticas**

Write the number that is missing in the following math problems.

EJEMPLO: Cinco + cuatro − *dos* = siete.

1. Ocho + tres – siete = _____.

2. Nueve + _____ − tres = ocho.

3. _____ + dos − cuatro = seis.

4. Cuatro − _____ + cinco = ocho.

5. Tres + dos + _____ = ocho.

6. Cinco + siete − _____ = tres.

GRAMÁTICA EN CONTEXTO

PRESENT TENSE OF THE VERBS *SER* AND *LLAMARSE*

01-11 **¿Quién es?**

Who is it? Complete the following brief dialogues with the correct forms of **ser**.

EJEMPLO: •¿*Es* él?

o No, *es* ella.

1. • ¿ _____ ustedes?   o No, _____ ellos.

2. • ¿ _____ tú?   o No, _____ él.

3. • ¿ _____ ella?   o No, _____ tú.

4. • ¿ _____ nosotros?   o No, _____ ella.

5. • ¿ _____ ellas?   o No, _____ yo.

6. • ¿ _____ usted?   o No, _____ ustedes.

7. • ¿ _____ yo?   o No, _____ ellas.

8. • ¿ _____ él?   o No, _____ nosotros.

01-12 **Identificaciones**

Complete each of the following sentences with the correct form of **ser**. The words **un** and **una** are indefinite articles and mean *a* or *an*.

1. Everest _____ una montaña.

2. Massachusetts _____ un estado.

3. Madrid y Barcelona _____ ciudades.

4. España _____ un país.

5. Javier Bardem _____ actor de cine.

6. Yo _____ el compañero de clase de María.

7. Tú _____ miembro del grupo.

8. Ustedes _____ amigos.

01-13 **¿Cómo se llama?**

Complete each sentence with the correct form of **llamarse**.

1. Mi compañera _____ Ana Meléndez.

2. Yo _____ Mari Paz Delgado.

3. Y tú, ¿cómo _____?

4. El profesor _____ José Elizondo.

5. Creo que sus compañeras _____ Marta y Paula.

6. Yo _____ Raúl Cuenca Solana.

01-14 **Presentaciones**

Complete the following dialogues with the correct forms of the verbs **ser** and **llamarse**.

EJEMPLO:

• Yo *soy* brasileño, ¿y ustedes?

○ Yo *soy* argentino, y ella *es* italiana.

1. • ¿Los señores Durán?

   ○ Sí, _____ nosotros.

   • ¿Sus nombres, por favor?

   ○ Yo me _____ Eva, y él _____ Pedro.

2. • ¿Pablo Castellón?

   ○ Sí, _____ yo.

3. • Perdón, ¿Juan María Fuster?

   ○ No, _____ él.

4. • ¿Es usted Julia Serrano Fortes?

   ○ No. Yo _____ Hortensia Serrano.

   Julia _____ ella.

5. • ¿Y cómo _____ tú?

   ○ Alberto. ¿Y tú?

   • _____ Elisa.

6. • Ustedes _____ los señores Ribas, ¿verdad?

   ○ Sí, y usted _____ Esmeralda Antón, ¿no?

GENDER AND NUMBER: ARTICLES AND NOUNS

01-15 **Los artículos**

Raúl and Francisco are studying for a Spanish test on gender and number. Help them by selecting the correct definite article to use with each of the following nouns.

	a. el	b. la	c. los	d. las

1. _____ cine   9. _____ paisajes

2. _____ comidas   10. _____ montaña

3. _____ profesora   11. _____ tarea

4. _____ cultura   12. _____ tema

5. _____ información   13. _____ ciudades

6. _____ idiomas   14. _____ apellidos

7. _____ monumentos   15. _____ nombre

8. _____ gente   16. _____ playas

01-16 **Masculino o femenino**

You volunteered to help your Spanish teacher make labels for the pictures she is going to use in class. Look at the following words and decide whether they are masculine or feminine. Although you may not know all of them yet, indicate which articles they take (**el** or **la**).

1. _____ mesa
2. _____ cantidad
3. _____ escuela
4. _____ juego
5. _____ suerte
6. _____ televisión
7. _____ universidad
8. _____ calle
9. _____ medicina
10. _____ teléfono
11. _____ doctor

12. _____ tren
13. _____ café
14. _____ madre
15. _____ libro
16. _____ autor
17. _____ señor
18. _____ profesor
19. _____ coche
20. _____ noche
21. _____ gente
22. _____ siesta

01-17 **El plural**

Colin needs to redo the labels for these phrases. Help him by changing the following singular phrases to the plural.

EJEMPLO: el nombre   *los nombres*

1. el estudiante _____
2. la profesora _____
3. la ciudad _____
4. el idioma _____

5. la tradición _____
6. la televisión _____
7. la pregunta _____
8. el habitante _____

01-18 **El singular**

Maggie is also working on labels for these phrases. Change each of the following plurals to the singular form.

EJEMPLO: los nombres   *el nombre*

1. las compañeras _____
2. los deportes _____
3. las informaciones _____
4. los monumentos _____

5. las clases _____
6. los países _____
7. las culturas _____
8. los apellidos _____

THE ALPHABET AND PRONUNCIATION

01-19 **Deletrear apellidos**

Number the following last names in the order in which you hear them spelled out.

1. González ___

2. Campos ___

3. Fierro ___

4. Fernández ___

5. Uranga ___

6. Hernández ___

7. Rodrigo ___

01-20 **Deletrear países**

You are speaking on the phone with someone who doesn't hear you well. Spell the names of the following countries clearly, out loud.

EJEMPLO: You hear: Filipinas

You say: *efe, i, ele, i, pe, i, ene, a, ese*

1. ...   4. ...

2. ...   5. ...

3. ...

01-21 **¿Cómo se escribe?**

Answer the questions you hear orally, giving your own personal information.

EJEMPLO: You hear: ¿Cómo se escribe tu nombre?

You say: *John. Jota, o, hache, ene.*

1. ...

2. ...

01-22 **¿Pregunta o afirma?**

Rosa is confused, because she doesn't know if the following statements are questions or not. Help her find out by listening to the following sentences. If the sentence is a question, select the question mark, and if it is not, select the period.

1. Éste es Juanes   ¿? .   7. Esto es Chile   ¿? .

2. Ésta es Penélope Cruz   ¿? .   8. Esto es Nicaragua   ¿? .

3. Ésta es Shakira   ¿? .   9. Esto es México   ¿? .

4. Éste es Enrique Iglesias ¿? .   10. Esto es Venezuela   ¿? .

5. Éste es Gael García Bernal ¿? .   11. Esto es Uruguay   ¿? .

6. Éste es Javier Bardem   ¿? .   12. Esto es Panamá   ¿? .

01-23 **Vocales**

Listen to the name of the countries and complete each one with the missing vowels.

EJEMPLO: G U A T E M A L A

1. N __ C __ R __ G __ __   4. M __ X __ C __   7. __ L   S __ LV __ D __ R

2. P __ R __ G __ __ Y   5. P __ R __   8. __ C __ __ D __ R

3. __ R __ G __ __ Y   6. P __ __ RT __   R __ C __

SUBJECT PRONOUNS

01-24 **SER y los pronombres**

Cecilia and Ron are reviewing subject–verb agreement. Help them select the subjects (subject pronouns and proper nouns) that agree with the forms of **ser** given below. Select all that apply.

1. es
   a. usted   b. nosotros   c. él   d. ella

2. son
   a. nosotros   b. ellos   c. ellas   d. ustedes

3. eres
   a. yo   b. vosotros   c. tú   d. nosotros

4. soy
   a. usted   b. ella   c. ellos   d. yo

5. somos
   a. nosotras   b. tú y yo   c. vosotros   d. usted

6. son
   a. tú   b. María y Patricia   c. ellas   d. yo

7. son
   a. los estados   b. la compañera   c. él y ella   d. los habitantes

8. es
   a. Luis   b. la naturaleza   c. Silvia   d. los idiomas

01–25 **Sí**

Answer each of the following questions affirmatively with the appropriate personal pronouns.

EJEMPLO: ¿Es Vicente?   *Sí, es él.*

1. ¿Es Carolina?   _____.
2. ¿Eres tú?   _____.
3. ¿Son los compañeros?   _____.
4. ¿Son ustedes?   _____.
5. ¿Es el profesor?   _____.
6. ¿Son estos países?   _____.
7. ¿Son estas ciudades?   _____.
8. ¿Soy yo?   _____.
9. ¿Somos nosotros?   _____.
10. ¿Son Mari Paz y Eva?   _____.

DEMONSTRATIVE ADJECTIVES AND PRONOUNS: *ESTO; ESTE/A/OS/AS*

01–26 **Los demostrativos**

For her presentation, Cecilia has to identify the following things in pictures. Help her choose the correct demonstrative to show which item she is selecting.

a. este   b. esta   c. estos   d. estas

1. _____ población
2. _____ trabajos
3. _____ monumento
4. _____ estado
5. _____ naturaleza
6. _____ informes
7. _____ playas
8. _____ habitante
9. _____ país
10. _____ noticias
11. _____ nombres
12. _____ ciudades
13. _____ tarea
14. _____ clase

01–27 **Más demostrativos**

Silvia has to make labels for the following phrases. Help her rewrite them by changing all plural phrases to the singular form and all singular phrases to the plural form.

EJEMPLOS: este apellido   *estos apellidos*   estos apellidos   *este apellido*

1. estos mapas   _____
2. esta profesora   _____
3. estas clases   _____
4. este idioma   _____
5. esta información   _____
6. estos nombres   _____
7. este paisaje   _____
8. estas conversaciones _____

01–28   **Demostrativos**

Look at these pairs of pictures. Make up names for the people or places pictured, and then write sentences to present these people or places. Use the words éste, ésta, éstos, éstas, and esto.

EJEMPLO: *Éste es Juan.*

Esto es Puebla.

1.

2.

_____

_____

_____

_____

3.

4.

_____

_____

_____

_____

INTERACCIONES

01–29 **Contestador automático**

 Listen to the following answering machine messages and give the information that they are asking for orally.

    1. ...

    2. ...

01–30 **Tengo una pregunta**

Get ready for your next Spanish class! Formulate the right expression in Spanish for each of these situations and give each one orally.

EJEMPLO: You want to ask a question.

           You say: *Tengo una pregunta.*

    1. You do not know how to say *boring* in Spanish.

    2. You do not know what **mundo** means.

    3. You do not understand the teacher. S/He speakes too fast.

    4. You want the teacher to repeat what s/he just said.

    5. You do not understand what the teacher is saying.

01–31 **Respuestas**

You are registering for a Spanish class in San Juan, and the secretary in the registration office is asking you some questions. Listen to her questions and answer each one orally.

    1. ...   6. ...

    2. ...   7. ...

    3. ...   8. ...

    4. ...   9. ...

    5. ...

NUESTRA GENTE

GENTE QUE LEE

01-32 **El español en el continente africano**

Based on the reading passage about the Spanish language in the African continent, give short answers to each of the following questions.

El español en el continente africano

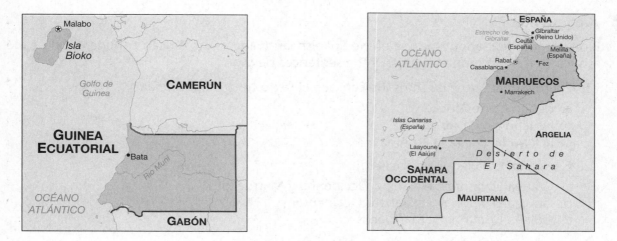

La lengua española se habla en España y muchos países de Latinoamérica, en las Filipinas, Andorra, Belice y Estados Unidos. Además, se habla en algunos países y regiones de África: Guinea Ecuatorial, Marruecos, el Sahara Occidental y dos provincias españolas en el norte del continente.

En Guinea Ecuatorial, el español es lengua oficial junto con el francés. Este país tiene unos 500.000 habitantes y el español es lengua oficial porque Guinea Ecuatorial fue (*was*) una colonia de España hasta 1968.

El Sahara Occidental fue (*was*) una colonia española hasta 1975 y hoy día está ocupado por (*it is being occupied by*) Marruecos. Las lenguas oficiales de esta región son el árabe y el español. Aproximadamente un millón de personas vive en el Sahara Occidental.

Marruecos fue (*was*) un protectorado español hasta 1956. La lengua oficial de este país es el árabe, pero la segunda lengua más hablada es el español. Este país tiene 31 millones de habitantes.

Finalmente, hay dos ciudades españolas en el norte de África: Melilla (con 70.000 habitantes) y Ceuta (con 76.000 habitantes). La lengua oficial de estas ciudades es el español, porque son parte del país. Además en estas ciudades se habla árabe.

1. Mira el título del artículo. El texto trata de (*is about*)…

   _____

2. ¿En qué países de África el español es lengua oficial?

   _____

3. ¿En qué país de África el árabe y el español son lenguas oficiales?

   _____

4. ¿Por qué se habla español en Ceuta y Melilla?

_____

5. ¿Por qué se habla español en el Sahara Occidental?

_____

6. ¿Cuál (*which one*) de los países africanos donde se habla español (*Spanish is spoken*) tiene más habitantes?

_____

01-33 **¿Comprendes?**

Based on the text about the use of the Spanish language in the African continent, select the answer that best completes each of the sentences below.

1. El título del texto y las fotos indican que el texto trata de (*it is about*)…
   a. geografía de África.
   b. las lenguas de África.
   c. la lengua española en África.

2. El español es la lengua oficial en…
   a. Guinea Ecuatorial, el Sahara Occidental y Marruecos.
   b. Guinea Ecuatorial y el Sahara Occidental.
   c. Guinea Ecuatorial y Marruecos.

3. El árabe es lengua oficial con el español en…
   a. Marruecos.
   b. Sahara Occidental.
   c. Ceuta y Melilla.

4. El francés es lengua oficial con el español en…
   a. Marruecos.
   b. Guinea Ecuatorial.
   c. Ceuta y Melilla.

5. Ceuta y Melilla son…
   a. dos ciudades de España.
   b. dos colonias de España.
   c. dos protectorados de España.

6. El país que tiene más habitantes es…
   a. Marruecos.
   b. Guinea Ecuatorial.
   c. El Sahara Occidental.

GENTE QUE ESCRIBE

 Conectores

Help your classmate finish this paragraph that she wrote in Spanish. Write each connecting word in the appropriate place.

y	pero	porque	también

La población de Puerto Rico es una mezcla de europeos, africanos (1) _____amerindios; (2) _____ existe una minoría asiática de China y Japón. Los puertorriqueños son ciudadanos de Estados Unidos, (3) _____ no pueden votar en las elecciones presidenciales (4) _____ no tienen los mismos derechos que el resto de los estadounidenses.

01-35 Pasos para escribir

Put the following steps of the writing process in order, numbering from 1–7.

1. Write an outline. ____

2. Edit the organization. ____

3. Check spelling, punctuation, capitalization and accents marks. ____

4. Consider the audience. ____

5. Edit the content. ____

6. Check the grammar and vocabulary. ____

7. Write a first draft. ____

01-36 Éste es mi amigo

Write a brief paragraph introducing your best friend. Include the following information: his/her name, where s/he is from, his/her address, e-mail address, and phone number. Be sure to use connectors to connect the sentences.

_____

_____

_____

_____

01-37 Correo electrónico

You are looking for a Spanish-speaking student in your college to practice conversation with once a week. The Language Center has given you a list of potential candidates. Write a general e-mail to all of them, requesting the information that you think you need to find the best match. Since you already know your purpose and your audience, be sure to follow all the other steps for writing compositions found in your textbook.

_____

_____

_____

_____

_____

2 *gente* con **gente**

VOCABULARIO EN CONTEXTO

02–01 **Adjetivos para describir**

Help your new classmate practice vocabulary by indicating whether the adjectives in each pair are synonyms or antonyms.

1. trabajador / perezoso
   synonyms   antonyms

2. agradable / simpático
   synonyms   antonyms

3. casado / soltero
   synonyms   antonyms

4. antipático / egoísta
   synonyms   antonyms

02–02 **Las actividades**

Select the vocabulary word that logically completes each sentence.

1. El abuelo lee _____.
   a. el actor   b. libros   c. el cine   d. el instrumento

2. Los niños juegan _____.
   a. películas   b. las ciencias   c. al fútbol   d. música

3. Carolina estudia _____.
   a. pintor   b. trabajador   c. fotógrafo   d. idiomas

4. Pedro toca el piano. Es _____.
   a. periodista   b. deportista   c. músico   d. arte

5. Amanda va a la universidad. Es _____.
   a. estudiante   b. economía   c. novia   d. veinte

6. Samuel _____ muy bien. Es artista.
   a. pinta   b. lee   c. corre   d. cocina

02–03 **Palabras relacionadas**

Which word in each group doesn't belong with the others? Identify and select your answers.

1. hermano   periodista   madre   abuelo
2. bailar   música   cantante   extrovertido
3. abogado   película   cine   actriz
4. deportista   jugador   político   fútbol
5. escritor   novio   esposo   casado

02–04 **En parejas**

You are practicing Spanish vocabulary with your study group. Match each verb with its most logical object or complement.

1. estudiar _____   a. instrumentos

2. escuchar _____   b. al fútbol

3. ir _____   c. música

4. jugar _____   d. idiomas

5. tocar _____   e. películas

6. ver _____   f. al cine

02–05 **Ellos son familia**

The following people are members of the same family. Write sentences that explain the relationships between them.

Ricardo   Carmen   Luis   Blanca   Cristina   Carolina   Miguel   Verónica

EJEMPLO:

Carmen es abuela de Luis.

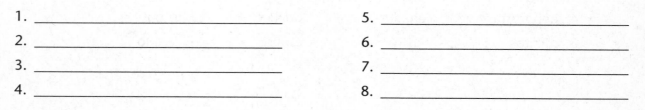

1. _____   5. _____

2. _____   6. _____

3. _____   7. _____

4. _____   8. _____

02–06 **¿Cuánto es...?**

Luisito is doing his math homework. Help him learn sequences by writing out the number that is five less than each of the numbers given.

EJEMPLO: quince   *diez*

1. treinta y cuatro _____
2. cien _____
3. treinta y uno _____
4. ochenta y tres _____
5. cincuenta y dos _____
6. setenta y cuatro _____

02–07 **Números en una conversación**

You hear the following brief conversations on your way to Spanish class. Listen to the conversations, and select the number(s) you hear in each one. More than one answer may apply.

1. 58   74   35
2. 24   85   35
3. 7   49   52
4. 52   85   24
5. 92   93   94

02–08 **Lotería**

Listen to the numbers that have been selected in the lottery. How many of those numbers are in this lottery ticket? Write them down in the order that you hear them.

LOTERÍA

10	11	12	13	14
15	16	17	18	19	20	21	22
23	24	25	26	27	28	29	30
31	32	33	34	35	36	37	38
39	40	41	42	43	44	45	46
47	48	49	50

1. _____
2. _____
3. _____
4. _____
5. _____

02-09   **¿Y cuántos son ahora…?**

 Say out loud the number that is 10 more than each of the numbers you hear.

EJEMPLO:

You hear: veinte

You say: *treinta*

1. …
2. …
3. …
4. …
5. …
6. …
7. …
8. …

02-10   **Lección de matemáticas**

 Solve each of the math problems you hear, and give the answers orally.

EJEMPLO:

¿Cuánto es catorce más diez?

veinticuatro

1. …   5. …
2. …   6. …
3. …   7. …
4. …

Nombre: _____ Fecha: _____

GRAMÁTICA EN CONTEXTO

ADJECTIVES

 ¿Cómo son?

What are the following people like? To find out, select the adjectives that agree in gender and number with each noun. Be sure to select all that apply, since there may be more than one answer for each.

1. la actriz
   a. guapa   b. extrovertida   c. casada   d. tímido

2. estos escritores
   a. inteligentes   b. simpáticos   c. serio   d. trabajador

3. el periodista
   a. tímida   b. divorciada   c. bueno   d. egoísta

4. las niñas
   a. amables   b. perezosa   c. buena   d. alegres

5. sus abuelos
   a. perezoso   b. antipáticos   c. trabajadores   d. divorciados

6. mi profesora
   a. agradable   b. buena   c. inteligente   d. serio

7. los políticos
   a. extrovertidos   b. perezosos   c. egoístas   d. amable

8. un novio
   a. antipática   b. guapo   c. amable   d. alegre

SER + ADJECTIVE

 ¿Cómo son Beatriz y Jorge?

Write descriptions of the following people using the words in the list. After you are done, look on page 22 of your textbook to check if you are correct.

trabajadora	argentino	mexicana	cariñoso	tenis
colecciona	periodista	fotógrafo	estudia	

1. **BEATRIZ SALAS GALLARDO:**

   _____

   _____

   _____

2. **JORGE ROSENBERG:**

   _____

   _____

02–13 **Ahora tú: ¿cómo son?**

Choose five of your family members or friends from the list below and describe them. Tell their names, what professions they hold, what their personalities are like, and what activities they enjoy in their spare time.

| Mi madre / Mi padre | Mi amigo / Mi amiga | Mis abuelos |
| Mi hermano / Mi hermana | Mi novia / Mi novio | |

EJEMPLO:

Mi amiga Sandra es estudiante de español, juega al tenis y es muy alegre...

ADVERBS OF QUANTITY

02–14 **¿Cuánto?**

Help your classmate Robert to use the appropriate adverbs of quantity in the descriptions of these people. Complete the sentences below with: **muy, bastante, un poco**, or **nada**.

1. ¿Cómo es Sonia?
   Pues es _____ (*very*) simpática pero _____ (*a little*) perezosa.

2. ¿Y Roberto?
   Roberto es _____ (*quite*) trabajador pero _____ (*not at all*) serio.

3. ¿Y Ramón?
   Es _____ (*very*) alegre y _____ (*a little*) perezoso.

4. ¿Qué opinas de Amalia?
   No es _____ (*not at all*) simpática y es _____ (*very*) egoísta.

02–15 **¿Es muy importante?**

Imagine that you need to choose a person with whom to work on a project. How do you value the following qualities? Use **muy, bastante, un poco**, and **nada** to describe how important each of these qualities is for you.

EJEMPLO:

simpático/a   *Yo creo que ser simpático es muy importante.*

1. serio/a _____

2. amable _____

3. extrovertido/a _____

4. inteligente _____

5. trabajador/a _____

6. perezoso/a _____

7. egoísta _____

THE PRESENT TENSE: –AR , –ER , AND –IR VERBS

02–16 **Las aficiones**

Tell what these people like to do by completing the sentences with the correct present tense forms of the verbs in parentheses.

1. Rosa _pinta_ paisajes. (pintar)
2. Ustedes _coleccionan_ sellos. (coleccionar)
3. Tú _tocas_ la batería. (tocar)
4. Nosotros _cocinamos_ comida italiana. (cocinar)
5. Lorenzo y Beatriz _bailan_. (bailar)
6. Yo _veo_ películas en la computadora. (ver)

02–17 **Las actividades de hoy**

What are these people doing today? Select the correct verb form to complete each sentence.

1. Celia _____ español.
   a. estudio   b. estudias   c. estudia   d. estudian

2. Pedro y Mireia _____.
   a. bailan   b. bailo   c. baila   d. bailas

3. Carmen _____ para la fiesta.
   a. cocina   b. cocinan   c. cocinamos   d. cocino

4. Yo _____ estampillas.
   a. colecciona   b. coleccionas   c. colecciono   d. coleccionáis

5. Mis compañeros _____ música.
   a. escucha   b. escuchan   c. escucháis   d. escuchas

6. Tú _____ la guitarra.
   a. tocan   b. tocas   c. tocan   d. toca

7. Ustedes _____ paisajes.
   a. pinto   b. pinta   c. pintamos   d. pintan

8. Mi abuelo _____ al golf.
   a. juega   b. juegan   c. juegas   d. juego

9. Nosotros _____ en la oficina.
   a. trabajo   b. trabajan   c. trabajamos   d. trabajas

10. Ustedes _____ con sus primos.
    a. viajan   b. viajas   c. viaja   d. viajáis

02–18 **Jorge Vilar y su familia**

Get to know Jorge Vilar by completing the description of him with the correct present tense forms of the verbs in parentheses.

Jorge Vilar 1. _estudia_ (estudiar) economía en la universidad. Su hermana Eva y su hermano Manuel 2. _trabajan_ (trabajar) en una empresa de informática. (Ellos) 3. _Buscas_ (buscar) cosas en la red. Su madre es música. (Ella) 4. _Toca_ (tocar) el piano. Su padre 5. _trabaja_ (trabajar) en una editorial. Los señores Vilar y sus hijos son españoles. (Ellos) 6. _Hablan_ (hablar) español. Jorge, Eva y Manuel 7. _estudian_ (estudiar) inglés también.

02–19 **¿Qué hacen?**

Can you say what these people do? Select the verb that logically completes each sentence.

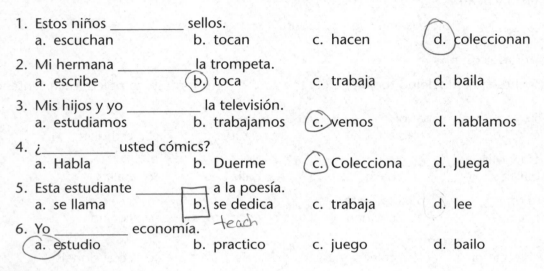

1. Estos niños _____ sellos.
   a. escuchan   b. tocan   c. hacen   d. (coleccionan)

2. Mi hermana _____ la trompeta.
   a. escribe   b. (toca)   c. trabaja   d. baila

3. Mis hijos y yo _____ la televisión.
   a. estudiamos   b. trabajamos   c. (vemos)   d. hablamos

4. ¿_____ usted cómics?
   a. Habla   b. Duerme   c. (Colecciona)   d. Juega

5. Esta estudiante _____ a la poesía.
   a. se llama   b. se dedica _teach_   c. trabaja   d. lee

6. Yo _____ economía.
   a. (estudio)   b. practico   c. juego   d. bailo

02–20 **¿Preguntan?**

Do you know when people are asking you a question or just making a statement? Pay attention to the intonation as you listen, and select whether each one is a statement or a question based on the voice inflection.

1. a. Se llama Raquel.   b. ¿Se llama Raquel?

2. a. Es de Ciudad de México.   b. ¿Es de Ciudad de México?

3. a. Tiene 18 años.   b. ¿Tiene 18 años?

4. a. Trabaja en un banco.   b. ¿Trabaja en un banco?

5. a. Vive en la Avenida Insurgentes.   b. ¿Vive en la Avenida Insurgentes?

6. a. Son mexicanos.   b. ¿Son mexicanos?

Nombre: _____   Fecha: _____

POSSESSIVE ADJECTIVES

(handwritten annotations: S | Mi / Tu / Su ; "What follows determines if you add 's'" ; "If plural follows add 's'" ; "we / they / y all" ; P | Nuestro / Vuestro / Su)

02-21 **¿De quién es?**

Help your Spanish teacher make labels for her class using the correct possessive adjectives in the following phrases.

EJEMPLO: el profesor de español (yo)

mi profesor de español

1. el banco (él)
   _Su_ banco

2. las aficiones (tú)
   Vuestros aficiones

3. el violín (yo)
   _Mi_ violín

4. los maestros (ellas)
   Sus maestros

5. las hijas (ustedes)
   Sus hijas

6. el país (nosotros)
   Vuestro país

7. la profesión (ella)
   _su_ profesión

8. los abuelos (yo)
   Mis abuelos

9. la universidad (tú)
   _Tu_ universidad

10. los habitantes (el país)
    Sus habitantes

02-22 **A completar**

Help your classmate complete the following conversations with the missing possessive adjectives.

1. • Cuál es _tu / Su (usted)_ número de teléfono, profesor?
   ○ Mi número de teléfono? Es el 4-5-6 9-7-0-1.

2. • Tienes novia, Gastón, ¿no? ¿Es española?
   ○ No, no es española. _Mi_ novia es colombiana.

3. • De dónde es su profesor? ¿De México?
   ○ Sí, _mi / su_ profesor es mexicano.

4. • Los hijos de Lorenzo y Silvia estudian en la universidad?
   ○ _Su/otro_ hijo, sí. La hija trabaja en una compañía.

5. • Estos son mis hermanos, Paula.
   ○ ¡ _Tus_ hermanos! ¿Tienes hermanos aquí en España?

6. • Qué hablan estos estudiantes?
   ○ Son de Brasil. _Su_ idioma es el portugués.

(handwritten: Su = Can be "I" formal)

TALKING ABOUT AGE, MARITAL STATUS, PROFESSIONS, AND NATIONALITY AND PLACE OF ORIGIN

02-23 **¿Qué pregunta?**

You overheard a conversation between two classmates and the answers were given clearly, but you couldn't make out the questions. Write the logical questions that would have been asked to prompt each answer.

1. _____

   No, Magdalena es bióloga y yo soy periodista.

 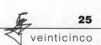

2. _____

¿Carlos? 30 ó 31.

3. _____

Mi papá Antonio y mi mamá Carmen.

4. _____

No, no soy de Estados Unidos. ¿Y usted?

5. _____

Bueno, yo hablo un poco de inglés y Marta habla inglés y alemán.

02-24 ¿Qué responde?

Listen to each question and then select the most appropriate response.

1. a. No, trabajan en un periódico.
   b. Sí, trabajo en el banco.

2. a. Sí, inglés y francés.
   b. Sí, estudiamos matemáticas.

3. a. Me llamo Laura, ¿y tú?
   b. Laura.

4. a. Estudio en la universidad.
   b. Es escritor.

5. a. Carla es de México.
   b. María es de Puebla y Carla es de México.

6. a. Sí, Ana estudia música y yo estudio derecho.
   b. No, es médico y trabaja en una clínica.

02-25 Nacionalidades

The following is a list of countries and the number of students from each one that attend your university. Write the number of students by nationality (use the masculine form). Remember that in Spanish, nationality is written in lowercase. Look up in the dictionary those that do not appear in the vocabulary list for Lesson 2.

EJEMPLO:

Venezuela (30)   *treinta venezolanos*

Argentina (14) 1._____; Bolivia (12) 2._____; Colombia (17)

3._____; Costa Rica (18) 4._____; Cuba (1) 5._____;

República Dominicana (8) 6._____; Ecuador (13) 7._____; España (15)

8._____; Guatemala (3) 9._____; Honduras (7) 10._____;

México (35) 11._____; Nicaragua (6) 12._____.

02-26 ¿De dónde son?

Can you correctly pronounce the countries where these people are from? Listen to each statement giving the adjective of nationality, and give one sentence orally stating the country where each person is from.

EJEMPLO: Gabriela es estadounidense.

          Ella es de Estados Unidos.

1. …   3. …   5. …

2. …   4. …   6. …

INTERACCIONES

02-27 **El contestador automático**

 Carolina leaves her classmate, Emily, a phone message and tells her to contact her. Listen to Carolina's message and write down the numbers that are given.

1. Celular (_____) _____ - _____ - _____

2. Casa (_____) _____ - _____ - _____

3. Trabajo (_____) _____ - _____ - _____

02-28 **Se presentan**

Can you help these people introduce themselves? Select the information that corresponds to each picture. Then write it using the first person, as in the example. Note that some of the descriptions can be applied to more than one person.

son novios	habla español y un poco de inglés	son de Oaxaca pero estudian en la capital	se llama Eulalia
habla español y mixteca	tiene 68 años	tiene 23 años	vive en Puebla, pero es de Chihuahua
estudian arquitectura	habla español, ingles y francés	se llaman Pepe y Celia	
tiene 40 años	trabaja en un banco	*se llama Julián y vive en el D.F.*	se llama Lolita y vive en Zacatecas

EJEMPLO:

Me llamo Julián y vivo en el D.F.

1.

_____

_____

_____

2.

_____
_____
_____

3.

_____
_____
_____

4.

_____
_____
_____

02–29 **Las preguntas**

You are listening as Javier answers some questions by phone. Can you write down the question that logically precedes each answer he gives? Be sure to use the **usted** form.

1. _____   4. _____

2. _____   5. _____

3. _____

02–30 **¿Quién vive en el Paseo de la Reforma?**

Look at the illustration and give an oral description of three of the people who live in houses numbered 1 to 5. Your description must answer these questions: **¿Cómo se llama? ¿Cuántos años tiene? ¿Cuál es su estado civil? ¿A que se dedica? ¿Cómo es? ¿Cuáles son sus aficiones?** If it applies, give the family relationships between them: **¿Son hermanos? ¿Padre e hijo?**

02–31 **Preguntas para el compañero de casa**

You are looking for a roommate to share an apartment in Puebla. Prepare eight questions about things that you want to know about him or her, so that you can find someone who shares common interests with you.

EJEMPLO:

¿Tocas un instrumento?

1. _____   5. _____
2. _____   6. _____
3. _____   7. _____
4. _____   8. _____

NUESTRA GENTE

GENTE QUE LEE

 Carlos Fuentes

Read the following passage about the Mexican writer Carlos Fuentes, and then give short answers to each of the questions below.

Carlos Fuentes es uno de los escritores mexicanos más importantes de todos los tiempos. Tiene 82 años. Hijo de un diplomático, tuvo (*he had*) una infancia muy cosmopolita y de intensa actividad intelectual. Es **licenciado** en leyes (*law*) por la Universidad Nacional Autónoma de México, y tiene un doctorado del Instituto de Estudios Internacionales de Ginebra, Suiza. En su obra explora México y lo mexicano con un lenguaje audaz y novedoso. Su primera obra es un volumen de cuentos, *Los días enmascarados* (1954). En este volumen explora el pasado prehispánico y los límites entre realidad y ficción. En su novela *La región más transparente* (1958) presenta el México de la época. En 1962 apareció *La muerte de Artemio Cruz*, una de las mayores novelas de las letras mexicanas. Otras novelas importantes son *Aura* (1962), historia mágica, fantasmal y extraña dentro de la literatura fantástica, y *La frontera de cristal* (1995), un conjunto de historias centradas en la línea divisoria que separa a México de Estados Unidos.

Su obra se caracteriza por el profundo conocimiento de la psicología de México y la gente y la cultura mexicanas; por eso su obra es un punto de referencia indispensable para comprender a este país. En su obra combina lo arcaico, lo clásico y lo moderno. Fuentes es un ejemplo de ciudadano del mundo que, sin embargo (*nevertheless*), siempre conservó la pasión por su país. Fuentes ha obtenido numerosos premios (*awards*) por su obra **literaria**. En 1987 obtuvo el Premio Cervantes de las Letras, el premio literario más importante en lengua castellana y el segundo más importante después del Nobel de Literatura.

1. Identifica seis cognados.

   _____

2. Identifica cuatro palabras (verbos, nombres y/o adjetivos) relacionadas con la literatura.

   _____

3. ¿A qué se dedica Carlos Fuentes?

   _____

4. ¿Cuál es el tema central de la obra de Carlos Fuentes?

   _____

5. ¿Cuál es la novela más importante de Carlos Fuentes?

   _____

6. ¿Qué libro trata (*is about*) de las relaciones entre Estados Unidos y México?

   _____

02–33 **¿Comprendes?**

Based on the passage about the Mexican writer Carlos Fuentes, select the correct answer to each of the questions below.

1. ¿Es **licenciado** un cognado? ¿Cuál es su significado?
   a. license   b. graduate   c. legal

2. ¿Es **literaria** un cognado? ¿Cómo se dice en inglés?
   a. literatura   b. literary   c. literate

3. Además de escritor, ¿qué otra profesión tiene Carlos Fuentes?
   a. abogado   b. doctor   c. diplomático

4. ¿Cuál es el tema central de la obra de Carlos Fuentes?
   a. historias mágicas y fantasmales
   b. historias clásicas y modernas
   c. la gente y la cultura de México

5. ¿Cuál es la novela más importante de Carlos Fuentes?
   a. *La muerte de Artemio Cruz*
   b. *Los días enmascarados*
   c. *Aura*

6. ¿Qué libro trata (*is about*) de las relaciones entre Estados Unidos y México?
   a. *La frontera de cristal*
   b. *La región más transparente*
   c. *Los días enmascarados*

02–34 **Escuchando cognados**

Recognizing cognates when you listen is also an important strategy to understand the meaning of words. How many can you recognize in Daniel's description of his brother José Luis? Write down at least eight cognates that you hear.

_____

_____

_____

GENTE QUE ESCRIBE

02–35 **Un correo electrónico**

Write an e-mail to a Mexican student in the university who is interested in practicing English and in exchange is willing to teach Spanish. Besides your name, age, profession, and place of origin, give him information about your personality, your hobbies, and your routines. Remember to follow the steps for writing a composition outlined in your textbook.

_____

_____

_____

_____

Nombre: _____ Fecha: _____

_____
_____
_____
_____

02-36 **Conectores**

Can you improve your classmates' writing? Complete the composition below using the correct connecting words.

Tercero	Por último	Segundo	Primero

Me sorprende la variedad cultural, lingüística y natural de México por varias razones.
(1) _____, se hablan mas de 100 lenguas indígenas.
(2) _____, el 7% de la población habla alguna de estas lenguas indígenas. (3) _____ , el gobierno de México reconoce 62 de estas lenguas indígenas. (4) _____ , México es uno de los 18 países más diversos del mundo.

3 gente de vacaciones

VOCABULARIO EN CONTEXTO

03-01 **Palabras relacionadas**

Three of the words in each group belong to a similar category. Select the word that doesn't belong.

1. (verano)   metro   autobús   tren
2. maravilloso   fabuloso   (peligroso)   bello
3. primavera   (alojamiento)   otoño   invierno
4. bosque   isla   lago   (iglesia)
5. (piscina)   calle   avenida   carretera
6. alcaldía   banco   edificio   (playa)
7. campo   mar   (centro)   parque nacional
8. (guía)   aire acondicionado   gimnasio   peluquería

03-02 **Asociaciones**

Help your classmate Molly to select the word in each group that is associated with the main word given.

1. playa
   (a. mar)   b. jardín   c. centro
2. ciudad
   a. montaña   b. río   (c. calle)
3. tren
   a. navegar   b. invierno   (c. estación)
4. carretera
   a. barcos   (b. coches)   c. instalaciones
5. hotel
   (a. alojamiento) b. seco   c. lago
6. viajar
   a. enero   (b. ida y vuelta) c. cancha de tenis

Nombre: _____   Fecha: _____

03-03 **Categorías**

To learn vocabulary, Jacob and Emma have to assign the words that they have seen in their
Spanish lesson into categories. Help them by selecting the correct category for each word.

1. alcaldía
   a. hotel   b. estaciones   c. ciudad   d. medios de transporte   e. naturaleza
2. bosque
   a. hotel   b. estaciones   c. ciudad   d. medios de transporte   e. naturaleza
3. alojarse
   a. hotel   b. estaciones   c. ciudad   d. medios de transporte   e. naturaleza
4. auto
   a. hotel   b. estaciones   c. ciudad   d. medios de transporte   e. naturaleza
5. verano
   a. hotel   b. estaciones   c. ciudad   d. medios de transporte   e. naturaleza
6. avión
   a. hotel   b. estaciones   c. ciudad   d. medios de transporte   e. naturaleza
7. lago
   a. hotel   b. estaciones   c. ciudad   d. medios de transporte   e. naturaleza
8. bicicleta
   a. hotel   b. estaciones   c. ciudad   d. medios de transporte   e. naturaleza
9. barco
   a. hotel   b. estaciones   c. ciudad   d. medios de transporte   e. naturaleza
10. centro
   a. hotel   b. estaciones   c. ciudad   d. medios de transporte   e. naturaleza

03-04 **Sinónimos y antónimos**

Your classmate Max is studying vocabulary for his exam. Help him to indicate whether the words
in each pair are synonyms or antonyms.

1. campo / ciudad
   a. synonyms   b. antonyms
2. seco / húmedo
   a. synonyms   b. antonyms
3. carro / auto
   a. synonyms   b. antonyms
4. verano / invierno
   a. synonyms   b. antonyms
5. hotel / alojamiento
   a. synonyms   b. antonyms
6. cerca / lejos
   a. synonyms   b. antonyms
7. tranquilo / ruidoso
   a. synonyms   b. antonyms

03-05   **A completar**

Match each sentence with its logical completion.

1. Me gusta el mar. Quiero un hotel _cerca de la playa_   a. un bosque.

2. Nuestro hotel tiene _pista de tens_   b. cerca de la playa.

3. En el parque nacional hay _un bosque_   c. alquilar

4. Para visitar los pueblos interesantes del país es necesario _alquila_ un coche.   d. pista de tenis.

5. Me gusta _tomar_ el sol en la playa.   e. tomar

03-06   **Sopa de letras: Los meses del año**

This word search puzzle contains the names of the 12 months of the year. Find them, and be sure to look for words horizontally and vertically.

a	l	b	a	c	e	n	e	r	o	p	m	a	r	z	o
b	a	r	c	l	u	j	a	s	j	u	n	i	o	h	o
r	u	d	t	f	v	j	k	l	o	s	e	r	y	u	j
i	t	i	n	e	u	s	m	e	r	z	i	n	e	z	u
l	n	c	s	o	c	t	u	b	r	e	j	o	m	e	l
m	f	i	e	s	f	c	o	l	o	a	n	v	a	r	i
m	a	e	t	i	u	s	g	u	t	t	h	i	l	a	o
j	u	m	i	f	e	b	r	e	r	o	a	e	i	g	h
m	i	b	r	c	n	u	o	p	f	e	r	m	a	o	u
p	e	r	o	q	u	m	a	y	o	p	i	b	s	s	t
g	e	e	i	l	o	p	a	r	t	i	c	r	s	t	h
s	e	p	t	i	e	m	b	r	e	e	s	e	p	o	o

03–07 ¿Qué hay?

[handwritten: Haber — there is / there are]
[handwritten: Hay / No hay — there isn't / aren't]

Mention orally five buildings or businesses that are close to your house and five that are far away from it. You may consult your textbook or the dictionary for help with vocabulary.

EJEMPLO: *No hay una cancha de tenis cerca de mi casa, pero hay un gimnasio.*

[handwritten: Hay muchos Starbucks y Chipotle]

03–08 De viaje

[handwritten: Hay la piscina.]

You will hear five brief conversations. Select the answer that gives the topic of each one.

[handwritten: Sing. / Plural]

1. a. unas fotos de las vacaciones
    b. una bicicleta nueva

2. a. una piscina
    b. unos gimnasios

3. a. unas pistas de tenis
    b. un carro

4. a. un carro
    b. unos chicos

5. a. un hotel
    b. unas casas

03–09 Campos semánticos

Make a list of the words that you have learned in this chapter under each of the following categories.

1. TRANSPORTES: _____

    _____

2. VACACIONES: _____

    _____

    _____

3. LUGARES: _____

    _____

    _____

4. TIEMPO: _____

    _____

    _____

Nombre: _____ Fecha: _____

03-10 **¿Qué día es?**

A foreign exchange student needs your help to mark the American holidays on her calendar. Answer each of her questions orally, as in the example.

EJEMPLO:

¿Cuándo es Veterans' Day?

Es en noviembre.

1. ... Noviembre
2. ... Octubre
3. ... Febrero
4. ... Septiembre
5. ... Febrero

6. ... Julio
7. ... Octubre
8. ... Junio
9. ... Marzo
10. ... Mayo

El Nilo es un rio, esta lejos Tokio.

GRAMÁTICA EN CONTEXTO

HAY, ESTAR

03-11 **¿Dónde está?**

Tell where each of these people and things are by completing the following sentences with the correct form of the verb **estar**.

EJEMPLO: La alcaldía *está* cerca de la estación de tren.

1. Nuestros compañeros _están_ en la piscina.
2. Mi mamá y yo _estamos_ en la playa.
3. La iglesia _está_ cerca del banco.
4. Los actores _están_ en el teatro.
5. El parque _esta_ lejos de mi casa.
6. Tú _estás_ en el gimnasio.
7. Mi mamá y mi tía _están_ en la iglesia.
8. Ustedes _están_ en el apartamento.
9. Yo _estoy_ en el autobús.
10. Tú _estás_ en la peluquería.

03-12 **En una ciudad venezolana**

You have just arrived in a Venezuelan city and want to know about various places there. Create conversational exchanges consisting of questions using **hay** and answers using **estar** to talk about where these places are. Use the hints to formulate your dialogues, and be sure to include the correct punctuation.

EJEMPLO: banco / cerca de la plaza
—¿Hay banco?
—Sí, está cerca de la plaza.

1. oficina de correos / cerca de la alcaldía
—¿Hay oficina de correos?
Sí, esta cerca de la alcadía.

2. iglesia / en el centro
—¿Hay una iglesia?
—Si, está en el centro.

3. restaurantes / en esta calle
¿Hay restaurantes?
Si, en esta calle.

4. parque / cerca de la estación
¿Hay Parque?
Si, está cerca de la estación.

5. oficina de turismo / en el centro
¿Hay una oficina de turismo?
Sí, está en el centro.

6. metro / en la esquina
¿Hay metro?
Si, está en la esquina.

7. piscina / en el hotel
_____
_____

03-13 **¿Hay o estar?**

Your friend Susan just started studying Spanish and doesn't understand when to use **hay** or **estar**. Help her by selecting either **hay** or **está / están** to complete each of the following sentences.

1. ¿Cuántos parques _____ en la ciudad?
   a. hay   b. están

2. En nuestra ciudad _____ un museo muy bueno.
   a. hay   b. está

3. Nuestra ciudad _____ en el norte del país.
   a. hay   b. está

4. Creo que _____ una iglesia cerca de esta calle.
   a. hay   b. está

5. No _____ estación de tren en este pueblo.
   (a.) hay   b. está

6. Los buenos hoteles _____ en la Avenida de la Constitución.
   a. hay   (b.) están

7. _____ una oficina de turismo en la alcaldía.
   (a.) Hay   b. Está

8. ¿Dónde _____ la piscina?
   a. hay   (b.) está

03-14 En el mapa

The following is a map of an imaginary island called Barnabi. Find the following places and write complete sentences telling where they are located.

town

mar   montaña   (pueblo)   campamento   ciudad   hotel   aeropuerto

EJEMPLO: *Hay un río que está al sur de las montañas, cerca del pueblo.*

1. Barnabi es un isla de lar mar.
2. Montañas están al norte.
3. Hay un pueblo está ciudad.
4. Campamento está al este.
5. Hay un ciudad está en el sur.
6. Hay un hotel está en ciudad.
7. Aero

03-15 **¿Qué hay en esta isla?**

🔊 Listen carefully to this passage about another island close to Barnabi, the island of Tacri, and make a list of all the things in it.

_____

_____

03-16 **Apartamento en la Isla de Margarita.**

🔊 Someone who is very interested in an apartment on Isla Margarita has called the real estate agency to find out more information. Listen and select all the answers that correctly complete the statements below.

1. El apartamento está...
   a. lejos de la playa.
   b. cerca de un campo de golf.
   d. en una zona muy tranquila.
   e. en el centro.

2. En los apartamentos hay...
   a. aire acondicionado.
   b. aparcamiento.
   c. televisión satélite.
   d. cinco cuartos.
   e. piscina.
   f. canchas de tenis.
   g. teléfono.

03-17 **¿Qué hay y dónde está?**

Look at the following picture and tell orally what there is in this town and where each building is located.

EJEMPLOS:

Hay un cine, (el cine) está en la calle Mayor.

Hay una iglesia, (la iglesia) está cerca del cine.

Y, NO...NI, TAMBIÉN, TAMPOCO

03-18 **A mí también**

Complete each of the sentences with one of the following words.

y	no	ni	también	tampoco

1. A él no le gustan los aviones. A ella _____ le gustan.

2. En nuestra ciudad hay autobuses _____ un metro.

3. A Juan le gusta tocar la guitarra y a mí _____.

4. A mí _____ me gusta mucho ir al cine. Prefiero ir a conciertos.

5. El profesor habla español y _____ francés.

6. Ella no quiere ir al concierto _____ al cine.

7. Esos estudiantes no estudian mucho y _____ hacen la tarea.

8. Este hotel no tiene piscina _____ gimnasio.

QUERER AND PREFERIR: E --> IE

03-19 **¿Qué quieren hacer?**

Tell what the following people want to do by selecting the form of **querer** that correctly completes these sentences.

1. Yo _____ hacer un viaje.
   a. queremos   b. quiero   c. quieren   d. quieres

2. Tú _____ descansar en el hotel.
   a. quiero   b. quieres   c. quiere   d. queremos

3. ¿Usted _____ comer ahora?
   a. quieren   b. quieres   c. quiere   d. quiero

4. Ustedes _____ un alojamiento tranquilo.
   a. quiero   b. quieres   c. quieren   d. queremos

5. Mis compañeros _____ pasear.
   a. quieren   b. quieres   c. queremos   d. quiere

6. Mi hermano _____ tocar la guitarra.
   a. quieren   b. queremos   c. quieres   d. quiere

7. ¿Quién _____ coleccionar estampillas?
   a. quiere   b. quiero   c. queremos   d. quieres

8. Tú y yo _____ alquilar un coche.
   a. queremos   b. quieren   c. quiero   d. quieres

03–20   **¿Prefieren o no?**

Tell what these people prefer to do while on vacation. Complete each sentence with the correct form of the verb **preferir**.

1. Mis compañeros _____ hacer una excursión.
   a. prefiero   b. prefieres   c. prefiere   d. preferimos   e. preferís   f. prefieren

2. Tú _____ tomar el sol.
   a. prefiero   b. prefieres   c. prefiere   d. preferimos   e. preferís   f. prefieren

3. El guía y yo _____ ir al parque nacional.
   a. prefiero   b. prefieres   c. prefiere   d. preferimos   e. preferís   f. prefieren

4. Mi madre _____ comer en muchos restaurantes.
   a. prefiero   b. prefieres   c. prefiere   d. preferimos   e. preferís   f. prefieren

5. Mi padre _____ leer.
   a. prefiero   b. prefieres   c. prefiere   d. preferimos   e. preferís   f. prefieren

6. Ustedes _____ hacer un viaje en tren.
   a. prefiero   b. prefieres   c. prefiere   d. preferimos   e. preferís   f. prefieren

7. Yo _____ descansar.
   a. prefiero   b. prefieres   c. prefiere   d. preferimos   e. preferís   f. prefieren

8. Nosotros _____ alojarse en un hotel fabuloso.
   a. prefiero   b. prefieres   c. prefiere   d. preferimos   e. preferís   f. prefieren

03–21   **¿Qué preferimos?**

Tell what these people want and prefer to do. Add **querer** or **preferir** to expand the sentences, changing the original verb to the infinitive and keeping the subject.

EJEMPLOS:

Estudian español. (querer) *Quieren estudiar* español. OR

Estudia español. (preferir) *Prefiere estudiar* español.

1. Coleccionamos sellos. (preferir)
   _____ sellos.

2. Tomas el sol. (querer)
   _____ el sol.

3. Alquilan un coche. (preferir)
   _____ un coche.

4. Estudio economía. (querer)
   _____ economía.

5. Visitas la alcaldía. (preferir)
   _____ la alcaldía.

6. ¿Viajas a Estados Unidos? (querer)
   ¿ _____ a Estados Unidos?

7. Paseamos cerca del río. (preferir)
   _____ cerca del río.

03-22 **¿Cómo prefieren viajar?**

You will hear the beginning of four sentences. Choose the ending that makes sense for each of them.

1. a. ... porque nos interesa mucho Latinoamérica.
   b. ... prefiero viajar con mis amigos.
   c. ... prefiero viajar en carro o en tren.
   d. ... porque me gusta mucho la naturaleza y caminar.

2. a. ... porque nos interesa mucho Latinoamérica.
   b. ... prefiero viajar con mis amigos.
   c. ... prefiero viajar en carro o en tren.
   d. ... porque me gusta mucho la naturaleza y caminar.

3. a. ... porque nos interesa mucho Latinoamérica.
   b. ... prefiero viajar con mis amigos.
   c. ... prefiero viajar en carro o en tren.
   d. ... porque me gusta mucho la naturaleza y caminar.

4. a. ... porque nos interesa mucho Latinoamérica.
   b. ... prefiero viajar con mis amigos.
   c. ... prefiero viajar en carro o en tren.
   d. ... porque me gusta mucho la naturaleza y caminar.

03-23 **¿Qué prefieren? ¿Qué quieren?**

Look at each drawing, and listen to the conversations. Then select the conversation that each picture best illustrates.

1. a. Conversación 1
   b. Conversacion 2
   c. Conversación 3
   d. Conversación 4
   e. Conversación 5
   f. Conversación 6

2. a. Conversación 1
   b. Conversación 2
   c. Conversación 3
   d. Conversacion 4
   e. Conversación 5
   f. Conversacion 6

3. a. Conversación 1
   b. Conversación 2
   c. Conversación 3
   d. Conversacion 4
   e. Conversación 5
   f. Conversación 6

4. a. Conversación 1
   b. Conversación 2
   c. Conversación 3
   d. Conversación 4
   e. Conversación 5
   f. Conversación 6

5. a. Conversación 1
   b. Conversación 2
   c. Conversación 3
   d. Conversación 4
   e. Conversación 5
   f. Conversación 6

6. a. Conversación 1
   b. Conversación 2
   c. Conversación 3
   d. Conversación 4
   e. Conversación 5
   f. Conversación 6

VERBS TO EXPRESS LIKES AND INTERESTS

03-24 **¿Qué nos gusta?**

Help your classmate Rose to complete each of the following sentences with **gusta** or **gustan**, as appropriate.

1. No me _____ estas playas solitarias.

2. ¿Te _____ esta excursión?

3. A Lidia le _____ los pueblos antiguos.

4. A nosotros nos _____ el arte popular.

5. ¿A ustedes les _____ los viajes en tren?

6. A ellos no les _____ esta calle ruidosa.

7. A mi madre le _____ el mar.

8. A mis abuelos les _____ el campo tranquilo.

03-25 **Pronombres**

Write what these people are interested in by completing each of the following sentences with the missing pronoun.

1. Y a ti, ¿qué _____te_____ gusta?

2. A nosotros _____nos_____ interesa el teatro.

3. A mí _____me_____ interesan los idiomas.

4. A María no _____te_____ gustan estas instalaciones.

5. Creo que a Usted _____le_____ interesan los museos.

6. A ellos _____les_____ interesa la poesía.

7. ¿A Esteban _____le_____ gusta la música clásica?

8. ¿A ustedes _____les_____ gusta la universidad?

03-26 **¿Gusta or gustan?**

Your friend Sean doesn't know how to complete these dialogues that he has heard. Help him to complete each one with the correct form(s) of **gustar**.

1. • Me _____gusta_____ muchísimo vivir en la ciudad.
   ○ ¿Sí? A mí me _____gusta_____ más vivir en el campo.

2. • ¿Quieres ir en moto? ¿Vamos a dar un paseo?
   ○ ¡Huy! No, gracias. A mí me _____gusta_____ más caminar.

3. • ¿Te _____gusta_____ la comida de Venezuela?
   ○ Sí, muchísimo.

4. • A mí, las playas con mucha gente no me _____gustan_____ nada.
   ○ A mí tampoco, la verdad.

5. • ¿Te _____gusta_____ Caracas?
   ○ Bueno, en general las ciudades grandes no me _____gustan_____ mucho.

03-27 **¿Qué te gusta a ti?**

Look at the following topics and give a sentence orally for each one telling how you feel about it. Use **me interesa(n), no me interesa(n), me encanta(n), no me encanta(n), me gusta(n) mucho**, or **no me gusta(n) nada**.

1. viajar en barco

2. los restaurantes mexicanos

3. la política

4. leer

5. jugar al fútbol

6. trabajar

7. el jazz

8. aprender idiomas

AGREEMENT AND DISAGREEMENT

03–28 **Opiniones**

Listen to these eight opinions and select the appropriate response for each of them.

1. a. A mí también.
   b. A mí tampoco.
   c. Yo también.
   d. Yo tampoco.

2. a. A mí también.
   b. A mí tampoco.
   c. Yo también.
   d. Yo tampoco.

3. a. A mí también.
   b. A mí tampoco.
   c. Yo también.
   d. Yo tampoco.

4. a. A mí también.
   b. A mí tampoco.
   c. Yo también.
   d. Yo tampoco.

5. a. A mí también.
   b. A mí tampoco.
   c. Yo también.
   d. Yo tampoco.

6. a. A mí también.
   b. A mí tampoco.
   c. Yo también.
   d. Yo tampoco.

7. a. A mí también.
   b. A mí tampoco.
   c. Yo también.
   d. Yo tampoco.

8. a. A mí también.
   b. A mí tampoco.
   c. Yo también.
   d. Yo tampoco.

INTERACCIONES

03–29 **¿Estás de acuerdo?**

🔊 Listen to each statement or question and give an appropriate oral response. You can choose among the following options: **Yo no, a mí también, a mí tampoco, yo también, yo tampoco, a mí sí, a mí no.**

EJEMPLO:

Me gusta viajar en avión.

A mí también OR *A mí no.*

1. …	3. …	5. …	7. …	9. …
2. …	4. …	6. …	8. …	10. …

03–30 **De vacaciones**

Read the following travel ads. Which of the two vacations do you prefer, and why do you like this one more than the other? Give your response orally.

1

OFERTAS DE VIAJES
MARISOL

GRANDES CIUDADES DEL CARIBE

Caracas, ciudad histórica y maravillosa

15 días de arte e historia

Ida y vuelta desde Miami o Nueva York
Desplazamientos en autobús
Excursiones a los parques nacionales de El Ávila y los Roques.
Hoteles de *** y ****
Guías especializados

2

¡VEN A LA LAGUNA DE CANAIMA!

Una semana en Venezuela en contacto con la naturaleza.

Campamento Ucaima a dos kilómetros de la laguna.
Incluye alojamiento, traslado aeropuerto-campamento-aeropuerto, comidas, seguro y excursión al Salto del Sapo.
Precios especiales para grupos.

03–31 **¿Están de acuerdo?**

🔊 Listen to the following conversations. Do these people agree or disagree? Select the correct answer for each one.

1. a. Están de acuerdo.   b. No están de acuerdo.
2. a. Están de acuerdo.   b. No están de acuerdo.
3. a. Están de acuerdo.   b. No están de acuerdo.
4. a. Están de acuerdo.   b. No están de acuerdo.
5. a. Están de acuerdo.   b. No están de acuerdo.
6. a. Están de acuerdo.   b. No están de acuerdo.
7. a. Están de acuerdo.   b. No están de acuerdo.

Nombre: _____   Fecha: _____

NUESTRA GENTE

GENTE QUE LEE

03-32 **Los Roques**

Read the following passage about Los Roques, and then give short answers to the questions below.

El Parque Nacional Archipiélago de Los Roques (PNALR) abarca el Archipiélago de Los Roques, formado por 50 islas y unos 292 cayos y bancos. Está en el mar Caribe, al norte de Caracas. Mide 221.120 hectáreas (incluyendo áreas terrestres y marinas) y es el parque marino de mayor extensión de todo el mar Caribe.

Gran Roque es la única isla con población permanente (con unos 1.200 habitantes). Las compras y la diversión nocturna no forman parte de los atractivos de Gran Roque. Los restaurantes son sencillos, y no hay cines ni discotecas. El turismo es limitado debido a que es un parque nacional protegido y también porque no hay ríos y otras fuentes de agua dulce. Sin embargo, llegan anualmente más de 50.000 turistas que se alojan en unas 60 posadas y pequeños hoteles.

No hay servicio de transporte marítimo; por eso solamente un 5% de los visitantes llega a la zona por agua. La mejor alternativa es ir en avión; hay vuelos regulares desde Caracas, Maracaibo y Porlamar durante todo el año.

Este Parque Nacional tiene uno de los arrecifes de coral más diversos y mejor conservados del mar Caribe. Además, tiene playas de arenas blancas, navegación recreacional en diversos tipos de embarcaciones que los turistas pueden alquilar, como kayak, velero o bote de remo. Se puede practicar *windsurf*, buceo o submarinismo, o pesca deportiva. Finalmente, la observación de aves y las excursiones a pie son otras actividades favoritas de los viajeros. El Instituto Nacional de Parques de Venezuela tiene designados varios campamentos; hay que solicitar autorización para alojarse en ellos.

1. Según el contexto, ¿qué significa la palabra *arrecifes*?

   _____

2. Identifica seis cognados en el texto.

   _____

3. ¿Cuántas personas visitan la isla Gran Roque cada año?

   _____

4. ¿Qué medio de transporte prefieren los turistas para ir a Gran Roque?

   _____

5. El parque Nacional Los Roques está protegido. ¿Cuál es la consecuencia (*consequence*) de estar protegido?

   _____

6. ¿ Cuáles son **las otras** actividades favoritas de los turistas en Los Roques además de observar pájaros y caminar?

   _____

03-33 **¿Comprendes?**

Based on the reading passage about Los Roques, select the correct answers to the following questions.

1. Según el contexto, ¿qué significa la palabra arrecifes?
   a. plants   b. reefs   c. rocks

2. Selecciona las palabras que son cognados.
   a. regular   b. alternativa   c. solicitar   d. anualmente   e. marítimos

3. ¿Cuántas personas visitan la isla Gran Roque cada año?
   a. 50.000   b. 1.200   c. 221.120

4. ¿Qué medio de transporte prefieren los turistas para ir a Gran Roque?
   a. velero   b. avión   c. bote de remo

5. El Parque Nacional Archipiélago de Los Roques está protegido. ¿Cuál es la consecuencia (*consequence*) de estar protegido?
   a. Hay poco turismo.
   b. No hay centros comerciales ni de diversión nocturna.
   c. Los restaurantes son sencillos.

6. ¿ Cuáles son **las otras** actividades favoritas de los turistas en Los Roques además de observar pájaros y caminar?
   a. alojarse en campamentos
   b. ir a los arrecifes de coral
   c. practicar deportes acuáticos

GENTE QUE ESCRIBE

03-34 **Conectores: causa / consecuencia.**

Can you join these pairs of sentences together? Use the following connectors in your answers:
Porque / por eso / por lo tanto / así que / debido a que / ya que.

EJEMPLO:

La Gran Sabana en Venezuela es un paraíso (*paradise*) para los ecoturistas.

En la Gran Sabana hay una gran variedad de animales.

La Gran Sabana en Venezuela es un paraíso para los ecoturistas porque tiene una gran variedad de animales.

1. A mi hermana le interesa la naturaleza.

   Mi hermana quiere ir de vacaciones a Venezuela.

   _____

   _____

2. Prefiero ir a la playa en primavera.

En verano hay muchos turistas en la playa.

_____

_____

3. No me gusta estar solo.

Prefiero ir de vacaciones con mis amigos.

_____

_____

4. Quiero visitar los tepuyes de Venezuela.

Me gustan los lugares exóticos.

_____

_____

5. A mi abuela le interesa mucho el arte.

Mi abuela prefiere viajar a ciudades con muchos museos.

_____

_____

6. Los tepuyes tienen ecosistemas únicos.

Los tepuyes son monumentos naturales.

_____

_____

7. A mi hermano le gustan los deportes acuáticos.

Mi hermano prefiere un hotel cerca de la playa.

_____

_____

8. La Isla de Margarita tiene unas playas muy bellas.

Mucha gente de todo el mundo visita la Isla de Margarita.

_____

_____

03-35 **Vocabulario nuevo**

Revise the vocabulary of these two paragraphs and notice the words that are repeated. Rewrite the paragraphs and try to avoid repetition by using other words or paraphrasing.

1. Yo vivo en un pueblo. Mi pueblo es pequeño. Mi pueblo está en la montaña. En mi pueblo no hay bares. En mi pueblo no hay cines. En mi pueblo no hay restaurantes. En mi pueblo no hay centros comerciales. En mi pueblo no hay instalaciones comerciales. Mi pueblo no es aburrido. En mi pueblo hay un bellísimo parque nacional. El parque nacional es muy grande. En el parque nacional hay un lago. Me gustan los deportes acuáticos. En el lago practico deportes acuáticos. Practico pesca. Practico buceo.

2. Quiero viajar a Caracas. Caracas es una ciudad. Caracas es una ciudad con muchos museos. A mí me gusta el arte. A mí me gusta la historia. A mí me gusta la arquitectura antigua. A mí me gusta visitar museos.

1. _____

   _____

   _____

   _____

   _____

   _____

   _____

2. _____

   _____

   _____

   _____

   _____

4 gente de compras

VOCABULARIO EN CONTEXTO

04-01 **¿De qué están hablando?**

Help these students complete their sentences correctly by selecting the most logical answer.

1. Quiero comprar un cerveza. Voy _____.
   - a. a la peluquería
   - b. a la librería
   - c. al supermercado
   - d. a un cumpleaños

2. No puedo comprar un abrigo en esta tienda porque no tienen _____.
   - a. mi botella
   - b. mis rebajas
   - c. mi bolso
   - d. mi talla

3. Para mi cumpleaños mis padres me hacen _____.
   - a. muchos regalos
   - b. la joyería
   - c. el dinero
   - d. las rebajas

4. Ellos son muy simpáticos y muy divertidos y por eso _____ cuando estoy con ellos.
   - a. pregunto el precio
   - b. voy de compras
   - c. lo paso bien
   - d. está de rebajas

5. Hay muchas tiendas en _____.
   - a. este centro comercial
   - b. este precio
   - c. este regalo
   - d. este calcetín

04-02 **¿Qué necesitas?**

Do you know what you need in these situations? Select all the vocabulary words from the list that correctly answer each question. More than one answer may be correct in each.

1. ¿Qué necesitas para ir a la playa?
   - a. traje de baño
   - b. tienda de ropa
   - c. precio
   - d. farmacia
   - e. sandalias

2. ¿Qué tiendas hay en un centro comercial?
   - a. tienda de ropa
   - b. perfumería
   - c. vendedor
   - d. joyería
   - e. precio

3. ¿Qué relacionas (*do you associate*) con las compras?
   - a. rojo
   - b. verde
   - c. malo
   - d. recibo
   - e. precio

04-03 **De compras**

Think about six things that you purchased within the last two weeks. List them, and tell in which Galerías Pacífico stores you could have bought them.

EJEMPLO:

Un reloj, en joyería Zafiro

1. _____
2. _____
3. _____
4. _____
5. _____
6. _____

04-04 ¿Dónde tiene que ir para comprar?

Listen to each question and select which Galerías Pacífico store Ramón, Anamari, and Alberto have to go to in order to purchase what they need.

Ramón

1. a. Librería Lápiz y Papel
   b. Pastelería Dulcilandia
   c. Bodega de Antón
   d. Tienda de ropa de hombre Formas
   e. Joyería Zafiro
   f. Calzados Aquiles

2. a. Librería Lápiz y Papel
   b. Pastelería Dulcilandia
   c. Bodega de Antón
   d. Tienda de ropa de hombre Formas
   e. Joyería Zafiro
   f. Calzados Aquiles

Anamari

3. a. Librería Lápiz y Papel
   b. Pastelería Dulcilandia
   c. Bodega de Antón
   d. Tienda de ropa de hombre Formas
   e. Joyería Zafiro
   f. Calzados Aquiles

4. a. Librería Lápiz y Papel
   b. Pastelería Dulcilandia
   c. Bodega de Antón
   d. Tienda de ropa de hombre Formas
   e. Joyería Zafiro
   f. Calzados Aquiles

Alberto

5. a. Librería Lápiz y Papel
    b. Pastelería Dulcilandia
    c. Bodega de Antón
    d. Tienda de ropa de hombre Formas
    e. Joyería Zafiro
    f. Calzados Aquiles

6. a. Librería Lápiz y Papel
    b. Pastelería Dulcilandia
    c. Bodega de Antón
    d. Tienda de ropa de hombre Formas
    e. Joyería Zafiro
    f. Calzados Aquiles

04–05 **¿Dónde las puedes comprar?**

You are guiding a group of tourists in Buenos Aires to the correct store in the mall. Tell where they can find each of the following items, and follow the example closely.

EJEMPLO:

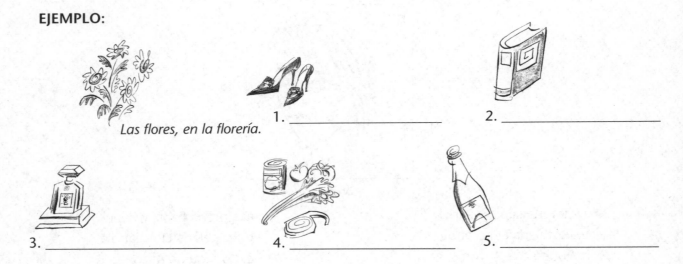

Las flores, en la florería.

1. _____

2. _____

3. _____

4. _____

5. _____

04-06 Ropa

You work in a shop and have to make labels for various articles of clothing. Identify each item pictured, and write the word in Spanish.

1. _____

2. _____

3. _____

4. _____

5. _____

6. _____

7. _____

8. _____

04-07 **¿De qué están hablando?**

Listen to a series of conversations about items in a store. Which items are they talking about? Select the correct answer for each situation.

1. a. una chaqueta
   b. un pañuelo

2. a. un reloj
   b. unas camisetas

3. a. un periódico
   b. unas pulseras

4. a. un perfume
   b. unos calcetines

5. a. unas sandalias
   b. unos pasteles

6. a. una falda
   b. un suéter

7. a. una camisa
   b. un cinturón

8. a. una botella de champán
   b. un paquete de café

9. a. unos guantes
   b. una corbata

04-08 **¿Qué llevan puesto los amigos de Javier?**

Javier is describing some of his friends. Listen to each of his descriptions, and select the letter corresponding to the correct person.

1. a.
   b.
   c.
   d.

2. a.
   b.
   c.
   d.

3. a.
   b.
   c.
   d.

4. a.
   b.
   c.
   d.

04-09 **¿Qué ropa llevas puesta ahora?**

A new friend wants to get an idea of your clothing style. Describe orally the clothes that you are wearing right now, including the types of clothing as well as the colors.

GRAMÁTICA EN CONTEXTO

OBLIGATIONS (*TENER QUE* + INFINITIVE) AND NEEDS (*NECESITAR*)

04-10 **¿Qué tienes? ¿Necesitas una?**

A new roommate asks you questions about things that you might have or need. Listen to the questions and answer them orally, following the model.

EJEMPLO:

You hear: ¿Tienes computadora?

You say:

Sí, sí la tengo. OR

No, pero quiero comprarme una.

1. ...
2. ...
3. ...

4. ...
5. ...
6. ...
7. ...

04-11 **¿Qué tienen?**

Help a classmate complete these sentences for homework, by selecting the correct form of **tener**.

1. Ustedes _____ bolsos de Argentina.
   a. tienen   b. tenéis   c. tiene   d. tienes

2. Tú _____ un teléfono celular.
   a. tiene   b. tengo   c. tienen   d. tienes

3. Tú y yo _____ platos de papel y servilletas.
   a. tienen   b. tenemos   c. tengo   d. tienes

4. ¿Quién _____ un pañuelo?
   a. tienen   b. tienes   c. tenemos   d. tiene

5. Yo _____ dos televisores.
   a. tengo   b. tienes   c. tenéis   d. tenemos

6. ¿Usted _____ tarjeta de crédito?
   a. tienen   b. tienes   c. tiene   d. tengo

7. Pedro _____ cámara de video.
   a. tengo   b. tienes   c. tiene   d. tenemos

8. Mis compañeros _____ muchos libros.
   a. tenemos   b. tengo   c. tienen   d. tienes

04-12 **¿Cuántos años tienen?**

Do you know how old your friends and family members are? Choose eight people that are close to you, and tell their ages orally using the verb **tener**.

EJEMPLO: *Mi hermana tiene veinticinco años.*

04-13 **¿Qué tienen que comprar?**

Tell these people where they have to go to buy what they need. Be sure to complete the sentences with the correct form of **tener que** and the correct place.

EJEMPLO: Pablo necesita flores.

Tiene que ir *a la florería.*

1. Necesitas aspirinas.

_____ ir _____ .

2. Los estudiantes necesitan libros.

_____ ir _____ .

3. Usted necesita pasteles.

_____ ir _____ .

4. Micaela necesita unos zapatos.

_____ ir _____ .

5. Yo necesito una falda.

_____ ir a una tienda de _____ .

6. Necesitamos comida.

_____ ir _____ .

7. Necesitan unas corbatas.

_____ ir a una tienda de _____ .

8. Los niños necesitan juguetes.

_____ ir _____ .

04-14 **¿Qué tienen que hacer?**

A friend of yours just started studying Spanish. Help her complete the following sentences using the correct form of **tener que**.

EJEMPLO: Pedro *tiene que* ir de compras.

1. Yo _____ ahorrar.

2. Nosotros _____ ir de compras.

3. Silvia _____ hacer un regalo.

4. Los estudiantes _____ trabajar.

5. Ellos _____ estudiar.

6. Tú _____ leer.

7. Yo _____ viajar.

8. Ustedes _____ descansar.

04-15 **Y tú, ¿qué tienes que hacer?**

Tell five things that you normally need to do during the week and five things that some people you know have to do. Be sure to use the correct forms of **tener que** and **necesitar,** and give your answers orally.

EJEMPLOS: *Yo tengo que ir a la universidad.*

Mi hermana tiene que ir a clase de español.

USE OF *UN / UNO*, *UNA*, *UNOS*, *UNAS*

04–16 **Mi lista de regalos**

Juan José is deciding what to buy for his family and friends for their birthdays. Choose the correct indefinite article to complete each of the sentences on his list.

1. Para papá, _____ libros de historia.
   a. un   b. una   c. unos   d. unas

2. Para mamá, _____ computadora.
   a. un   b. una   c. unos   d. unas

3. Para mi novia, _____ pulsera.
   a. un   b. una   c. unos   d. unas

4. Para mi amigo Samuel, _____ corbata.
   a. un   b. una   c. unos   d. unas

5. Para mi hermana Sarita, _____ juguete.
   a. un   b. una   c. unos   d. unas

6. Para mis abuelos, _____ iPod.
   a. un   b. una   c. unos   d. unas

7. Para mi prima Raquel, _____ gafas de sol.
   a. un   b. una   c. unos   d. unas

8. Para mi tía Eugenia, _____ suéter.
   a. un   b. una   c. unos   d. unas

04–17 **Las descripciones de Javier**

Listen to Javier's description of his friends again, and fill in the blanks with the right colors and the articles **un**, **una**, **unos**, or **unas**.

Mira, el muchacho que lleva (1) _____ chaqueta (2) _____ y (3) _____ pantalones (4) _____ es Alejandro, mi mejor amigo. Rosa es la muchacha de la minifalda (5) _____ y el suéter (6) _____. Normalmente lleva siempre pantalones, pero ese día se puso falda. La muchacha que lleva (7) _____ vestido largo y (8) _____ zapatos de tacón es Lucía, la novia de Alejandro. Es muy simpática, pero un poco rara. Y esta última es Lola. Es la muchacha que lleva (9) _____ vestido (10) _____ y (11) _____ abrigo (12) _____. Es guapa, ¿verdad?

NUMBERS FROM *100* TO *1.000*

04-18 **Algunos números de Gentilandia**

🔊 Gentilandia is an imaginary country. Its currency is called the pesito. Listen to some information about Gentilandia and select the answers to the following questions.

1. ¿Cuántos kilómetros cuadrados tiene Gentilandia?
   a. 444.000   c. 50.600
   b. 44.000   d. 3.550

2. ¿Aproximadamente cuántas mujeres viven en este país?
   a. 20.000   c. 3.500
   b. 650.000   d. 200.000

3. ¿Cuánto cuesta una cerveza en un bar?
   a. 50 pesitos   c. 30 pesitos
   b. 40 pesitos   d. 20 pesitos

4. ¿Cuánto cuesta comer en un restaurante?
   a. 6.000   c. 3.500
   b. 4.500   d. 3.550

5. ¿Cuál es el número de teléfono de la Oficina de Turismo?
   a. 729-24-23   c. 729-25-23
   b. 729-84-83   d. 720-25-23

04-19 **Nuevos precios**

🔊 Gentishop is having a big sale, but someone forgot to write down the new prices! Listen to the radio ad. Can you write the prices in? Be sure to write down only the number, in digits.

1. Antes: 290 pesos. Ahora: _____ pesos   4. Antes: 118 pesos. Ahora: _____ pesos

2. Antes: 151 pesos. Ahora: _____ pesos   5. Antes: 112 pesos. Ahora: _____ pesos

3. Antes: 31 pesos. Ahora: _____ pesos   6. Antes: 54 pesos. Ahora: _____ pesos

04-20 **Escribe un cheque por esta cantidad**

You want to buy these items in Buenos Aires, so you must write checks in Spanish for these amounts. Write the numbers you see in words, to complete the following checks.

1. Una pulsera: (460) _____ pesos

2. Unas vasijas de cerámica: (120) _____ pesos

3. Un adorno: (510) _____ pesos

4. Un teléfono celular: (395) _____ pesos

5. Un poncho de alpaca: (980) _____ pesos

6. Una cartera de cuero: (275) _____ pesos

7. Unos pendientes de plata: (745) _____ pesos

8. Una joya: (655) _____ pesos

ASKING FOR AND STATING THE PRICE OF SOMETHING

04-21 **¿Cuánto cuesta?**

You are thinking of buying the following things at Galerías Pacífico. Ask about the price of each item orally, and be sure to pay attention to the agreement of **cuesta(n)** and **este/a/os/as**.

EJEMPLO: *¿Cuánto cuestan estos pantalones?*

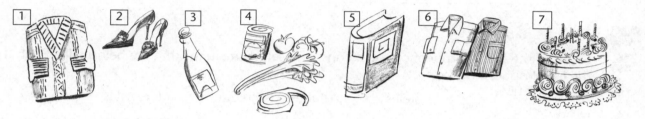

THIRD-PERSON DIRECT AND INDIRECT OBJECT PRONOUNS

04-22 **No, no lo quiero**

Select the correct direct object pronoun to complete the responses about what people do not want.

1. ¿Daniel quiere esta tarjeta de crédito? No, no _____ quiere.
   a. lo   b. la   c. los   d. las

2. ¿Tus compañeros quieren estos guantes? No, no _____ quieren.
   a. lo   b. la   c. los   d. las

3. ¿Quieres este recibo? No, no _____ quiero.
   a. lo   b. la   c. los   d. las

4. ¿Ustedes quieren estos pantalones? No, no _____ queremos.
   a. lo   b. la   c. los   d. las

5. ¿Cecilia quiere este bolso? No, no _____ quiere.
   a. lo   b. la   c. los   d. las

6. ¿Usted quiere este dinero? No, no _____ quiero.
   a. lo   b. la   c. los   d. las

7. ¿Quieren estas cervezas? No, no _____ queremos.
   a. lo   b. la   c. los   d. las

04-23 **¿Quién compra estas cosas?**

A group of friends is planning a birthday party. Form full sentences, using **lo, la, los**, and **las** to substitute the things that each of them is buying. Be sure to follow the example.

EJEMPLO: pizzas / Marta

   Las pizzas las compra Marta.

1. platos de papel / los amigos
   Los platos de papel los amigos.

2. servilletas / yo
   Las servilletas compro yo.

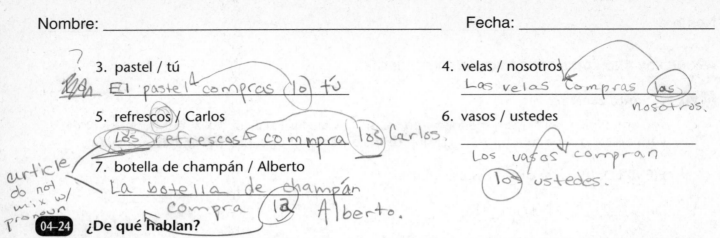

3. pastel / tú

El pastel compras (lo) tú

4. velas / nosotros

Las velas compras (las) nosotros.

5. refrescos / Carlos

Los refrescos compra los Carlos.

6. vasos / ustedes

Los vasos compran (los) ustedes.

7. botella de champán / Alberto

La botella de champán compra (la) Alberto.

article do not mix w/ pronoun

04-24   **¿De qué hablan?**

el / los
la / las

Listen to the following brief conversations, and select the items that are being talked about from the list of options below.

1. a. reloj   b. pasteles   c. tarjeta de crédito   d. revistas
   e. comida   f. pizzas   g. zapatos   h. vestido

2. a. reloj   b. pasteles   c. tarjeta de crédito   d. revistas
   e. comida   f. pizzas   g. zapatos   h. vestido

3. a. reloj   b. pasteles   c. tarjeta de crédito   d. revistas
   e. comida   f. pizzas   g. zapatos   h. vestido

4. a. reloj   b. pasteles   c. tarjeta de crédito   d. revistas
   e. comida   f. pizzas   g. zapatos   h. vestido

5. a. reloj   b. pasteles   c. tarjeta de crédito   d. periódicos
   e. comida   f. pizzas   g. zapatos   h. vestido

6. a. reloj   b. pasteles   c. tarjeta de crédito   d. revistas
   e. comida   f. pizzas   g. zapatos   h. vestido

7. a. reloj   b. pasteles   c. tarjeta de crédito   d. revistas
   e. comida   f. pizzas   g. zapatos   h. vestido

8. a. reloj   b. pasteles   c. tarjeta de crédito   d. revistas
   e. comida   f. pizzas   g. zapatos   h. vestido

04-25   **¿Dónde compras tú?**

A new friend wants to know where you usually buy your things. Listen to each question and give your responses orally. Be sure to use the pronouns **lo, la, los,** and **las** to avoid repetition.

EJEMPLO:

You hear: ¿Dónde compras los libros de texto?

You say: *Los compro en Amazon, son más baratos.*

1. …   4. …   6. …

2. …   5. …   7. …

3. …

04–26 **Fiesta de fin de curso**

The following is the list of the things needed for the end-of-the-school-year party and the people that offered to bring them. Answer the questions below using **lo, la, los, las** to avoid repetition. Be sure to follow the model carefully.

> Vasos-Carola   Champán-Graciela   Platos-Facundo
> Copas-Natalia   Cervezas-Mariana   Pastel-Julieta
> Servilletas-Matías Refrescos-Mónica   Sándwiches-Jorge
> Tenedores-Pablo   Cuchillos-Pablo   y Fabián

EJEMPLO: *can*

—¿Quién <u>puede</u> compar los vasos?

—*Puede comprarlos Carola.*   *conjugated*

1. ¿Quién puede comprar las copas? Puede compralas Natalia

2. ¿Quién puede comprar las servilletas? Puede compralas Matías.

3. ¿Quién puede comprar los tenedores y los cuchillos de plástico? Puede compralos Pablo

4. ¿Quién puede comprar el pastel y el champán? Pueden comprartlos Julieta y Graciela

5. ¿Quién puede comprar las cervezas? Puede compralas Mariana.

6. ¿Quién puede comprar los refrescos? Puede comprarlos Mónica.

7. ¿Quién puede comprar los platos de papel? Puede compralos Facundo.

8. ¿Quién puede comprar los sándwiches? Pueden compralos Jorge y Fabián.

Plural

04–27 **¿Qué les regalan?**

Luis asks about what gifts people will be receiving. Complete his questions by adding the missing indirect object pronouns.

1. ¿Qué __me__ regalan a mi hermana?

2. ¿Qué __les__ regalan a mis primos José y Felipe?   *Pl.*

3. ¿Qué __te__ regalan a ti, mamá?

4. ¿Qué __le__ regalan a papá?

5. ¿Qué __nos__ regalan a nosotros?

6. ¿Qué __les__ regalan a ustedes?

7. ¿Qué __la__ regalan a usted, profesora?

8. Y ¿qué __me__ regalan a mí?

S
1 me
2 te
3 le

P
1 nos
2 os
3 les

04-28 **¿A quién les regalas?**

Help your classmate Adam explain which gifts he is going to give to each of the following people. Use indirect object pronouns to complete the sentences.

EJEMPLO: A Verónica

A Verónica le regalo un reloj.

1. a los niños

   ___Les___ regalo muchos juguetes.

2. a mi mamá

   ___Le___ regalo un iPod.

3. al profesor

   ___le___ regalo un pastel.

4. a mis abuelos

   ___les___ regalo una televisión.

5. a mi hermana

   ___Le___ regalo dinero.

6. a mis padres

   ___les___ regalo una botella de champán.

7. a mi novia

   ___le___ regalo una pulsera.

8. a ti

   ___Te___ regalo una bicicleta.

04-29 **Regalos de navidad**

These siblings are deciding on some Christmas presents. Complete their dialogues with the missing pronouns, **le, les, lo, los, la,** and **las.** The words in italics will help you.

1. • Pues *a la tía Alicia* podemos comprar ___les___ un pañuelo.
   ○ Sí, un pañuelo o una novela.
   • Y a la tía Mari, pues…, otro pañuelo.
   ○ ¿Otro? Mejor ___le___ regalamos el pañuelo *a Mari* y la novela a Alicia. ¿Quién compra *el pañuelo*?
   • Yo ___lo___ compro. ¿Compras tú *la novela*?
   ○ De acuerdo. Yo ___la___ compro.

2. • ¿Y para *los tíos Rodrigo y María Luisa*?
   ○ No sé, podemos comprar ___les___ un disco. Están buscando uno de música clásica que no tienen.
   • De acuerdo, pues *un disco.* ¿Quién ___lo___ compra, tú o yo?
   ○ Puedo comprar ___lo___ yo.

3. • Y *a la abuela*, ¿qué ___le___ compramos?
   ○ *A la abuela* podemos comprar ___le___ un reloj. Tiene uno que no funciona muy bien.
   • Un reloj es un poco caro, ¿no?
   ○ Bueno, depende…

4. • *La prima Isabel* quiere unas gafas de esquí.
   ○ Bueno, pues ___le___ compramos *unas gafas.* ¿___Las___ compras tú?
   • Sí, yo ___las___ puedo comprar.

INTERACCIONES

 04–30 **¿Qué ropa llevas ahora?**

Answer the questions you hear about what clothes you are wearing *(la ropa que llevas)*. Be sure to give your answers orally.

1. …   4. …

2. …   5. …

3. …

04–31 **¿Qué o cuál ?**

You need to buy a present, but you can't decide among all the possibilities, so you ask a friend for advice. Look at each pair of drawings, and form questions to ask which one of the two you should purchase.

EJEMPLOS:

¿Cuál compro, éste o éste?   *¿Qué compro, esto o esto?*

1. _____   2. _____

3. _____   4. _____

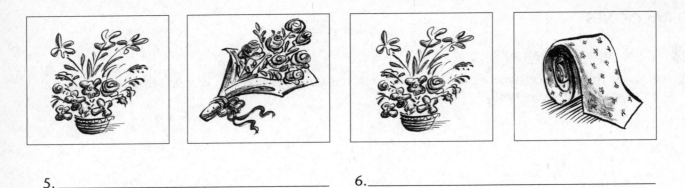

5. _____   6. _____

04-32 **Preguntas para Juan Carlos**

You want to get to know Juan Carlos, your Mexican roommate in Buenos Aires. Ask him the following questions orally, as in the model.

EJEMPLO:

(You want to know): the hotel where he wants to stay in Bariloche

You say: *¿En qué hotel quieres alojarte?*

1. The city where he lives in México

2. The places he wants to visit in Argentina

3. The number of siblings he has

4. The people he lives with at home

5. The color of his car

Nombre: _____   Fecha: _____

NUESTRA GENTE

GENTE QUE LEE

 Esperando a los Reyes

Read the following passage about gifts purchased and given during the holidays in Argentina, and then answer the questions below.

Esperando a los Reyes
Los juguetes nacionales más vendidos

Cuando se acercan las fiestas y hay que elegir el regalo para el Día de Reyes, los argentinos manejan **opciones** que movilizan 400 millones de pesos al año. Juegos didácticos y **artesanales**, muñecas de trapo, construcción, juguetes **importados** o de industria nacional. De los juguetes que se venden, sólo el 35 por ciento se fabrica en la Argentina. El 65 por ciento es importado: el 70 por ciento de los importados proviene de China, el 12 de Brasil y el 18 por ciento restante de Italia, España y Estados Unidos. Según cifras de la Cámara Argentina del Juguete, aquí se compran cuatro juguetes por chico, lo que equivale a un gasto de $44 anuales.

De los 8.700 artículos nacionales que existen, éste es el ranking de los más vendidos este año. La estación de servicio, un clásico entre los varones, el bebé con moisés y artículos de la línea Primera infancia. Todos estos juguetes se fabrican en el país. Según datos de la Cámara Argentina del Juguete, en la Argentina se compran más juguetes que en Chile y Uruguay, donde el gasto por chico es inferior a los $44 de **promedio** que la gente gasta aquí **actualmente**. Otros populares son los juegos de mesa y los bloques de construcción, por ejemplo, la *Estación de mis ladrillos,* especialmente entre los chicos. Estos bloques figuran terceros en la lista de juguetes nacionales más vendidos. Para las niñas, las muñecas que hablan, y que vienen con accesorios como peines y champú.

Más **ideas** para regalar son, por ejemplo, **agendas** y libros. Sólo para chicas, hay libros como *Las aventuras de Judy* y *La agenda medialuna.* Para ellos, *El club de las libélulas.* Lo importante es que no solo hay que regalar juguetes: la lectura y la escritura deben convertirse también en regalo.

1. Mira las palabras en negrita. ¿Qué significa "promedio"? ¿Cómo lo sabes?

   _____

2. Identifica cuatro cognados que te ayudan a comprender mejor el texto.

   _____

3. ¿Qué porcentaje de juguetes vendidos (*sold*) en Navidad son productos nacionales?

   _____

4.   Dos juguetes fabricados (*made*) en Argentina son...

_____

5.   ¿Cuáles son las diferencias, según la lectura, entre niños y niñas?

_____

6.   ¿Qué dos alternativas a regalar juguetes menciona el texto?

_____

04-34   **¿Comprendes?**

Based on the reading passage "Esperando a los Reyes," select the best answer(s) to each of the questions below. More than one answer may be correct in each case.

1. Según el contexto, ¿qué crees que significa la palabra en negrita **promedio**?
   a. money
   b. average
   c. price

2. Según el significado que tienen en este texto, ¿cuáles de estas palabras son cognados?
   a. artesanales   c. importado   e. artículos   g. agendas
   b. opciones   d. anuales   f. actualmente   h. ideas

3. ¿Qué porcentaje de juguetes vendidos (*sold*) en Navidad son productos nacionales?
   a. 65%
   b. 18%
   c. 35%

4. Según el texto, ¿cuáles de estos juguetes se fabrican (*are made*) en Argentina?
   a. bloques de construcción   c. muñecas que hablan   c. bebé con moisés
   b. estación de servicio   d. muñecas de trapo   e. juegos de mesa

5. ¿Cuáles son las diferencias, según la lectura, entre niños y niñas?
   a. Las niñas prefieren leer y los niños prefieren bloques de construcción.
   b. Las niñas prefieren juegos de mesa y los niños bloques de construcción como la *Estación de mis ladrillos.*
   c. Las niñas prefieren accesorios para muñecas y los niños para carros.

6. ¿Qué otras alternativas a los regalos tradicionales menciona el texto?
   a. juguetes didácticos y artesanales
   b. libros y agendas
   c. juguetes nacionales

Nombre: _____   Fecha: _____

GENTE QUE ESCRIBE

04-35 **Navidad en Estados Unidos**

You are preparing an e-mail to explain to your friend from Argentina how Christmas is celebrated here in the United States. You have decided to organize your ideas into three paragraphs: the first an introduction, and two more. Choose the sentences that you will include in each paragraph from the ones listed, and then identify a topic sentence for each paragraph.

- Los estadounidenses comienzan a poner los adornos navideños después del día de Acción de Gracias.

- Muchos de los regalos son aparatos electrónicos.

- El exterior de las casas se decora con luces.

- Para los niños los regalos favoritos son juguetes y videojuegos.

- El 98% de los americanos celebra la Navidad.

- Los regalos los trae Santa.

- La navidad se celebra con una comida familiar.

- Los centros comerciales y las tiendas tienen muchos adornos.

- La mayoría de los estadounidenses son cristianos, pero también se practican otras muchas religiones.

- Los niños reciben los regalos a las 12:00 de la noche.

- En la comida de Navidad se come pavo.

- Muchas familias viajan para pasar estos días juntos.

- En las casas hay un árbol con luces.

- Hay parques especiales con figuras de luces.

- Los regalos favoritos de los adultos son aparatos electrónicos.

1. Paragraph 1:

   _____

   _____

   _____

2. Paragraph 2:

   _____

   _____

   _____

3. Paragraph 3:

_____

_____

_____

4. Write the topic sentence for the first (introductory) paragraph.

_____

_____

_____

5. Write the topic sentence for the second paragraph.

_____

_____

_____

6. Write the topic sentence for the third paragraph.

_____

_____

_____

04-36 **Un correo electrónico para Mónica**

Steve wrote the following e-mail to Mónica, his friend in Buenos Aires, asking her to do some shopping for him. Before he sends the e-mail, he wants you to revise it. Help him make his text more cohesive by rewriting it, and introducing some referent words.

Hola Mónica:

Estoy enfermo (*sick*) en Alpa Corral y no voy a tener tiempo (*I am not going to have the time*) para hacer compras en Buenos Aires antes de regresar (*return*) a Estados Unidos. ¿Puedes comprar algunos regalos para mi familia y mis amigos? Quiero comprar regalos para mi hermana, mi madre, mi padre y mis sobrinos Paul y Sean. A mi madre le gustan las joyas, quiero comprar a mi madre un collar de plata. Puedes comprar el collar de plata en la joyería de Galerías Pacífico.

Los vinos argentinos son muy buenos y mi padre no conoce los vinos argentinos. ¿Puedes comprar un vino argentino en la bodega de Antón? A mi hermana le gustan mucho las artesanías, por eso quiero comprar a mi hermana una vasija de cerámica. Puedes comprar la vasija de cerámica en la tienda de artesanías cerca de tu casa. Finalmente, a mis sobrinos les gusta mucho el fútbol. Quiero comprar a mis sobrinos una camiseta del equipo nacional de fútbol argentino, aunque creo que puedo comprar las camisetas en el aeropuerto, pero allí son muy caras. ¿Sabes de un lugar más barato donde puedas comprar las camisetas?

Muchas gracias,

Steve

_____

_____

_____

_____

_____

_____

_____

_____

_____

5 *gente* en **forma**

VOCABULARIO EN CONTEXTO

05-01 **Palabras relacionadas**

You are helping a classmate study vocabulary. Select the word in each group that does not belong.

1. pie   boca   nariz   ojo
2. ágil   fuerte   sano   cansado
3. pasear   correr   sentarse   caminar
4. dieta   fútbol   baloncesto   tenis
5. gimnasio   ejercicio   deporte   verdura

05-02 **Categorías**

Your friend John wants to group these words into categories in order to memorize them for the test. Help him by selecting all the words that pertain to the categories given.

1. **deportes**

   baloncesto   pierna   sábado   brazo   corazón   domingo   carne   lunes   azúcar
   fútbol   jueves   pescado

2. **los días de la semana**

   baloncesto   pierna   sábado   brazo   corazón   domingo   carne   lunes   azúcar
   fútbol   jueves   pescado

3. **el cuerpo**

   baloncesto   pierna   sábado   brazo   corazón   domingo   carne   lunes   azúcar
   fútbol   jueves   pescado

4. **la alimentación**

   baloncesto   pierna   sábado   brazo   corazón   domingo   carne   lunes   azúcar
   fútbol   jueves   pescado

05-03 **Sinónimos y antónimos**

You are trying to decide whether the words in each pair are synonyms or antonyms. Select the correct answer for each pair of words given.

1. caminar / pasear   synonyms   antonyms
2. dormirse / despertarse   synonyms   antonyms
3. acostarse / levantarse   synonyms   antonyms
4. adelgazar / engordar   synonyms   antonyms

05-04 **A completar**

Some of your friends and family members are concerned about their health. Give appropriate recommendations to these people by selecting the word or expression that best completes each sentence.

1. Si quieres adelgazar, tienes que _____.

   a. engordar   b. hacer ejercicio   c. despertarte   d. relajarte

2. Si estás cansado/a, tienes que _____.

   a. levantarte   b. sentarte   c. adelgazar   d. engordar

3. Si quieres hacer un buen deporte, tienes que jugar _____.

   a. el ejercicio   b. la bicicleta   c. al tenis   d. la dieta

4. Si quieres relajarte, es bueno _____.

   a. desayunar   b. hacer yoga   c. fumar   d. ser efectivo

5. Para hacer ejercicio, debes _____.

   a. ir al gimnasio   b. comer dulces   c. acostarte   d. vestirte

05-05 **¿Para que sirven?**

Carlos's younger brother is studying the parts of the body in his science class. Match each verb to the appropriate part of the body, to help him tell why each part is useful.

1. ojos   _e_   a. caminar

2. cabeza   _d_   b. comer

3. boca   _b_   c. escribir

4. brazo   _c_   d. pensar

5. piernas   _a_   e. ver

05–06 **Partes del cuerpo**

Do you remember the names of all these body parts? Label each one with its name, and be sure to include the definite article. The first letter of each word is provided for you as a clue.

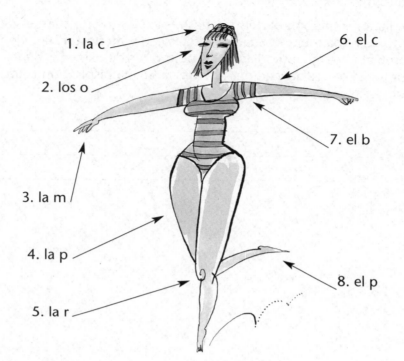

1. la c _____

2. los o _____

3. la m

4. la p

5. la r

6. el c

7. el b

8. el p

1. _____

2. _____

3. _____

4. _____

5. _____

6. _____

7. _____

8. _____

05–07 **Días de la semana**

Answer the questions you hear orally according to your own personal habits, and be sure to give the specific days of the week.

EJEMPLO: You hear: ¿Qué días te levantas tarde (*late*)?

You say: *Los sábados y domingos.* OR *Nunca me levanto tarde.*

1. …   3. …   5. …   7. …

2. …   4. …   6. …   8. …

05–08 **Diccionario bilingüe**

Read the following paragraph, and focus on the words in bold. Are they nouns, adjectives, or verbs? What information does the dictionary give you about these words? Next to each word below, write its meaning.

Hay muchos factores que son partes de nuestras vidas, que no cuestan dinero y que nos pueden ayudar a conseguir una mejor calidad de vida, salud y **bienestar**. Por ejemplo las inspiraciones hondas y completas de aire puro llenan los **pulmones** de oxigeno, purifican la sangre y la impulsan por todas partes del cuerpo. Además la buena respiración **calma** los nervios y ayuda a dormir mejor.

1. bienestar _____

2. pulmones _____

3. calma _____

Nombre: _____   Fecha: _____

GRAMÁTICA EN CONTEXTO

PRESENT INDICATIVE OF IRREGULAR VERBS

05-09 **¿Cuándo duermen la siesta?**

When do each of these people take their siestas? Complete the sentences with the correct forms of **dormir**.

1. Mi tía _duerme_ la siesta todos los días.
2. Tú _duermes_ la siesta los domingos.
3. Mis abuelos _duermen_ la siesta todas las tardes.
4. Mi hermana _duerme_ la siesta a menudo.
5. Mi esposa y yo _dormimos_ la siesta de vez en cuando.
6. Yo _duermo_ la siesta los sábados.
7. Ustedes nunca _duermen_ la siesta.

05-10 **¿Qué hacen?**

Some of your friends just want to exercise when there are other things to be done. Complete the following brief dialogues with the correct forms of **hacer**.

EJEMPLO: —¿Ella come?

—No, *hace* ejercicio.

1. —¿Ustedes estudian?

   —No, _hacemos_ ejercicio.

2. —¿Las mujeres duermen?

   —No, _hacen_ ejercicio.

3. —¿Usted duerme la siesta?

   —No, _hace_ ejercicio.

4. —¿Isabel toma el sol?

   —No, _hace_ ejercicio.

5. —¿Compras regalos?

   —No, _hago_ ejercicio.

6. —¿Escribimos cartas?

   —No, _hacemos_ ejercicio.

7. —¿Tus compañeros trabajan?

   —No, _hacen_ ejercicio.

05-11 **¿Cómo y cuándo van?**

Tell how and when people go to certain places by creating sentences out of each string of elements. Use the verb **ir** in each case.

EJEMPLO: tú / al gimnasio / autobús

Tú vas al gimnasio en autobús.

1. yo / al centro / en tren yo _Voy_____.
2. mis padres / al cine / con frecuencia _mis padres_ _Van_____.
3. mis hermanos y yo / al museo / a pie _mis hermanos_ _Vamos_____.
4. usted / a Bogotá / en avión _Usted_ _Va_____.
5. Ramón / a la bodega / en bici _Ramón_ _Va_____.
6. ustedes / a la librería / de vez en cuando _Ustedes_ _Van_____.
7. tú / a la universidad / en carro _Tú_ _Vas_____.
8. ustedes / a la iglesia / los domingos _ustedes_ _Van_____.

REFLEXIVE VERBS

 ¿Quiénes son?

Look at the following pictures, and select the correct description for each one.

1.

a. Los jueves se levanta a las siete para ir al mercado. Da un paseo todos los días y se acuesta a las once. Tiene dos hijos y seis nietos.

b. Los fines de semana va a un club de jazz. De vez en cuando escribe cartas a su novia, que es argentina. No hace mucho deporte, pero a veces va al gimnasio.

c. Los martes juega al fútbol con sus amigos del colegio. Duerme siempre más de ocho horas. Por la tarde estudia en casa y mira la televisión.

d. Quieren comprar un carro, pero ahora no tienen dinero. Comen siempre juntos en casa: él cocina muy bien. Piensan demasiado en el trabajo.

2.

a. Los jueves se levanta a las siete para ir al mercado. Da un paseo todos los días y se acuesta a las once. Tiene dos hijos y seis nietos.

b. Los fines de semana va a un club de jazz. De vez en cuando escribe cartas a su novia, que es argentina. No hace mucho deporte, pero a veces va al gimnasio.

c. Los martes juega al fútbol con sus amigos del colegio. Duerme siempre más de ocho horas. Por la tarde estudia en casa y mira la televisión.

d. Quieren comprar un carro, pero ahora no tienen dinero. Comen siempre juntos en casa: él cocina muy bien. Piensan demasiado en el trabajo.

3.

- a. Los jueves se levanta a las siete para ir al mercado. Da un paseo todos los días y se acuesta a las once. Tiene dos hijos y seis nietos.
- b. Los fines de semana va a un club de jazz. De vez en cuando escribe cartas a su novia, que es argentina. No hace mucho deporte, pero a veces va al gimnasio.
- c. Los martes juega al fútbol con sus amigos del colegio. Duerme siempre más de ocho horas. Por la tarde estudia en casa y mira la televisión.
- d. Quieren comprar un carro, pero ahora no tienen dinero. Comen siempre juntos en casa: él cocina muy bien. Piensan demasiado en el trabajo.

4.

- a. Los jueves se levanta a las siete para ir al mercado. Da un paseo todos los días y se acuesta a las once. Tiene dos hijos y seis nietos.
- b. Los fines de semana va a un club de jazz. De vez en cuando escribe cartas a su novia, que es argentina. No hace mucho deporte, pero a veces va al gimnasio.
- c. Los martes juega al fútbol con sus amigos del colegio. Duerme siempre más de ocho horas. Por la tarde estudia en casa y mira la televisión.
- d. Quieren comprar un carro, pero ahora no tienen dinero. Comen siempre juntos en casa: él cocina muy bien. Piensan demasiado en el trabajo.

Nombre: _____   Fecha: _____

05-13 **Verbos irregulares y reflexivos**

Read the following descriptions and look at the verb forms given in bold. Then, write the infinitive form of each of them below.

A. Los jueves (1) **se levanta** a las siete para ir al mercado. (2) **Da** un paseo todos los días y (3) **se acuesta** a las once. (4) **Tiene** dos hijos y seis nietos.

B. Los fines de semana (5) **va** a un club de jazz. De vez en cuando (6) **escribe** cartas a su novia, que es argentina. No (7) **hace** mucho deporte, pero a veces va al gimnasio.

C. Los martes (8) **juega** al fútbol con sus amigos del colegio. (9) **Duerme** siempre más de ocho horas. Por la tarde (10) **estudia** en casa y (11) **mira** la televisión.

D. (12) **Quieren** comprar un carro, pero ahora no tienen dinero. (13) **Comen** siempre juntos en casa: él (14) **cocina** muy bien. (15) **Piensan** demasiado en el trabajo.

1. _____
2. _____
3. _____
4. _____
5. _____
6. _____
7. _____
8. _____

9. _____
10. _____
11. _____
12. _____
13. _____
14. _____
15. _____

05-14 **Todos hacemos esto**

What are your routines with regard to the following actions? Describe them orally. You can use expressions such as **siempre, nunca, muchas veces, de vez en cuando, los fines de semana, todos los días,** or give specific days of the week / times.

EJEMPLO: sentarse

You say: *Siempre me siento en el sofá después de comer.*

1. acostarse
2. levantarse
3. despertarse

4. dormirse
5. vestirse
6. lavarse

05-15 **Correo electrónico para Ernesto**

Arturo wrote his friend Ernesto this e-mail about a typical day during his vacation in Colombia. Read it and identify the numbered verb forms Arturo uses. Then write the corresponding infinitive forms below.

Nombre: _____   Fecha: _____

Querido Ernesto:

¿Qué tal? ¿Cómo van las vacaciones?

Te escribo desde Cartagena, una ciudad preciosa de Colombia. Ya sabes, la ciudad de mis padres. Estoy aquí de vacaciones con la familia. Es un lugar muy bonito pero no muy animado. Ideal para descansar y luchar contra el estrés: todas las mañanas voy a hacer las compras con mi mamá al mercado y después vamos todos a nadar. Comemos siempre en casa y después duermo unas siestas maravillosas. Y luego, (1) doy un paseo por la ciudad, tomo una cerveza con algún viejo amigo, juego a las cartas con mis hermanos o voy al cine. Como ves, no (2) hago nada especial. Algunos días hacemos excursiones por el campo (los alrededores son preciosos). Y, a veces, (3) nos bañamos en un río que está muy cerca. La verdad es que (4) me aburro un poco. ¿(5) Quieres venir a pasar unos días en Cartagena conmigo?

Un abrazo,

Arturo

1. _____   4. _____
2. _____   5. _____
3. _____

RECOMMENDATIONS AND ADVICE

05-16 **Buenos consejos**

Can you give the following people some pieces of advice? Use **es** + the adjectives in parentheses and the infinitive form of the verbs. Be sure to follow the example closely.

EJEMPLO: Adelgazan. (necesario)   *Es necesario adelgazar.*

1. Hacemos ejercicio. (necesario) _Es necesario hacer ejercicio_
2. Comes demasiada grasa. (malo) _Es malo comer demasiada grasa_
3. Hago mucho deporte. (bueno) _Es bueno hacer mucho deporte_
4. Toman mucha agua. (importante) _Es importante tomar mucha agua_
5. Hace yoga. (bueno) _Es bueno hacer yoga_

05-17 **Más consejos**

Listen to the things that your friends are not doing, and give advice to them orally about what they should do to stay healthy, using **hay que**. Follow the example.

EJEMPLO:

You hear: No comen fibra.

You say: *¡Pero hay que comer fibra!*

1. ... _Hay que_   5. ...
2. ...   6. ...
3. ...   7. ...
4. ...

05–18 **¿Para qué es bueno?**

Which parts of the body are the following activities good for? Write five sentences, following the example.

nadar	los brazos
dar un paseo	la cintura
bailar	el corazón
jugar al golf	la espalda
jugar al tenis	la circulación
montar en bicicleta	todo el cuerpo
	las piernas

EJEMPLO: *Montar en bicicleta es bueno para las piernas y el corazón.*

1. _____

2. _____

3. _____

4. _____

5. _____

05–19 **Consejos**

What recommendations would you give in each of the situations you hear? Use the expressions below to complete the sentences out loud.

hay que	es bueno	tienes que	es necesario	es importante

EJEMPLO:

You hear: Para no estar cansado por la mañana…

You say: *Hay que dormir ocho horas.*

1. ….	5. ….
2. ….	6. ….
3. ….	7. ….
4. ….	8. ….

05–20 **Dar consejos**

Listen to what these people say and write sentences offering some practical advice to them using **tener que + infinitive** or **es necesario + infinitive**.

1. _____

2. _____

3. _____

4. _____

5. _____

Nombre: _____   Fecha: _____

EXPRESSING FREQUENCY

 Tus costumbres

How often do you do the following things? Write full sentences about your habits. Be sure to use the following expressions: **siempre / cada mes / cada semana / todos los días / nunca / todos los veranos / todas las semanas / todos los días / muchas veces / de vez en cuando / a menudo.**

EJEMPLOS:

jugar el tenis   *Nunca juego al tenis.*

comer verduras   *Como verduras a menudo.*

1. ir al gimnasio _____

2. comer carne _____

3. estudiar español _____

4. dormir más de ocho horas _____

5. levantarse temprano (*early*) _____

6. hacer ejercicio _____

7. ir a la playa _____

8. ir a la biblioteca _____

9. ir a un concierto _____

10. acostarse tarde (*late*) _____

11. lavar la ropa _____

05-22 ¿Con qué frecuencia?

Find out more about how often these people keep in shape… or not! Complete the following sentences with the Spanish equivalent of the English words in parentheses.

1. Mi madre _____ come verduras. (*always*)

2. Mis amigos _____ toman alcohol. (*never*)

3. _____ no desayuno. (*often*)

4. Ella hace yoga _____. (*occasionally*)

5. Tú _____ haces deporte. (*never*)

6. _____ doy un paseo con mis abuelos. (*often*)

7. _____ jugamos al béisbol. (*many times*)

8. ustedes _____ están a dieta. (*always*)

QUANTIFYING: *MUY, MUCHO, DEMASIADO...*

05–23 **¿Cuánto?**

Select the word that correctly completes each sentence.

1. Si estás tan cansado, tienes que dormir _____.
   a. nada   b. demasiado   c. más   d. poco

2. Estos niños están gordos porque comen _____.
   a. demasiado   b. muy   c. poco   d. demasiados

3. Los estudiantes dicen que están _____ aburridos.
   a. muy   b. demasiados   c. poca   d. mucho

4. Para adelgazar, hay que comer _____.
   a. demasiado   b. pocos   c. poco   d. mucho

5. Tienes que comer más. Estás _____ delgada.
   a. demasiadas   b. demasiado   c. mucho   d. poco

05–24 **¿Qué hacen?**

Complete the description of the things that David and Paula normally do. Use **muy, mucho, mucha, muchos,** or **muchas**.

DAVID:

1. Trabaja _____ horas al día.

2. No tiene _____ tiempo libre.

3. Conoce a _____ gente importante.

4. Viaja _____ al extranjero.

5. Bebe _____ cerveza.

6. Tiene una casa _____ grande.

7. No duerme _____.

PAULA:

8. Hace _____ deporte.

9. Es _____ simpática.

10. Tiene _____ amigos.

11. Está _____ delgada.

12. No come _____.

13. _____ fines de semana se va al campo.

14. Lee _____ libros de poesía.

05–25   **Gloria**

Gloria has a lot to do, and she is feeling very stressed. Look at the picture of her below and write five sentences about her and her situation using **muy**, **mucho**, **mucha**, **muchos**, or **muchas**.

1. _____

2. _____

3. _____

4. _____

5. _____

SER AND **ESTAR** WITH ADJECTIVES

05–26   **¿Cómo están?**

Help Victoria describe how her friends feel by completing these sentences with the correct form of **estar**.

1. Los niños _____ aburridos.

2. Nosotros _____ preocupados.

3. ¿Por qué _____ (tú) tan triste hoy?

4. ¡Qué gordo _____ Pablo! Come demasiado.

5. Juana _____ muy delgada. ¿Qué le pasa?

6. Yo _____ muy alegre hoy.

7. Creo que ustedes _____ cansados.

05-27 **¿Qué verbo?**

You are helping a new classmate with his Spanish homework. Select the verb that correctly completes each sentence.

1. Los estudiantes _____ muy cansados.

    a. es   b. están   c. está   d. son

2. Esta película _____ muy interesante. Por eso le gusta a todo el mundo.

    a. estamos   b. está   c. es   d. eres

3. Sus consejos _____ realmente buenos.

    a. están   b. somos   c. es   d. son

4. Este ejercicio _____ bastante efectivo.

    a. es   b. son   c. estoy   d. soy

5. Los deportistas _____ muy ágiles.

    a. son   b. están   c. es   d. soy

6. La familia _____ triste.

    a. son   b. está   c. es   d. soy

7. Este tema _____ bastante complicado.

    a. eres   b. son   c. está   d. es

05-28 **¿Cómo estás? ¿Cómo eres?**

Read the following dialogue and complete it with the correct forms of **ser** or **estar**.

- ¿No vienes a ver el partido de fútbol?

○ No, lo siento, voy al gimnasio. (1) _____ muy gordo y necesito adelgazar un poco. Además, siempre (2) _____ cansado y tengo poca energía. Mi esposa (3) _____ muy activa, pero yo no.

- Sí, pero Laura (4) _____ demasiado delgada, creo.

○ No, yo pienso que se ve muy bien. Últimamente (5) _____ un poco débil porque (6) _____ enferma. Tiene que cuidarse más.

INTERACCIONES

esta = that   esa = ?
ese /esas /esas

05-29 **Algunas preguntas sobre tus hábitos**

Answer the questions you hear about your own habits, and give your answers orally.

1. ... *Yo me duermo ocho horas.*
2. .... *Me levanto a ocho.*
3. ....
4. .... *Los sabados Me acuesto a la una.*
5. ....
6. ....
7. ....
8. ....

aula = clase

05-30 **Entrevista**

You have to interview a potential new roommate, and want to know some of his/her routines. Write six questions you would ask about the time at which or the frequency with which he/she does these things.

EJEMPLO:

jugar videojuegos

¿Cuántas horas al día juegas videojuegos? OR *¿A qué hora juegas videojuegos?*

1. levantarse _____
2. acostarse _____
3. cenar _____
4. ver la televisión _____
5. estudiar _____
6. salir con amigos _____

NUESTRA GENTE

GENTE QUE LEE

05–31 **Las cinco claves de la salud**

Read the following passage about the five keys to good health, and answer the questions that follow based on the information given.

LAS CINCO CLAVES DE LA SALUD

Para mantener una buena salud y estar en forma, no sólo es necesario hacer ejercicio y comer bien. Es necesaria la salud corporal, pero también la salud espiritual o anímica. Hay muchos factores que son parte de nuestras vidas, que no cuestan dinero y que nos pueden ayudar a conseguir una mejor calidad de vida, salud y **bienestar**.

EL AIRE

Es necesario respirar bien para tener buena sangre. Las inspiraciones hondas y completas de aire puro llenan los **pulmones** de oxígeno, purifican la sangre y la impulsan por todas partes del cuerpo. La buena respiración **calma** los nervios, estimula el apetito, hace más perfecta la digestión y ayuda a dormir mejor.

EL SOL

Para disfrutar de salud y alegría debemos recibir mucha luz solar. Hay que estar al sol, tomar el sol, disfrutar de sus propiedades tonificantes y saludables.

EL DESCANSO

Algunas personas enferman a causa del **exceso** de trabajo. Para tener buena salud es esencial el descanso, la tranquilidad y una dieta equilibrada. Hay formas de divertirse que son muy beneficiosas para la mente y el cuerpo, por ejemplo las actividades al aire libre y, en general, todas las actividades relacionadas con la naturaleza.

EL EJERCICIO

La falta de ejercicio es causa muy frecuente de enfermedades. Si no hacemos ejercicio nunca, la sangre no circula con libertad, no se renueva y no eliminamos las impurezas. El ejercicio regula y mejora la circulación de la sangre. Hay que hacer ejercicio y llenar los pulmones de aire fresco.

EL AGUA

El agua es una necesidad, y tomar mucha agua es muy beneficioso para la salud. Hay que beber mucha agua para prevenir enfermedades, limpiar el cuerpo y **suplir** las necesidades del organismo.

1. ¿Qué significan las palabras en negrita: **bienestar**, **pulmones**, **exceso** y **suplir**? ¿Son nombres, verbos o adjetivos? ¿Cómo lo sabes?

   _____

   _____

2. Busca la palabra **calma** en el diccionario. Primero, decide qué categoría es. ¿Qué información te da el diccionario sobre esta palabra? ¿Qué significa?

_____

_____

3. ¿Cuáles son dos de los efectos positivos del aire?

_____

_____

4. ¿Qué tipo de diversión es bueno para la salud?

_____

_____

5. ¿Qué ocurre si no hacemos ejercicio?

_____

_____

6. Añade una recomendación más a las recomendaciones de este texto.

_____

_____

05-32 **¿Comprendes?**

Based on the passage **Las cinco claves de la salud,** select the correct answers to each of the following questions.

1. Selecciona si la palabra en negrita **bienestar** es un nombre, verbo o adjetivo.
   a. nombre
   b. verbo
   c. adjetivo

2. El diccionario da la siguiente información sobre la palabra **calma**. Selecciona el significado que tiene en este contexto.
   a. **calma** nf. calm
   b. **calmar** vt. to calm
   c. **calmar** vt. to relieve

3. Entre los efectos positivos del aire, ¿cuál de estas informaciones **no** se dice en el texto?
   a. Purificar la sangre y favorecer su circulación.
   b. Ayuda a digerir los alimentos y a dormir mejor.
   c. Ayuda a respirar para llenar los pulmones de oxigeno.

4. Señala un tipo de diversión que según el texto es bueno para la salud.
   a. Descansar y tener dieta equilibrada.
   b. Hacer actividades al aire libre.
   c. Hacer ejercicio en el gimnasio.

5. Según el texto, ¿Cuál es una ventaja de hacer ejercicio?
   a. Evita enfermedades.
   b. Previene problemas pulmonares.
   c. Ayuda con la digestión.

6. ¿Cuál de estas informaciones **no** se dice en el texto?
   a. Hay que comer moderadamente para hacer buena digestión.
   b. Respirar bien ayuda a dormir mejor.
   c. Hay que tomar el sol para estar sano.

GENTE QUE ESCRIBE

05-33 **Reconoces la función de estos conectores?**

Read the following paragraph and pay attention to the expressions in boldface type. Determine and indicate which ones are used to introduce examples and which ones are used to clarify information.

La mayoría de los colombianos se levanta muy temprano, **es decir** niños y adultos están despiertos entre las seis y las siete de la mañana. La gran mayoría de los hombres va al trabajo, mientras que el 60% de las mujeres hace las tareas domésticas, **tales como** cocinar o ir de compras. Almuerzan entre las 12 y la 1. La mitad de ellos comen en casa mientras ven la televisión, **o sea** los colombianos prefieren hacer las cosas con tranquilidad, sin prisas. El tiempo libre lo comparten con la familia y los amigos. En la noche la actividad principal es ver un programa de televisión, **como** películas, noticias o series televisivas. Los colombianos se acuestan pronto, a las 10.

1. es decir
   a. introduce examples
   b. clarify information

2. tales como
   a. introduce examples
   b. clarify information

3. o sea
   a. introduce examples
   b. clarify information

4. como
   a. introduce examples
   b. clarify information

05-34 **Algunas claves para la salud**

One of your classmates has written the following paragraphs about how to enjoy good health. Although it includes good ideas, these ideas need to be connected. Use some connectors to complete it, such as **por ejemplo, es decir, o sea, tales como, en otras palabras**. Be sure not to repeat any connectors.

Algunas claves para la salud

Para disfrutar de salud y alegría debemos recibir mucha luz solar, 1. _____ hay que estar al sol, tomar el sol y disfrutar de sus propiedades tonificantes y saludables.

Algunas personas se enferman a causa del exceso de trabajo; 2. _____ no tienen tiempo para descansar adecuadamente y divertirse. Hay formas de divertirse que son muy beneficiosas para la mente y el cuerpo, 3. _____ las actividades al aire libre y las relacionadas con la naturaleza.

El agua es una necesidad, 4. _____ tomar mucha agua es beneficioso para la salud, 5. _____ es bueno para prevenir enfermedades y limpiar el cuerpo.

6 gente

en la casa
y en el trabajo

Nombre: _____   Fecha: _____

VOCABULARIO EN CONTEXTO

 06-01 Palabras relacionadas

You are helping your roommate practice Spanish vocabulary. Indicate the word or phrase in each group that doesn't belong.

1. a. amueblado   b. lujoso   c. céntrico   d. responsable
2. a. responsable b. preparado   c. organizado   d. bilingüe
3. a. contrato   b. currículo   c. empleo   d. alquilar
4. a. amueblar   b. despedir   c. ofrecer   d. contratar
5. a. abogado   b. albañil   c. pasillo   d. cartero
6. a. cuarto   b. comedor   c. baño   d. dinero
7. a. armario   b. sillón   c. estante   d. gerente
8. a. ascensor   b. cuarto   c. habitación   d. dormitorio
9. a. conocimiento b. paciencia   c. jardín   d. capacidad

06-02 Categorías

You are practicing new words with your study group. Select all the words and phrases that belong in each category.

1. muebles
a. empresa   d. jardín   g. espejo   j. sillón
b. estantería   e. empleo   h. maestro   k. baño
c. currículo   f. contrato   i. pasillo   l. armario

2. partes de la casa
a. empresa   d. jardín   g. espejo   j. sillón
b. estantería   e. empleo   h. maestro   k. baño
c. currículo   f. contrato   i. pasillo   l. armario

3. profesiones
a. empresa   d. jardín   g. espejo   j. sillón
b. estantería   e. empleo   h. maestro   k. baño
c. currículo   f. contrato   i. pasillo   l. armario

4. ambiente laboral
a. empresa   d. jardín   g. espejo   j. sillón
b. estantería   e. empleo   h. maestro   k. baño
c. currículo   f. contrato   i. pasillo   l. armario

06–03 **Sinónimos y antónimos**

Indicate whether the words in each pair are synonyms or antonyms.

1. sueldo / salario

   synonyms   antonyms

2. derecha / izquierda

   synonyms   antonyms

3. puesto de trabajo / empleo

   synonyms   antonyms

4. despedir / contratar

   synonyms   antonyms

5. ganar / perder

   synonyms   antonyms

6. negocio / empresa

   synonyms   antonyms

06–04 **¿Qué verbo?**

Give the infinitive form of the verb that corresponds to each of these nouns.

1. el contrato   _____

2. el alquiler   _____

3. el comedor   _____

4. el dormitorio   _____

5. el escritorio   _____

6. los muebles   _____

7. el trabajo   _____

06–05   **Definiciones**

You are writing the definitions of some vocabulary words in order to remember them for your exam. Write each word from the list next to its definition.

bilingüe	título	contrato	traductor	oficina	equipo

1. _Contrato_ acuerdo entre empresa y empleado
2. _oficina_ lugar donde se trabaja
3. _traductor_ persona que expresa en un idioma algo que se escribió en otro
4. _bilingüe_ persona que sabe dos idiomas
5. _equipo_ grupo de personas organizado para una investigación o servicio determinado
6. _título_ diploma universitario

06–06   **Características profesionales**

In your opinion, which professions require the following qualities? For each characteristic listed, write down which professions might find it useful. You can use a dictionary for help, if necessary.

EJEMPLO:

Tener buena presencia: *recepcionista*

1. Saber escuchar: la interprete
   la taxista , la traducor
2. Ser paciente:
   la professora , la taxista , el cirujano
3. Ser tenaz:
   el bombero , la policía
4. Ser responsable:
   la policía, el medico, el albañil
5. Ser organizado:
   CPA , la oficinista , el cajero

06–07   **¿Qué profesión te gusta? ¿Por qué?**

Describe a profession that greatly interests you, and another one that does not interest you at all. Explain why, and give your responses orally.

06-08 **Partes de la casa**

You have found the perfect apartment for you and your housemates. Describe it to them orally based on the picture, and tell them about all the rooms and furnishings that it has.

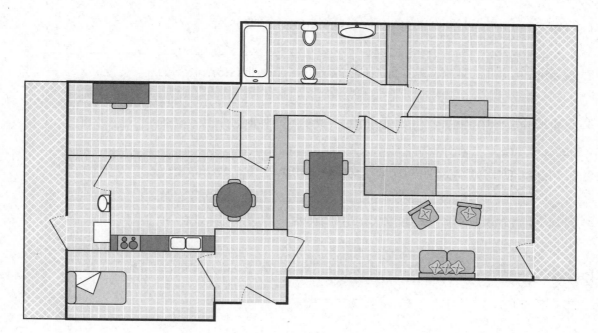

EJEMPLO:

Tiene dos baños, uno pequeño y otro grande...

06-09 **Planos de apartamentos**

Look at the following maps of two different apartments and read the information given. Tell in complete sentences whether the information is true or false. If it is false, be sure to write another sentence correcting it. Follow the example closely.

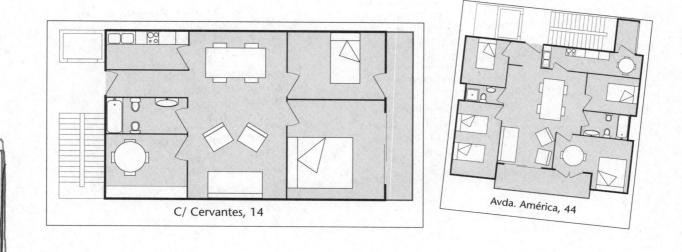

C/ Cervantes, 14

Avda. América, 44

EJEMPLO:

El apartamento de la calle Cervantes tiene un baño grande y uno pequeño.

No, no es verdad (It's not true). *Tiene sólo un baño.*

1. El apartamento de la calle Cervantes es más grande.

   _____

2. El apartamento de la avenida América sólo tiene dos dormitorios.

   _____

3. El apartamento de la calle Cervantes tiene más baños.

   _____

4. El de la calle Cervantes tiene un cuarto grande y dos pequeños.

   _____

5. El de la avenida América tiene dos balcones.

   _____

6. El de la calle Cervantes tiene un pequeño balcón al lado de la cocina.

   _____

06–10 ¿Qué apartamento están buscando?

Imagine that you are a real estate agent and you need to sell the following houses. Tell which residence would fit each of these people's needs and explain why.

A. Barrio tranquilo. 3 cuartos dobles. 2 baños completos. Amplio salón con chimenea. Gran terraza. Alto. Muy luminoso.

B. 160 m², 4 cuartos, salón comedor, cocina nueva, 2 baños. Finca semi nueva. Ascensor y garaje.

C. 3 habitaciones, amplio salón comedor, 2 balcones. Perfecto estado. Listo para vivir. 95 m² 300.000 dólares. Tercera planta sin ascensor.

D. 2 cuartos. Muy luminoso. Zona tranquila y soleada. Finca antigua restaurada. Zona céntrica. 245.000 dólares.

E. 3 cuartos. 3 baños. Armarios empotrados. Soleado. Ascensor. Zona tranquila. Jardines. 123.000.

F. 3 habitaciones, terraza, exterior, muy soleado. Vistas. Calefacción central. Ascensor. Parqueo. Piscina.

G. 1 cuarto. Baño, balcón. Muy bien. Único. Junto Ayuntamiento. Muy barato.

1. Vivienda _en casa G porque_ _es muy barato._

2. Vivienda _en casa E porque_ _muchos baños._

3. Vivienda _en casa A porque_ _muy tranquilo y_ _mucha luz._

4. Vivienda _en casa F porque_ _hay restaurantes cerca de_ _casa._

GRAMÁTICA EN CONTEXTO

COMMAND FORMS

06-11 **Sí, hazlo**

These are some of the questions that a new employee in the office has. Imagine that you are the supervisor, and tell him what he has to do, following the example. Answer the questions with an affirmative informal (**tú**) command, and be sure to write out the entire sentence completely.

ofréceselo
le changes to se if OD + OI

EJEMPLO: ¿Compro esta casa?

Sí, *compra esta casa.* → indirect object

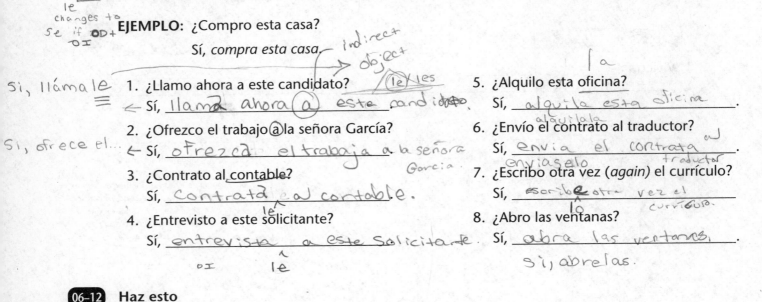

Sí, llámale

1. ¿Llamo ahora a este candidato?   (le)(les)
   ← Sí, llama ahora a este candidato.

Sí, ofrece el...

2. ¿Ofrezco el trabajo a la señora García?
   ← Sí, ofrezca el trabaja a la señora García.

3. ¿Contrato al contable?
   Sí, contrata al contable.

4. ¿Entrevisto a este solicitante?
   Sí, entrevista a este solicitante.
   OI le

5. ¿Alquilo esta oficina?   la
   Sí, alquila esta oficina.
   alquílala

6. ¿Envío el contrato al traductor?
   Sí, envia el contrata al traductor.
   envíaselo

7. ¿Escribo otra vez (*again*) el currículo?
   Sí, escribe otra vez el currículo.
   lo

8. ¿Abro las ventanas?
   Sí, abra las ventanas.
   Sí, ábrelas.

06-12 **Haz esto**

You are giving your friend some advice and instructions. Write them out using affirmative **tú** commands.

EJEMPLO: (venir con nosotros)   *Ven con nosotros.*

1. (tener paciencia) _____.

2. (poner esto en la mesa) _____.

3. (salir del equipo) _____.

4. (ir a la bodega) _____.

5. (venir pronto) _____.

6. (decir la verdad) _____.

7. (ser generoso) _____.

8. (hacer deporte) _____.

06-13 **¿Qué te dicen?**

What do your friends tell you to do in response to your questions? Complete their answers with the appropriate informal commands. Replace any underlined nouns with object pronouns.

EJEMPLO: ¿Tengo que leer estos contratos?

Sí, *léelos.*

1. ¿Tengo que enviar el contrato?

Sí, _envíalo_.

2. ¿Tengo que amueblar la nueva oficina?

Sí, _amuéblala_.

3. ¿Tengo que conocer los empleados?

Sí, _____.

4. ¿Tengo que ofrecer el puesto de trabajo?

Sí, _ofrécelo_.

5. ¿Tengo que escribir el contrato?

Sí, _escríbelo_.

6. ¿Tengo que gastar este dinero?

Sí, _gástalo_.

7. ¿Tengo que poner las etiquetas (labels)? poner irregular

Sí, _ponlas_.

8. ¿Tengo que solicitar otro empleo?

Sí, _ensolicítalo_.

USE OF COMMAND FORMS

06-14 **Contextos del imperativo**

Select the context in which each of these commands is used. Listen to each sentence and choose the correct answer.

EJEMPLO:

You hear: Escribe un correo electrónico al profesor de español.

You choose: *f. To ask someone to do something*

1. a. To invite someone to do something
   b. To give instructions
   c. To give advice
   d. To introduce a question
   e. To introduce someone
   f. To ask someone to do something

2. a. To give instructions
   b. To invite someone to do something
   c. To give advice
   d. To introduce a question
   e. To introduce someone
   f. To ask someone to do something

3. a. To give instructions
   b. To invite someone to do something
   c. To give advice
   d. To introduce a question
   e. To introduce someone
   f. To ask someone to do something

4. a. To give instructions
   b. To invite someone to do something
   c. To give advice
   d. To introduce a question
   e. To introduce someone
   f. To ask someone to do something

5. a. To give instructions
   b. To invite someone to do something
   c. To give advice
   d. To introduce a question
   e. To introduce someone
   f. To ask someone to do something

6. a. To give instructions
   b. To invite someone to do something
   c. To give advice
   d. To introduce a question
   e. To introduce someone
   f. To ask someone to do something

06–15 **¿Cómo se va a ese lugar?**

Repeat the instructions you hear orally, using **tengo que + infinitive**, as in the example.

EJEMPLO:

You hear: Toma la línea cinco y baja en la Plaza de España.

You say: *Tengo que tomar la línea cinco y bajar en la plaza de España.*

1. …
2. …
3. …
4. …

06–16 **¿Cómo se va a la clase de español?**

Your friend Andrés has come to visit you for a few days and stays at your place. You have agreed to meet at the main entrance of the building where your Spanish classroom is located after lunch. Give him directions orally on how to get there.

FORMAL VS. INFORMAL REGISTER: *TÚ* VS. *USTED*; *VOSOTROS* VS. *USTEDES*

06–17 **Tú y usted**

You are looking through your address book and you realize that some of your contacts are incomplete. Which questions do you need to ask in order to complete them? First, use the form **usted**. Then, use the form **tú**.

EJEMPLO:

SANDRA GARCÍA ....

Calle Fernando VII, n°....

.... MADRID

Usted:

¿Cuál es su segundo apellido?/
¿En qué número vive? / ¿En qué piso / planta vive?
¿Cuál es el código postal?

Tú:

¿Cuál es tú segundo apellido?
¿En qué número vives? / ¿En qué piso /planta vives?
¿Cuál es el código postal?

1. Benito Villa Salcedo

   ...., 23, 2° A

   .... Madrid

USTED:_____

TÚ:_____

2. Susana Roche Gracia
   Calle Pino, ...
   .... San Salvador

USTED:_____

TÚ:_____

3. C. MARCOS FUENTES
   Plaza ...., 31........
   ....

USTED:_____

TÚ:_____

4. Isabel MONTE ....
   Avda. de la Constitución, 31, ...
   .... Medellín

USTED:_____

TÚ:_____

 ¿Se hablan de tú o de usted?

Listen to each of the following dialogues and select whether they use the form **tú** or **usted**.

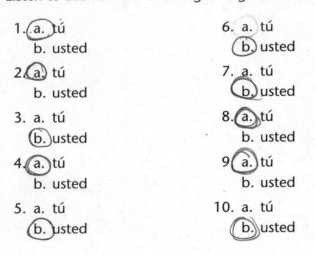

1. a. tú
   b. usted

2. a. tú
   b. usted

3. a. tú
   b. usted

4. a. tú
   b. usted

5. a. tú
   b. usted

6. a. tú
   b. usted

7. a. tú
   b. usted

8. a. tú
   b. usted

9. a. tú
   b. usted

10. a. tú
    b. usted

Nombre: _____ Fecha: _____

ESTAR + GERUND

06-19 **Gerundio**

You and your friend Stephen are studying for the next Spanish test. Help him recognize verb forms by writing these infinitives in the gerund.

EJEMPLO:

poner   *poniendo*

1. leer _____   8. tocar _____
2. oír _____   9. estudiar _____
3. seguir _____   10. comer _____
4. dormir _____   11. trabajar _____
5. pedir _____   12. hacer _____
6. cambiar _____   13. decir _____
7. jugar _____   14. pagar _____

06-20 **¿Qué están haciendo?**

Tell what these people are doing using the correct present progressive form of the verb in parentheses.

EJEMPLO:

(hacer) Andrés *está haciendo* ejercicio.

1. (almorzar) Tú ___estás almorando___.
2. (correr) Marta y Ramón ___están corriendo___ en el parque.
3. (leer) Nosotros ___estamos leyendo___ el periódico.
4. (oír) Yo ___estoy oyendo___ música.
5. (jugar) Ellos ___está jugando___ fútbol.
6. (servir) Ud. ___está sirviendo___ la cena.
7. (escribir) Cecilia y Luz ___están escribiendo___ un ensayo.
8. (cruzar) Uds. ___están cruciendo___ la calle.
___zando___

Nombre: _____ Fecha: _____

 ¿Qué están haciendo estas personas?

Think of five people you know (friends, family members, or classmates). What do you think they are doing right now? Give their names and their relationship to you, and tell orally what you think they are doing at this moment.

EJEMPLO:

Creo que mi amigo David está leyendo en la biblioteca.

GREETINGS AND INTRODUCTIONS

06–22 **Ésta es...**

You need to introduce the following people. Decide first what your relationship is with them, and then give introductions orally, as in the example below.

Éste	es	*Beatriz*	sobrino/a/os/as
Ésta	son	Charo	primo/a/os/as
Éstos		César	vecino/a/os/as
Éstas		Gloria	*amigo/a/os/as*
		Emilio y José	compañero/a/os/as
		Ana y María	
		los señores Barrios	

Está/n pasando unos días con nosotros.	Vive/n con nosotros.
Trabajamos juntos.	Está/n de viaje y ha/n venido a vernos.
Vive/n aquí al lado.	Está/n aquí de vacaciones.

EJEMPLO:

You say: *Ésta es Beatriz, una amiga salvadoreña. Está pasando unos días con nosotros.*

06–23 **Preséntate**

 At her graduation party, your friend Natalia introduces you to several people she knows.

How do you respond to the following introductions? Listen to them and give your responses orally.

EJEMPLO:

You hear: Te presento a mi tía Mariana.
You say: *Encantado/a.*

1. ...
2. ...
3. ...
4. ...
5. ...

06–24   Tu amigo Jake

Your friend Jake is going to spend a week in San Salvador to do research. He does not know Spanish, but he wants you to tell him the appropriate ways to say hello and good-bye. What would Jake need to say in these situations? Choose the correct response.

1. ○   Hola, ¿qué tal?

   ●   _____

   a. Muy bien, ¿y tú?
   b. Hasta mañana.
   c. Buenas noches.

2. ○   Hola. ¿Cómo está?

   ●   _____

   a. Hasta luego.
   b. Muy bien, ¿y usted?
   c. Buenas tardes.

3. ○   _____

   ●   Muy bien. ¿y tú?

   a. Hola, ¿cómo estás?
   b. Muy bien, ¿y usted?
   c. Muy bien gracias.

4. ○   ¡Hasta el domingo!

   ●   _____

   a. Hola, ¿qué tal ?
   b. Muy bien, gracias.
   c. Adiós.

06–25   La señora Perillán

Late in the afternoon, you are talking with your friend Allison. You run into your Spanish teacher, Mrs. Perillan, and introduce Allison to her. Complete your conversation with the appropriate expressions.

Tú: (1) _____, señora Perillán. ¿Cómo está?

Señora Perillán: (2) _____.

Tú: Bien, gracias. Señora Perillán, le presento a mi amiga Allison que mañana comienza sus clases de español con usted.

Señora Perillán (3) _____.

Allison: Muy bien, (4) _____.

Señora Perillán : (5) _____. ¡Hasta mañana!

Allison: (6): _____.

INTERACCIONES

 06-26 **Tienes un mensaje en el contestador**

 The following people received these messages on their voicemail. If you were each of these people, what would you have to do next? Write your answers in complete sentences.

EJEMPLO:

Mensaje para Catalina Crespo, Laboratorios S.A.: por favor llame a la productora esta tarde. Gracias.

Eres Catalina Crespo: *Tengo que llamar a la productora.*

1. Eres Rosa: _____

2. Eres María: _____

3. Eres Lourdes: _____

06-27 **Llamada telefónica**

What does James say on each of these occasions? Read each of the contexts given and choose the correct answer in each instance.

CONTEXTO A

James llama a casa de su amigo Pablo. Pablo lo llamó (*called*) antes pero James no estaba (*he was not*) en casa.

1. • Aló.
   ○ ¿Está Pablo?
   • ¿De parte de quién?
   ○ _____
   a. Ella no me conoce. Me llamo James Waldorf. Quiero hablar con ella sobre unas clases de conversación.
   b. Soy yo, James. Él me llamó antes, y estoy devolviéndole la llamada.
   c. No. Yo me llamo James Waldorf. ¿Cuándo puedo encontrarla en casa?
   d. Sí, por favor. Dígale que soy un estudiante de español interesado en recibir clases particulares. ¿Puedo dejar mi número y ella me llama?
   e. Ah, bueno. Yo llamo más tarde entonces.
   f. Sí, por favor, dígale que estoy en la casa y él puede llamarme en un ratito (*in a little while*).

2. • Aló.
   ○ ¿Está Pablo?
   • Ahora no puede venir. Está duchándose.
   ○ _____
   a. Ella no me conoce. Me llamo James Waldorf. Quiero hablar con ella sobre unas clases de conversación.
   b. Soy yo, James. Él me llamó antes, y estoy devolviéndole la llamada.

c. No. Yo me llamo James Waldorf. ¿Cuándo puedo encontrarla en casa?

d. Sí, por favor. Dígale que soy un estudiante de español interesado en recibir clases particulares. ¿Puedo dejar mi número y ella me llama?

e. Ah, bueno. Yo llamo más tarde entonces.

f. Sí, por favor, dígale que estoy en la casa y él puede llamarme en un ratito (*in a little while*).

3. ● ¿Sí?

   ○ ¿Está Pablo?

   ● No, no está. ¿Quieres dejarle algún mensaje?

   ○ _____

   a. Ella no me conoce. Me llamo James Waldorf. Quiero hablar con ella sobre unas clases de conversación.

   b. Soy yo, James. Él me llamó antes, y estoy devolviéndole la llamada.

   c. No. Yo me llamo James Waldorf. ¿Cuándo puedo encontrarla en casa?

   d. Sí, por favor. Dígale que soy un estudiante de español interesado en recibir clases particulares. ¿Puedo dejar mi número y ella me llama?

   e. Ah, bueno. Yo llamo más tarde entonces.

   f. Sí, por favor, dígale que estoy en la casa y él puede llamarme en un ratito (*in a little while*).

CONTEXTO B

James llama a Gracia Fernández. Es una profesora salvadoreña de español y no la conoce. Un amigo le dio (*gave him*) su número de teléfono, y la llama para pedirle clases de conversación.

4. ● ¿Aló?

   ○ ¿Gracia Fernández?

   ● ¿De parte de quién?

   ○ _____

   a. Ella no me conoce. Me llamo James Waldorf. Quiero hablar con ella sobre unas clases de conversación.

   b. Soy yo, James. Él me llamó antes, y estoy devolviéndole la llamada.

   c. No. Yo me llamo James Waldorf. ¿Cuándo puedo encontrarla en casa?

   d. Sí, por favor. Dígale que soy un estudiante de español interesado en recibir clases particulares. ¿Puedo dejar mi número y ella me llama?

   e. Ah, bueno. Yo llamo más tarde entonces.

   f. Sí, por favor, dígale que estoy en la casa y él puede llamarme en un ratito (*in a little while*).

5. ● ¿Sí?

   ○ ¿Gracia Fernández?

   ● No, no está. ¿Eres Patrick?

   ○ _____

   a. Ella no me conoce. Me llamo James Waldorf. Quiero hablar con ella sobre unas clases de conversación.

   b. Soy yo, James. Él me llamó antes, y estoy devolviéndole la llamada.

   c. No. Yo me llamo James Waldorf. ¿Cuándo puedo encontrarla en casa?

d. Sí, por favor. Dígale que soy un estudiante de español interesado en recibir clases particulares. ¿Puedo dejar mi número y ella me llama?

e. Ah, bueno. Yo llamo más tarde entonces.

f. Sí, por favor, dígale que estoy en la casa y él puede llamarme en un ratito (*in a little while*).

6. ● ¿Aló?

   ○ ¿Gracia Fernández?

   ● No, no está. ¿Quiere dejarle algún recado?

   ○ _____

   a. Ella no me conoce. Me llamo James Waldorf. Quiero hablar con ella sobre unas clases de conversación.

   b. Soy yo, James. Él me llamó antes, y estoy devolviéndole la llamada.

   c. No. Yo me llamo James Waldorf. ¿Cuándo puedo encontrarla en casa?

   d. Sí, por favor. Dígale que soy un estudiante de español interesado en recibir clases particulares. ¿Puedo dejar mi número y ella me llama?

   e. Ah, bueno. Yo llamo más tarde entonces.

   f. Sí, por favor, dígale que estoy en la casa y él puede llamarme en un ratito (*in a little while*).

06-28 Al teléfono

Listen to the following bits of telephone conversation, and select the phrase that describes what each person is doing, based on what you hear.

1. a. Answering the phone
   b. Offering to take a message
   c. Asking who is speaking
   d. Asking for someone
   e. Leaving a message
   f. Declining to leave a message
   g. Replying when somebody asks for someone

2. a. Answering the phone
   b. Offering to take a message
   c. Asking who is speaking
   d. Asking for someone
   e. Leaving a message
   f. Declining to leave a message
   g. Replying when somebody asks for someone

3. a. Answering the phone
   b. Offering to take a message
   c. Asking who is speaking
   d. Asking for someone
   e. Leaving a message
   f. Declining to leave a message
   g. Replying when somebody asks for someone

4. a. Answering the phone

   b. Offering to take a message

   c. Asking who is speaking

   d. Asking for someone

   e. Leaving a message

   f. Declining to leave a message

   g. Replying when somebody asks for someone

5. a. Answering the phone

   b. Offering to take a message

   c. Asking who is speaking

   d. Asking for someone

   e. Leaving a message

   f. Declining to leave a message

   g. Replying when somebody asks for someone

6. a. Answering the phone

   b. Offering to take a message

   c. Asking who is speaking

   d. Asking for someone

   e. Leaving a message

   f. Declining to leave a message

   g. Replying when somebody asks for someone

7. a. Answering the phone

   b. Offering to take a message

   c. Asking who is speaking

   d. Asking for someone

   e. Leaving a message

   f. Declining to leave a message

   g. Replying when somebody asks for someone

8. a. Answering the phone

   b. Offering to take a message

   c. Asking who is speaking

   d. Asking for someone

   e. Leaving a message

   f. Declining to leave a message

   g. Replying when somebody asks for someone

9. a. Answering the phone

   b. Offering to take a message

   c. Asking who is speaking

   d. Asking for someone

e. Leaving a message

f. Declining to leave a message

g. Replying when somebody asks for someone

10. a. Answering the phone

b. Offering to take a message

c. Asking who is speaking

d. Asking for someone

e. Leaving a message

f. Declining to leave a message

g. Replying when somebody asks for someone

 Ponte al teléfono

Now it's your turn to practice some basic phrases of a telephone conversation in Spanish. Follow the directions below, and give your answers orally.

EJEMPLO:

Leave a message for Dr. Pérez.

You say: *Dígale que Richard Foster llamó.*

1. Ask for your friend Kate.

2. Answer the phone.

3. Ask who is speaking.

4. Identify yourself.

5. Offer to take a message.

6. Decline to leave a message for your friend Sean.

7. Say that your roommate, Mike, is not home.

NUESTRA GENTE

GENTE QUE LEE

06–30 **Salvavivienda**

Read the following information about apartments and houses for rent, and then provide short answers to the questions below.

Salvavivienda es una empresa privada, salvadoreña, establecida en 1987. Le ofrecemos los mejores servicios como **agentes** de ventas o de alquiler, y una amplia **oferta** de propiedades en El Salvador. Díganos las características de la casa o apartamento que usted desea, y nosotros se lo buscamos completamente gratis. Somos la mejor empresa de bienes raíces de El Salvador. ¡Venga a visitarnos y compruébelo!

Casa en alquiler a estrenar en Bosques de Santa Teresa
Precio: $1,000.00/mes. **Construcción** de 260 mts. cuadrados, 2 plantas, cochera para 2 vehículos, 1 jardín, 1 estudio, 3 cuartos, 3 baños, 2 salas, 1 cocina. Amueblada. Otros Detalles: pantrie americano, desayunador, cisterna con bomba, agua caliente, área de servicio completa. Municipio/Ciudad: Nueva San Salvador. Instituciones cercanas: Centro comercial Plaza Merliot, La Gran Vía, Las Cascadas y Multiplaza. Breve descripción: Preciosa casa a **estrenar** con acabados de lujo ubicada en una zona privada y con seguridad las 24 horas.

Casa en alquiler en Jardines de la Cima
Precio: $580.00/mes. Construcción de 115 mts. cuadrados, 1 planta, 1 jardín, 2 cuartos, 2 baños, 1 cocina, 1 sala. Sin amueblar. Otros detalles: piso de cerámica, ventanas francesas. Municipio/Ciudad: San Salvador. Instituciones cercanas: Supermercados. Breve descripción: Bonita casa de reciente construcción, ubicada en residencial privada con seguridad las 24 horas del día.

Apartamento en alquiler en Vistas de Altamira
Precio: $900.00/mes. Construcción de 91 mts. cuadrados, 1 planta, cochera para dos vehículos, jardín, 3 cuartos, 2 baños, 2 salas. Sin piscina. Sin amueblar. Otros Detalles: pantry de madera en cocina, baños chapados con cerámica, piso de cerámica, clósets metálicos en habitaciones. Municipio/Ciudad: San Salvador. Instituciones cercanas: Estadio Cuscatlán, autopista Sur. Breve descripción: Bonito apartamento ubicado en zona **residencial** exclusiva y bastante privada, con una vista privilegiada a la ciudad de San Salvador.

1. Mira la estructura del texto, el título y los subtítulos. ¿De qué trata este texto? Basándote en esta estructura, resume brevemente el contenido del texto.

   _____

   _____

2. Mira en el texto las palabras **agentes, oferta, construcción** y **residencial**. ¿Son nombres, verbos o adjetivos? ¿Cómo lo sabes? ¿Qué significan?

   _____

   _____

3. Busca la palabra **estrenar** en el diccionario. ¿Cuántos significados aparecen? ¿Cuál es el adecuado y por qué?

_____

4. ¿Cuántos alquileres hay en Salvavivienda?

_____

5. ¿Cuál es la vivienda más cara en dólares? ¿Dónde está? ¿Qué casa es amueblada?

_____

6. ¿Qué vivienda tiene cochera para dos carros? ¿Qué alquileres tienen tres cuartos? ¿Qué vivienda esta amueblada?

_____

 ¿Comprendes?

Based on the information in the passage *Salvavivienda*, select the correct answer to each of the following questions.

1. Mira la estructura del texto, el título y los subtítulos. ¿De qué trata este texto?
   a. Oferta de propiedades de alquiler
   b. Servicios de un centro turístico en El Salvador
   c. Información sobre una empresa salvadoreña

2. Selecciona si la palabra en negrita, **agentes,** es un nombre, un verbo o un adjetivo.
   a. nombre
   b. verbo
   c. adjetivo

3. Éstos son los significados que aparecen en el diccionario de la palabra **estrenar**. ¿Cuál es el adecuado en esta lectura?
   a. to wear for the first time
   b. to use for the first time
   c. to perform for the first time

4. ¿Cuántos alquileres hay en Salvavivienda?
   a. Dos apartamentos y una casa.
   b. Tres.
   c. Ninguno.

5. ¿Cuál es la vivienda más cara en dólares?
   a. casa en Bosques de Santa Teresa
   b. apartamento en Vistas de Altamira
   c. casa en Jardines de la Cima

6. ¿Cuál de esta información es verdadera?
   a. La casa en Jardines de la Cima es vieja.
   b. El apartamento tiene piscina.
   c. La casa en Jardines de la Cima no tiene cochera.

GENTE QUE ESCRIBE

06–32 **Instrucciones para cuando estoy de vacaciones**

One of your friends is going to house-sit for you while you are on vacation. What does he/she need to do? Complete the following notes to your friend using **imperativo** and **tienes que + infinitivo**.

EJEMPLO:

regar las plantas del jardín / de la terraza

Por favor: riega las plantas que hay en el jardín. También tienes que regar las plantas de la terraza.

1. cerrar el gas / el agua / las ventanas… al salir

_____

2. dar de comer a los peces / al gato

_____

3. desconectar el refrigerador / la luz

_____

4. sacar el correo del buzón

_____

5. sacar a pasear al perro

_____

6. escuchar los mensajes del contestador

_____

06–33 **Las características de los ejecutivos venezolanos**

Read the following sentences giving the characteristics of Venezuelan business executives. Then, according to the connectors that are used, put them in logical paragraph order, labeling them from 1 to 5.

1. También destaca por su fortaleza de carácter. _____

2. En conclusión, todas estas características le permiten resolver los problemas en los negocios de forma simple y directa. _____

3. Por último, tiene mucho sentido del humor y es my afectuoso, o sea es muy fácil de tratar y relacionarse con él. _____

4. Para empezar, su cualidad más destacada es su creatividad. _____

5. El director de la compañía venezolana Humanax, dedicada a recursos humanos y especializada en contratación de ejecutivos de empresa, ha señalado las cualidades más importantes del ejecutivo venezolano. _____

7 gente que viaja

VOCABULARIO EN CONTEXTO

07–01 **Palabras relacionadas**

Ashley is studying Spanish vocabulary. Help her select the word or phrase that does not belong in each group.

1. equipaje	boleto	mochila	maleta
2. coche	caballo	retraso	barco
3. facturar las maletas	montarse en el avión	hacer cola	acampar
4. aterrizar	despegar	vuelo	habitación
5. folleto	destino	salida	llegada

07–02 **Categorías**

It's easy to remember vocabulary words if you group them into categories. Select all the words and phrases that belong in each of the following categories. Be sure to familiarize yourself with all the categories first, so that you choose the best answers for each.

1. **viaje en avión**

a. despegar	e. pasaporte	i. facturar las maletas	l. aterrizar
b. hotel	f. llegar tarde	j. montarse	m. visado
c. retraso	g. cancelación	k. pensión	n. vuelo
d. apartamento	h. permiso de conducir		

2. **alojamientos**

a. despegar	e. pasaporte	i. facturar las maletas	l. aterrizar
b. hotel	f. llegar tarde	j. montarse	m. visado
c. retraso	g. cancelación	k. pensión	n. vuelo
d. apartamento	h. permiso de conducir		

3. **documentos**

a. despegar	e. pasaporte	i. facturar las maletas	l. aterrizar
b. hotel	f. llegar tarde	j. montarse	m. visado
c. retraso	g. cancelación	k. pensión	n. vuelo
d. apartamento	h. permiso de conducir		

4. **problemas y dificultades**

a. despegar	e. pasaporte	i. facturar las maletas	l. aterrizar
b. hotel	f. llegar tarde	j. montarse	m. visado
c. retraso	g. cancelación	k. pensión	n. vuelo
d. apartamento	h. permiso de conducir		

07–03 **Sinónimos y antónimos**

In order to avoid repeating the same words, Rebecca needs to find some synonyms for her composition. Help her to indicate whether the words in each pair are synonyms or antonyms.

1. lento / rápido

   synonyms   antonyms

2. aterrizar / despegar

   synonyms   antonyms

3. visa / visado

   synonyms   antonyms

4. divertido / aburrido

   synonyms   antonyms

5. llegar tarde / llegar con retraso

   synonyms   antonyms

6. carro / coche

   synonyms   antonyms

7. hacer cola / hacer fila

   synonyms   antonyms

8. salida / llegada

   synonyms   antonyms

07–04 **A completar**

Sarah needs some help with her Spanish homework. Select the word or phrase that logically completes each of the following sentences.

1. Antes de montarnos en el avión tenemos que _____.

   a. facturar las maletas   b. despegar   c. deshacer las maletas   d. aterrizar

2. Si decides no viajar, debes _____ ahora.

   a. montarte en el avión   b. hacer una reservación   c. cancelar la reservación   d. llegar con retraso

3. Vamos a la recepción para _____.

   a. despegar   b. deshacer las maletas   c. tomar fotos   d. inscribirnos en el hotel

4. Voy a pasar una semana en la República Dominicana. Llevo de equipaje una maleta y _____.

   a. un folleto   b. una mochila   c. una moneda   d. un viaje

5. —¿Por qué no salen ahora?

   —El autobús _____.

   a. no despega   b. llegará tarde   c. se reúne con nosotros   d. toma fotos

07–05   **¿Qué verbo?**

Nick wants to review some Spanish vocabulary before his trip to the Dominican Republic. Select the correct verb to complete each of these travel-related expressions.

1. _____ en el hotel
   a. solicitar   c. cambiar   e. hacer   g. facturar
   b. llegar   d. tomar   f. montarse   h. inscribirse

2. _____ el equipaje
   a. solicitar   c. cambiar   e. hacer   g. facturar
   b. llegar   d. tomar   f. montarse   h. inscribirse

3. _____ con retraso
   a. solicitar   c. cambiar   e. hacer   g. facturar
   b. llegar   d. tomar   f. montarse   h. inscribirse

4. _____ fotos
   a. solicitar   c. cambiar   e. hacer   g. facturar
   b. llegar   d. tomar   f. montarse   h. inscribirse

5. _____ cola
   a. solicitar   c. cambiar   e. hacer   g. facturar
   b. llegar   d. tomar   f. montarse   h. inscribirse

6. _____ moneda
   a. solicitar   c. cambiar   e. hacer   g. facturar
   b. llegar   d. tomar   f. montarse   h. inscribirse

7. _____ una visa
   a. solicitar   c. cambiar   e. hacer   g. facturar
   b. llegar   d. tomar   f. montarse   h. inscribirse

8. _____ en el tren
   a. solicitar   c. cambiar   e. hacer   g. facturar
   b. llegar   d. tomar   f. montarse   h. inscribirse

07–06   **Antes, durante y después del viaje**

What do you normally do before, during, and after taking a trip? Put each of these actions in the correct category according to when you usually do them.

EJEMPLO: comprar boletos

　　　　　　Antes: *Compro los boletos.*

comprar boletos   tomar fotos   deshacer la maleta
alquilar un coche   hacer la maleta   escribir tarjetas postales
comprar regalos   hacer una reservación

1. Antes:

_____

_____

2. Durante:

_____

_____

3. Después:

_____

_____

07-07 **Buscando hotel**

Look at the following hotel brochures. Which one would you choose, if you were interested in the following things? Write the name of the correct hotel to complete each sentence.

HOTEL MIRAFLORES
★ ★ ★ ★ ★

- Solárium y piscina.
- Hidromasaje.
- Excelente localización a unos metros de la playa.
- El hotel de lujo ideal para vacaciones o negocios.
- 100 habitaciones y 10 suites con vistas.
- Aire acondicionado en todas las habitaciones.

HOSTAL JUANITO
Precios muy económicos.

• • •

Habitaciones individuales o dobles.

• • •

En la zona antigua de la ciudad, en el casco histórico y monumental.

• • •

Zona con excelente ambiente nocturno.

Hotel Nenúfares
✳ ✳ ✳ ✳

A cinco minutos del aeropuerto Campo de golf y tenis.

Todos los servicios para un viaje de negocios.

Muy bien comunicado (autobuses y taxis).

Tres restaurantes: cocina internacional, cocina típica regional y barbacoa en nuestra terraza.

EJEMPLO: Si quieres un hotel muy lujoso, *el Miraflores.*

1. Si te gusta mucho hacer deporte durante tus viajes, _____.

2. Si quieres ver el mar, _____.

3. Si quieres salir por la noche a divertirte, _____.

4. Si no quieres gastar mucho dinero, _____.

5. Si te interesa mucho la cocina regional, _____.

6. Si te gusta nadar, _____.

7. Si quieres alojarte en una zona histórica, _____.

8. Si quieres un cuarto muy grande, _____.

9. Si es un viaje de negocios, _____.

10. Si no quieres tener calor, _____.

GRAMÁTICA EN CONTEXTO

SPATIAL REFERENCES

07–08 **Localización**

Kate needs some help completing these sentences. Help her by filling in the missing prepositions.

1. ¿Cuántos kilómetros hay _____ Madrid _____ Barcelona?

2. La República Dominicana está cerca _____ Puerto Rico.

3. Vamos a organizar un viaje _____ la República Dominicana y pasar una semana allí.

4. Nuestro hotel está _____ el centro de la ciudad.

5. El museo está _____ trescientos metros de aquí.

6. El parque está situado _____ norte _____ país.

7. El río San Juan está _____ 8 km _____ Puerto Plata.

07–09 **Tour en la República Dominicana**

Read the following passage about an adventure trip in the Dominican Republic. Then complete it with the missing words from the word bank.

incluye	de	hasta	viaje
desde	parar	hasta	desde
mañana	tomar	por	lugares
tarde	guía	itinerario	hasta

TOUR AVENTURA EN JEEP

Colonial Tour presenta este emocionante Tour-Aventura en cómodos Jeeps Chevrolet Tracker 4×4, guiados por ustedes y acompañados de un 1. _____ multilingüe, a través 2. _____ increíbles paisajes, ríos, valles, montañas y llanuras del Este de República Dominicana. Vamos a iniciar el 3. _____ en la llanura de la zona Este, donde vamos a ver grandes cultivos de caña de azúcar. Luego vamos a hacer una parada para recibir información detallada del proceso de elaboración de los productos derivados de la caña de azúcar, 4. _____ sus orígenes a principios del siglo XVI 5. _____ hoy.

Luego vamos a pasar 6. _____ la pintoresca comunidad de la Otra Banda de Higuey, fundada a principios del siglo XVIII. Vamos a continuar el 7. _____ por la Cordillera Oriental donde vamos a 8. _____ para 9. _____ fotos. Después de almorzar y descansar, vamos a continuar 10. _____ la comunidad de Nisibón para conocer las factorías de arroz. Finalmente, vamos a ver una fábrica de tabaco. Esta excursión está programada con salida desde todos los hoteles de Bavaro, Punta Cana y El Cortecito. Su precio

11. _____ todo el recorrido en los jeeps desde los hoteles, almuerzo, bebidas, guía, visitas a los 12. _____ mencionados e impuestos. El recorrido es de 10 horas aproximadamente, 13. _____ las 7 de la 14. _____, 15. _____ las 5 de la 16. _____.

07-10 Medios de transporte

Some friends have found this map of an imaginary country. If they were going to travel from place to place, what methods of transportation would they use? Explain where they are going in complete sentences, as in the example.

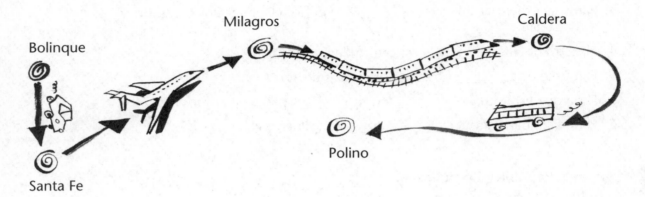

EJEMPLO: *De Bolinque a Santa Fe van a ir en carro.*

1. _____

2. _____

3. _____

TIME REFERENCES

07-11 El mes que viene

Your friend thinks that each of these things are happening at a certain date, when in fact they are happening one month later. Answer her questions with the correct month, and be sure to follow the example closely.

EJEMPLO: • ¿Josefa viene en diciembre?

     o *No, en enero.*

1. ¿Vas de vacaciones en junio?   _____.

2. ¿Organizas la excursión para abril?   _____.

3. ¿Llegan tus familiares en noviembre?   _____.

4. ¿Empiezan las clases en agosto?   _____.

5. ¿Tienes reservaciones para enero?   _____.

6. ¿Compraste boletos para febrero?   _____.

07-12 **Secuencia de tiempo**

Imagine that it is Tuesday, September 7, 2010, the first day of the fall semester. Starting with this date, put the following dates in chronological order.

dentro de tres años	el martes que viene	mañana
el 7 de septiembre	el domingo	el 24 de abril
el mes que viene	marzo del 2012	
el 25 de noviembre	pasado mañana	

EJEMPLO: *el 7 de septiembre*

1. _____   6. _____

2. _____   7. _____

3. _____   8. _____

4. _____   9. _____

5. _____

THE TIME

07-13 **¿Qué hora es exactamente?**

Correct your friend's impressions about what time it is, saying that the time is 15 minutes later in each case. Be sure to follow the example closely.

EJEMPLO: You hear: ¿Son las dos?

You write: No, son *las dos y cuarto.*

1. No, son _____.   5. No, son _____.

2. No, son _____.   6. No, son _____.

3. No, son _____.   7. No, son _____.

4. No, son _____.   8. No, es _____.

07-14 **Transportes**

Your friend forgot to pick up a bus schedule and calls you to confirm the times. Tell him orally the departure and arrival times for each of the following places.

Salidas: Santiago 3:30 p.m. / Santo Domingo 7:15 p.m. / Punta Cana 2:15 a.m.

Llegadas: Puerto Plata 1:10 p.m. / Punta Cana 11:15 a.m. / Barahona 8:50 a.m.

EJEMPLO: You hear: ¿A qué hora sale el autobús de Punta Cana?

You say: *Sale a las dos y cuarto de la mañana.*

1. ...   4. ...

2. ...   5. ...

3. ...

07–15 **La hora**

Complete the following dialogues with the missing words relating to time.

1. ○ ¿Qué hora _____?
   ● _____ un cuarto para las ocho.

2. ○ ¿_____ hora sale la guagua para Punta Cana?
   ● Sale _____ 10:30.

3. ○ ¿_____ hora está abierto el mercado?
   ● Desde las 8 hasta las 7.

4. ○ ¿Qué horario tiene la agencia de viajes Solimar?
   ● Abren _____ 9 _____ la mañana _____ 6 _____ la tarde.

5. ○ ¿Sabes cuándo abren las tiendas en Santo Domingo?
   ● Pues normalmente a las nueve o las nueve y media de la _____.

07–16 **¿Van a encontrarlo abierto?**

 Look at the schedules of the following businesses. Then listen to the conversations and select whether the people speaking will find each business open or not at the times given.

1. La Gaviota

2. El Corte Fiel

La Gaviota
ESPECIALIDADES DOMINICANAS

12:00–17:00 y 20:30–24:00
(lunes noche y martes descanso semanal)

¿Van a encontrarlo abierto? sí   no

EL CORTE FIEL
¡ESTE DOMINGO ABRIMOS!

Liquidación total por fin de temporada.
Venga a ver nuestras increíbles rebajas
de 9:00 a 21:00 todos los días.

¿Van a encontrarlo abierto? sí   no

3. Mikis

Mikis
Jazz en directo todas las noches
hasta las 4:00

¿Van a encontrarlo abierto?   sí   no

07-17 **Un día en la vida de Jesús Vera**

Jesús Vera is a very methodical person; he does the exact same things every day. According to the times given, put each of his routine actions in chronological order, labeling them from 1 to 7.

1. Se acuesta a las once. _____

2. Empieza a trabajar a las nueve. _____

3. Se levanta a las siete y media. _____

4. Antes de acostarse escribe un par de páginas en su diario. _____

5. Almuerza con un compañero de trabajo a las doce y media. _____

6. Cena a las nueve. _____

7. Sale del trabajo a las seis menos cuarto. _____

07-18 **¿A qué hora?**

A new classmate wants to get to know you better, and asks you some questions about the times of day you do certain activities. Listen to each question and give your answers orally.

EJEMPLO: You hear: ¿A qué hora te levantas, normalmente?

You say: *A las siete.*

1. ….   5. ….

2. ….   6. ….

3. ….   7. ….

4. ….   8. ….

07-19 **Horario de autobuses**

The following is the bus schedule between Santo Domingo and Puerto Plata. When you call the Information Service to confirm that it is correct, you hear that there have been some changes to it. Based on what you hear, write down the new times in digits, in the order that you hear them.

1. _____

2. _____

3. _____

Salida: Llegada:

SANTO DOMINGO	PUERTO PLATA
6:10	
	11:30 (a)
10:15	
	15:30
14:15	
	18:45
17:30	
	22:00 (a)
20:15	
	1:50 (b)

(a) Laborables, excepto sábados.
(b) Diario, excepto domingos.

TALKING ABOUT THE FUTURE

07–20   **Van a hacer un viaje**

Tell how the following people are going to prepare for their trips by changing the verbs given in the present tense to the immediate future with **ir a + infinitive**.

EJEMPLO: Hacemos un viaje.

Vamos a hacer un viaje.

1. Buscan la oficina de turismo.

   _____ la oficina de turismo.

2. Usted compra billetes de ida y vuelta.

   _____ billetes de ida y vuelta.

3. Hago las maletas.

   _____ las maletas.

4. Compras una cámara.

   _____ una cámara.

5. Solicitan sus visas.

   _____ sus visas.

6. Va al aeropuerto a la una.

   _____ al aeropuerto a la una.

07–21   **Te digo lo que vamos a hacer**

Reassure your friend that people are going to do what they are supposed to. Answer each question you hear affirmatively, using **ir a + infinitive**, and place the object pronouns before the form of **ir**.

EJEMPLO: ¿Vas a hacer las maletas?

Sí, las voy a hacer.

1. _____

2. _____

3. _____

4. _____

5. _____

6. _____

7. _____

8. _____

07-22 **Programa de conciertos**

The famous opera singer Mona Yacallé is booked solid for the next year. Her assistant is sick and the singer can't understand her notes. Can you help her? Write where you think she is going to sing and when, and be sure to follow the structure of the model sentence exactly.

EJEMPLO: N.Y. 25-1

Va a cantar en Nueva York el veinticinco de enero.

1. Par. 13 y 25-7. _____.
2. Mil. 30-9. _____.
3. Syd. 1 y 2-9. _____.
4. Barc. 15 y 20-5. _____.
5. Ven. 3-10. _____.
6. Rom. 2-11. _____.
7. L.A. 22-8. _____.

07-23 **Planes para el futuro**

What are your plans for the next week, month or year? Say aloud at least five things that you have planned. Be sure to use expressions like **la semana que viene, el verano que viene, de enero a marzo**, or others from your text.

EJEMPLO: You say: *Del 30 de julio al 7 de septiembre voy a trabajar en un restaurante…*

07-24 **En cinco años**

What plans are you making for your future? Say aloud five things that you will have, do, or be within the next ten years, using the future indicative.

EJEMPLO: *Seré abogado/a.*

ESTAR A PUNTO DE… ACABAR DE…

07-25 **Muy pronto**

Use the words given and the expression **estar a punto de + infinitive** to tell what these people are about to do. Be sure to follow the model sentence exactly.

EJEMPLO: Laura / subir a su habitación

Laura está a punto de subir a su habitación.

1. el guía / irse   _____
2. los turistas / montarse en el autobús   _____
3. tren / llegar   _____
4. barco / salir   _____
5. yo / facturar las maletas   _____
6. avión / despegar   _____

07-26 **Ahora mismo**

Answer each of the questions you hear, saying that yes, these things are about to happen. Use the expression **estar a punto de + infinitive** as in the example.

EJEMPLO: ¿Terminas ahora?

Sí, estoy a punto de terminar.

1. _____

2. _____

3. _____

4. _____

5. _____

6. _____

7. _____

8. _____

07-27 **Recién**

A friend of yours asks questions expressing doubt that certain things will happen. Answer saying that in fact, these things just happened. Use the expression **acabar de + infinitive**, as in the example.

EJEMPLO: ¿Paula no viene?

Sí, acaba de venir.

1. ¿El avión no llega?

Sí, _____.

2. ¿Los autobuses no salen?

Sí, _____.

3. ¿No tomas fotos de la catedral?

Sí, _____.

4. ¿No hacen las maletas?

Sí, _____.

5. ¿No se montan en el autobús?

Sí, _____.

6. ¿Lucía no llama?

Sí, _____.

7. ¿Los niños no se levantan?

Sí, _____.

8. ¿Lucas no sube?

Sí, _____.

Nombre: _____ Fecha: _____

07–28 **Visita guiada**

You are working at the reception desk of a hotel. Tell the story of this guided tour, using the elements given and the expression **acabar de + infinitive**. Be sure to follow the example closely.

EJEMPLO: el autobús / llegar

El autobús acaba de llegar.

1. el guía / anunciar la llegada _____

_____

2. los turistas / bajar del autobús _____

_____

3. todo el mundo / ir a la plaza _____

_____

4. el guía / habla sobre la historia de la plaza _____

_____

5. los turistas / toman fotos _____

_____

6. yo / hacer una pregunta _____

_____

7. los turistas / se montan en el autobús _____

_____

8. el autobús / irse _____

_____

INTERACCIONES

07-29 **Más allá del sí o no**

Listen to the following brief conversations and decide whether the person answering the question is confirming or rejecting the other person's idea. Select the correct answer.

EJEMPLO: You hear: ○ ¿Puedo usar tu tarjeta de crédito?

           ● Ni hablar, tengo una deuda enorme, ahora todo lo pago en efectivo.

      You select: *b. rejection*

1. a. confirmation   b. rejection
2. a. confirmation   b. rejection
3. a. confirmation   b. rejection
4. a. confirmation   b. rejection
5. a. confirmation   b. rejection
6. a. confirmation   b. rejection

07-30 **Y tú, ¿qué respondes?**

Your roommate in Santo Domingo wants to ask you if you can do a few things for him while he goes on vacation. Can you confirm or reject his requests orally, without using yes or no? Use expressions like **claro, por supuesto, desde luego, ni hablar, lo siento,** and others from your textbook.

EJEMPLO: You hear: Me voy de vacaciones la semana que viene. ¿Puedes recoger mi correo?

      You say: *Claro.*

1. ....
2. ....
3. ....
4. ....
5. ....
6. ....

07–31 **Haciendo una reservación**

🔊 You will hear a person reserving a hotel room. For each question or statement you hear, select the receptionist's logical response from the answer choices listed.

1. a. Muy bien, del lunes 10 al jueves 13, ¿a qué hora van a llegar?
    b. De acuerdo, listo.
    c. ¿Para cuántos días?
    d. ¿En la mañana?
    e. $120 la doble y $85 la individual.
    f. Sí, sí, todas son con baño.
    g. Sí, para ese día hay alguna libre.

2. a. Muy bien, del lunes 10 al jueves 13, ¿a qué hora van a llegar?
    b. De acuerdo, listo.
    c. ¿Para cuántos días?
    d. ¿En la mañana?
    e. $120 la doble y $85 la individual.
    f. Sí, sí, todas son con baño.
    g. Sí, para ese día hay alguna libre.

3. a. Muy bien, del lunes 10 al jueves 13, ¿a qué hora van a llegar?
    b. De acuerdo, listo.
    c. ¿Para cuántos días?
    d. ¿En la mañana?
    e. $120 la doble y $85 la individual.
    f. Sí, sí, todas son con baño.
    g. Sí, para ese día hay alguna libre.

4. a. Muy bien, del lunes 10 al jueves 13, ¿a qué hora van a llegar?
    b. De acuerdo, listo.
    c. ¿Para cuántos días?
    d. ¿En la mañana?
    e. $120 la doble y $85 la individual.
    f. Sí, sí, todas son con baño.
    g. Sí, para ese día hay alguna libre.

5. a. Muy bien, del lunes 10 al jueves 13, ¿a qué hora van a llegar?
    b. De acuerdo, listo.
    c. ¿Para cuántos días?
    d. ¿En la mañana?
    e. $120 la doble y $85 la individual.
    f. Sí, sí, todas son con baño.
    g. Sí, para ese día hay alguna libre.

6. a. Muy bien, del lunes 10 al jueves 13, ¿a qué hora van a llegar?

   b. De acuerdo, listo.

   c. ¿Para cuántos días?

   d. ¿En la mañana?

   e. $120 la doble y $85 la individual.

   f. Sí, sí, todas son con baño.

   g. Sí, para ese día hay alguna libre.

7. a. Muy bien, del lunes 10 al jueves 13, ¿a qué hora van a llegar?

   b. De acuerdo, listo.

   c. ¿Para cuántos días?

   d. ¿En la mañana?

   e. $120 la doble y $85 la individual.

   f. Sí, sí, todas son con baño.

   g. Sí, para ese día hay alguna libre.

07–32   **Deja un mensaje**

You are traveling from Santo Domingo to Punta Cana and need some information. Leave a voice message orally on the travel agent's phone, based on the prompts below.

1. Say hello and introduce yourself.

2. Ask about the flights between Santo Domingo and Punta Cana: how many there are, the flight schedule, and the price for a one-way trip or a round trip.

3. Reserve a room in a hotel for May 12.

4. Say good-bye and thank you.

NUESTRA GENTE

GENTE QUE LEE

07-33 **Ecoturismo en la República Dominicana**

Read the following passage about ecotourism in the Dominican Republic, and then answer the questions below.

Los dominicanos son amantes del ecoturismo. Dentro del país se puede viajar bastante barato a las áreas **protegidas**, como son los Parques Nacionales Armando Bermúdez y José del Carmen Ramírez. Si necesitas un guía, puedes tenerlo por 250 pesos al día, por un **mulo** de carga cobran 150, y si quieres un mulo con silla son 175.

La República Dominicana
¡VIAJA!

Otra opción es el Parque Nacional Lago Enriquillo, que está rodeado por bosque seco. Tiene un centro para visitantes ubicado en la isla Cabritos donde te dan información general sobre esta reserva natural. La entrada al Parque Nacional Lago Enriquillo y el **traslado** a la isla Cabritos cuestan RD$20, y por el servicio de **lancha** para 10 personas cobran RD$700.

También es muy interesante la isla Saona, de 110 kilómetros cuadrados, que tiene playas de arena blanca y agua cristalina. En la isla **destaca** el pueblo llamado Mano Juan, con unas lindas casas de colores. Por **lancha** desde Bayahíbe se tarda sólo de 30 a 45 minutos. Finalmente, Bahía de las Águilas es otro lugar especial. Allá hay playas vírgenes con espacios ideales para acampar y bañarse.

1. Lee por encima (*skim*) el texto. Fíjate en todos los detalles (el título, el dibujo, los cognados, las palabras clave…) ¿Qué tipo de texto es? ¿De qué trata?

   _____

2. Mira en el texto las palabras **protegidas, mulo, lancha y destaca.**
   ¿Son nombres, verbos o adjetivos? ¿Cómo lo sabes? ¿Qué significan?

   _____

3. Busca la palabra **traslado** en el diccionario. ¿Cuántos significados aparecen? ¿Cuál es el adecuado y por qué?

   _____

4. ¿Qué parques nacionales de la República Dominicana se mencionan en el texto?

   _____

5. ¿Cuántos pesos cuesta un mulo de carga con silla?

   _____

6. ¿Cuántos RD$ cuesta el transporte marítimo para diez personas a isla Cabritos?

   _____

07-34 **¿Comprendes?**

Based on the reading passage about ecotourism in the Dominican Republic, select the correct answer to each of the following questions.

1. Lee por encima (*skim*) el texto. Fíjate en todos los detalles (el título, el dibujo, los cognados, las palabras clave…) ¿Qué tipo de texto es? ¿De qué trata?

    a. Es un texto de opinión sobre los lugares más lindos en la República Dominicana.

    b. Es un texto informativo sobre el turismo en las reservas naturales en la República Dominicana.

    c. Es un texto informativo sobre el turismo en la República Dominicana.

2. Selecciona si la palabra **protegidas** es un nombre, verbo o adjetivo.

    a. nombre

    b. verbo

    c. adjetivo

3. Estos son los significados que aparecen en el diccionario de la palabra **traslado**.¿Cuál es el adecuado en esta lectura?

    a. tr.v. to move. First-person singular. Indicative present

    b. n. transportation

    c. n. removal

    d. tr.v. to transfer. First-person singular. Indicative present

4. ¿Qué pueblo tiene lindas casas de colores?

    a. Mano Juan

    b. Bayahíbe

    c. isla Cabritos

5. ¿Cuántos pesos cuesta un mulo de carga con silla?

    a. 250

    b. 150

    c. 175

6. ¿Cuántos RD$ cuesta trasporte para diez personas a isla Cabritos?

    a. 20

    b. 700

    c. 110

GENTE QUE ESCRIBE

07-35 **Uso del diccionario cuando escribo en español**

You have started to write a composition about your favorite vacation destination, but there are some words that you don't know in Spanish, so you need to look them up in the dictionary to complete your first sentence. Look up each of the words in boldface, and then write their Spanish equivalents below.

Muchas 1. **times** para relajarme pienso que estoy en un 2. **place** exótico. Por ejemplo, pienso en una playa 3. **clean**, rodeada de palmeras con dulces 4. **dates**, donde…

1. _____
2. _____
3. _____
4. _____

07-36 **Mis lugares favoritos**

Your classmate asks you to edit a paragraph he wrote about his favorite places in the city. Rewrite and improve it by applying what you have learned about using spatial references when writing descriptions. Follow the example given in the textbook section *Más allá de la frase*.

Son muchos mis lugares favoritos en esta ciudad. Al norte está el Parque del Amor, famoso por sus jardines; el Museo Municipal al sur tiene una importante colección de arte antiguo; al este se encuentra el zoo con una gran variedad de pájaros del Amazonas; y finalmente, la zona turística de restaurantes y tiendas al oeste.

_____

_____

_____

_____

_____

_____

8 gente que come bien

VOCABULARIO EN CONTEXTO

08-01 **Palabras relacionadas**

The new employee at La Bodega Restaurant needs to organize labels for various items, but first he needs to group them correctly. Select the word in each group that doesn't belong.

1. piña   naranja   jamón   pera
2. propina   pollo   pescado   camarón
3. habichuelas parrilla   frijoles   papas
4. sopa   guiso   cuenta   ensalada
5. cazuela   leche   mantequilla queso
6. cuenta   mesero   propina   sartén
7. pedir   batir   pelar   mezclar

08-02 **Categorías**

A friend of yours is working in a Cuban restaurant and wants to be sure he knows the food vocabulary. Select all the words that correspond to each category given.

1. **verduras**
   a. la sandía   f. la leche   k. el cerdo   o. el pollo
   b. los pimientos   g. las zanahorias l. el mesero   p. la propina
   c. los plátanos   h. la lechuga   m. el café   q. el té
   d. el cocinero   i. la cuenta   n. las naranjas   r. las fresas
   e. el jugo   j. los limones

2. **frutas**
   a. la sandía   f. la leche   k. el cerdo   o. el pollo
   b. los pimientos   g. las zanahorias l. el mesero   p. la propina
   c. los plátanos   h. la lechuga   m. el café   q. el té
   d. el cocinero   i. la cuenta   n. las naranjas   r. las fresas
   e. el jugo   j. los limones

3. **bebidas**
   a. la sandía   f. la leche   k. el cerdo   o. el pollo
   b. los pimientos   g. las zanahorias l. el mesero   p. la propina
   c. los plátanos   h. la lechuga   m. el café   q. el té
   d. el cocinero   i. la cuenta   n. las naranjas   r. las fresas
   e. el jugo   j. los limones

4. **carnes**

   a. la sandía
   b. los pimientos
   c. los plátanos
   d. el cocinero
   e. el jugo

   f. la leche
   g. las zanahorias
   h. la lechuga
   i. la cuenta
   j. los limones

   k. el cerdo
   l. el mesero
   m. el café
   n. las naranjas

   o. el pollo
   p. la propina
   q. el té
   r. las fresas

5. **en el restaurante**

   a. la sandía
   b. los pimientos
   c. los plátanos
   d. el cocinero
   e. el jugo

   f. la leche
   g. las zanahorias
   h. la lechuga
   i. la cuenta
   j. los limones

   k. el cerdo
   l. el mesero
   m. el café
   n. las naranjas

   o. el pollo
   p. la propina
   q. el té
   r. las fresas

 08-03 A completar

Help your classmate Andrea to select the logical completion for each sentence using vocabulary from your textbook.

1. Primero, se _____ los huevos.

   a. asan   b. baten   c. empiezan   d. llenan

2. No me gusta comer la carne _____.

   a. mezclada   b. fuerte   c. cruda   d. pelada

3. Les voy a regalar _____ de vino.

   a. una cantidad b. un paquete   c. una lata   d. una botella

4. Vamos a dejarle una buena _____ al camarero.

   a. calabaza   b. propina   c. cuenta   d. zanahoria

08-04 Para comprar comida

Maya needs to complete her shopping list, but doesn't remember the typical container or packaging for each food or beverage. Select the food or beverage in the list that is typically contained in each item given.

1. una botella

   a. arroz   b. huevos   c. tomate   d. ron

2. una docena

   a. arroz   b. huevos   c. refresco   d. ron

3. un paquete

   a. arroz   b. huevos   c. refresco   d. ron

4. una lata

   a. arroz   b. huevos   c. refresco   d. ron

08-05 **Tu nuevo vecino**

You have invited your new neighbor over for dinner. He is a vegan and does not eat any meat or fish products. Select all the items from the following list that he can **not** eat, so that you know what not to purchase at the supermarket.

camarones	pollo	cerdo	jamón
aguacate	papa	naranja	mariscos
calabaza	pimientos	ajo	sandía

08-06 **Lo que comimos hoy**

Sonia, Pedro Maldonado's wife, explains what her family ate today. Read the paragraph and complete it with the following words.

ensalada	patatas	fruta	jamón
leche	mantequilla	postre	jugo

Hoy, para desayunar, tomamos un café con (1) _____, (2) _____ de naranja y pan con (3) _____. Comimos tarde, a las tres, en casa de la madre de Pedro. Ella nos preparó un pescado al horno con (4) _____ que estaban riquísimas, y para (5) _____ hizo buñuelos.

Para cenar, yo no tomé casi nada, sólo una (6) _____ de lechuga y tomate y un poco de (7) _____, pero Pedro se preparó un sándwich de (8) _____ y queso.

08-07 **El menú de Casa Leonardo**

A new server at Casa Leonardo is having trouble organizing these dishes for the menu. Can you help him? Select all the items from the list that are first dishes, main courses, and desserts.

1. Primer plato:
   a. camarones con ajo y limón
   b. guiso de carne con verduras
   c. flan de huevo
   d. pastel de plátano
   e. helado de fresa
   f. sopa de pescado

   g. ensalada de frutas tropicales
   h. mango
   i. pollo asado
   j. ensalada de zanahorias
   k. frijoles negros
   l. pimientos asados

2. Segundo plato:
   a. camarones con ajo y limón
   b. guiso de carne con verduras
   c. flan de huevo
   d. pastel de plátano
   e. helado de fresa
   f. sopa de pescado

   g. ensalada de frutas tropicales
   h. mango
   i. pollo asado
   j. ensalada de zanahorias
   k. frijoles negros
   l. pimientos asados

3. Postre:

a. camarones con ajo y limón
b. guiso de carne con verduras
c. flan de huevo
d. pastel de plátano
e. helado de fresa
f. sopa de pescado

g. ensalada de frutas tropicales
h. mango
i. pollo asado
j. ensalada de zanahorias
k. frijoles negros
l. pimientos asados

 Platos típicos cubanos

The following are descriptions of popular Cuban dishes. Read each description and match it with the correct name.

a. mojito   b. ajiaco   c. buñuelos

1. Es un postre muy popular. Se hace con yuca, malanga y boniato. Lleva anís y canela, además de huevos, harina, azúcar y vino. Se hacen roscas y se fríen en aceite. Luego se sumergen las roscas en un almíbar y se dejan enfriar. _____

2. Es una sopa propia del campo pero se come en todos los hogares cubanos. Se compone de diversos ingredientes: vegetales como la yuca o mandioca, la malanga, el ñame o el boniato y diferentes carnes, todo mezclado. También se puede poner plátanos verdes y maíz. _____

3. Es una combinación de ron cubano, con hojas de hierbabuena maceradas en azúcar, limón, soda y hielo. _____

08-09 Mi menú favorito

Imagine that you are a chef in a restaurant. Write down the items on your favorite menu. You may use your dictionary if you need to.

1. De primero:

_____

_____

2. De segundo:

_____

_____

3. De postre:

_____

_____

GRAMÁTICA EN CONTEXTO

IN A RESTAURANT

 Diálogo en un restaurante

The following are bits of dialogue that take place in a restaurant. Match each piece with the logical response.

CAMARERO

1. Qué va a tomar de primero? _____

2. ¿Y para beber? _____

3. Muy bien. ¿Y de segundo? _____

4. Es cerdo riquísimo… _____

5. Ahora mismo. ¿Para postre quiere algo? _____

CLIENTE

a. El cerdo entonces, por favor.
b. Pues de primero los frijoles negros.
c. No gracias. Un café solo, por favor.
d. Agua mineral sin gas.
e. A ver… ¿esta carne a la parrilla, ¿qué tal es?

IMPERSONAL SE

08-11 Cómo se hace la comida

Diana needs to use the impersonal **se** to describe the steps to prepare a meal in a recipe for her Spanish class. Help her to write the impersonal form of these verbs, as in the examples.

EJEMPLOS: añadir sal   añadir legumbres

Se añade sal.   *Se añaden* legumbres.

1. asar los pollos
   se asan los pollos.
2. hervir el agua
   Se hierve el agua.
3. cortar las cebollas
   se cortan las cebollas.
4. freír las patatas
   Se fríen las patatas.

5. calentar la sopa
   Se calienta la sopa.
6. batir los huevos
   se baten los huevos.
7. mezclar
   Se mezcla(n) el aceite y el jugo de limón.

08-12 **Hábitos alimenticios**

A friend tells you what food customs are like in her hometown. Change her recollections into impersonal statements using the **se** construction.

EJEMPLO: Comemos muy bien.

Se come muy bien.

1. Bebemos muchos jugos naturales.

Se beben muchos jugos naturales.

to snack

2. Merendamos todas las tardes.

Se _merienda_ todas las tardes. ← *D.O.*

3. Comemos pescado fresco muy a menudo.

se come pescado fresco muy a menudo.

4. Tomamos aperitivos al mediodía.

se toman aperitivos al mediodía.

5. Cocemos demasiado las verduras.

Se _cuecen_ demasiado las verduras. → *D.O.*

6. Vamos a muchos restaurantes diferentes.

se _van_ (a) muchos restaurantes diferentes.

7. Almorzamos tarde. *sing.*

Se almuerza tarde. *compliment of place*

8. Cenamos tarde también.

Se _cena_ tarde también.

08-13 **Así se realiza**

Use the **se** construction to help the Ruiz family explain how they organize and prepare the fabulous meals they are famous for. Use the verbs provided in your answers.

EJEMPLO: (buscar) *Se buscan* las mejores tiendas de comestibles.

1. (hablar) _____ del menú.

2. (comprar) _____ cosas frescas.

3. (estudiar) _____ muchas recetas.

4. (anotar) _____ los nombres de los invitados.

5. (calcular) _____ la cantidad necesaria de cada ingrediente.

6. (preparar) _____ todo con mucho cuidado.

7. (poner) _____ la mesa con mucha elegancia.

8. (servir) _____ la comida a las diez de la noche.

08–14 **Receta del puré de manzana**

The following are the steps in a recipe for applesauce. Complete each step with the correct information.

1. Se pelan __d.__
2. Se cortan __a.__ e.
3. Después, se calienta __c.__ f
4. Luego se añaden __b.__ a
5. Se pone __c.__ a.
6. Se hierve todo __f__ c.

a. un poco de mantequilla en una cacerola.
b. las manzanas con un poco de sal.
c. durante diez minutos.
d. las manzanas.
e. en trozos pequeños.
f. un vaso de agua y medio de vino blanco.

08–15 **¿Qué se hace con ellos?**

Can you find two examples of foods for each category based on the **se** construction used? Be sure not to repeat any foods.

Se comen crudos: __Sushi, lechuga__

Se hacen en una sartén: __Pancake, Lo Mein__

Se hierven: __Huevos, Patatas__

Se asan en el horno (*oven*): __Pizza, jamón__

Se comen sin sal: __Cafe, la naranja__

Se pelan: __banana, manzana__

Se comen fritos: _____

Se comen con piel (*peel*): __tomates, c__

QUANTIFYING

08–16 **¿Cuánta comida?**

Tell how much of these foods people prepare, eat, cook, or serve by completing each sentence with the Spanish equivalent of the word or phrase in parentheses.

EJEMPLO: Yo como *mucho* pescado. (*a lot of*)

1. Julio y Fernanda comen __muchos__ camarones. (*a lot of*)
2. Tú preparas __pocas__ legumbres. (*few, not many*)
3. Luciana desayuna __bastantes__ cereales. (*enough*)
4. Los niños piden __demaisadas__ pasteles. (*too many*)
5. Yo cocino con __mucha__ aceite. (*a lot of*)
6. En Latinoamérica se usa __mucho__ maíz. (*a lot of*)
7. Ustedes sirven __poca__ carne roja. (*little, not much*)
8. Usted no compró __barstante__ mantequilla. (*enough*)

08-17 **No hay**

There's nothing in the cupboard. Emphasize this fact by writing either **nada de**, **ningún**, or **ninguna** in front of each of these nouns.

nada de + incontables

ningún/a + contables

1. No hay ___nada de___ arroz.

2. No hay ___ninguna___ pera.

3. No hay ~~ninguna~~ *nada de* mantequilla.

4. No hay ___nada de___ leche. —milk

5. No hay ___nada de___ pimienta.

6. No hay ___ningún___ tomate.

7. No hay ___ninguna___ cebolla.

8. No hay ___ningún___ pimiento.

9. No hay ___nada de___ azúcar.

10. No hay ___ningún___ huevo.

08-18 **Cantidades**

Select the expressions of quantity that correctly complete the following statements. There can be several correct answers for each item; choose all that apply.

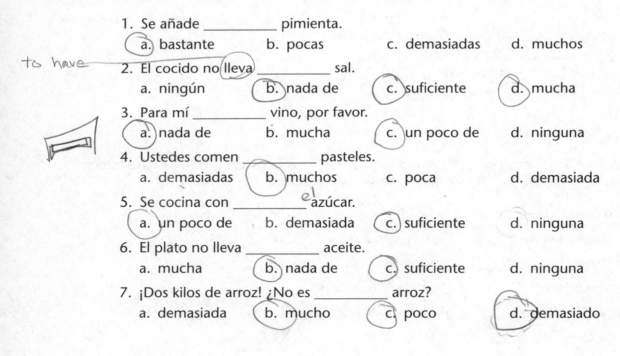

1. Se añade _____ pimienta.
   - (a.) bastante
   - b. pocas
   - c. demasiadas
   - d. muchos

to have

2. El cocido no (lleva) _____ sal.
   - a. ningún
   - (b.) nada de
   - (c.) suficiente
   - (d.) mucha

3. Para mí _____ vino, por favor.
   - (a.) nada de
   - b. mucha
   - (c.) un poco de
   - d. ninguna

4. Ustedes comen _____ pasteles.
   - a. demasiadas
   - (b.) muchos
   - c. poca
   - d. demasiada

5. Se cocina con _____ *el* azúcar.
   - (a.) un poco de
   - b. demasiada
   - (c.) suficiente
   - d. ninguna

6. El plato no lleva _____ aceite.
   - a. mucha
   - (b.) nada de
   - (c.) suficiente
   - d. ninguna

7. ¡Dos kilos de arroz! ¿No es _____ arroz?
   - a. demasiada
   - (b.) mucho
   - (c.) poco
   - (d.) demasiado

Nombre: _____ Fecha: _____

08-19 **Encuesta**

Do you eat well? Answer the questions you hear orally, and in case of an affirmative answer, say how often you eat that food.

EJEMPLO: You hear: ¿Comes carne de cerdo?

You say: *Sí, como carne de cerdo una vez por semana.*

tomar < como / bebe

1. ... sí,

2. ...

3. ...

4. ...

5. ...

6. ...

7. ...

08-20 **Hábitos alimenticios**

Describe your eating habits orally. What foods do you usually eat, and how much do you tend to eat of each one? Use quantifiers like **demasiado/a/os/as**, **mucho/a/os/as**, **suficiente/s**, or **poco/a/os/as** to give your responses.

EJEMPLO: *Me gustan los camarones, por eso como muchos…*

08-21 **Ingredientes para el puré de manzana**

A friend gave you this list of ingredients to prepare applesauce, but there are some problems with the measurements. Write down all the mistakes that you see, using **demasiado/a/os/as**, **mucho/a/os/as**, **suficiente/s**, and **poco/a/os/as**.

EJEMPLO: *Lleva demasiada agua.*

_____

_____

_____

_____

INGREDIENTES (para seis personas)

2 manzanas
500 g de mantequilla
1 litro de agua
medio vaso de vino blanco
10 g de sal
50 g de pimienta

08-22 **Lo que me gusta**

Make a list of the names of various food products you like or dislike, according to your preferences.

Me gusta/n
muchísimo <u>el pescado, los camarónes, el pollo, los frijoles negros, los papas, el chanpiñon</u>

Me gusta/n bastante
<u>ésparragos , broccoli</u>

No me gusta/n
mucho <u>azúcar</u>

No me gusta/n nada
la <u>mantéquilla de cacahuete, la leche</u>

08-23 **Lista de la compra**

Complete this shopping list using the words from the word bank below.

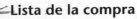

Packet   dozen   litre   can
paquete docena litro litros kilo kilos gramos latas paquetes botella

1. 2 <u>litros</u> de leche
2. 1 <u>paquete</u> de azúcar
3. 3 <u>latas</u> de cerveza
4. 1 <u>docena</u> de huevos
5. 2 <u>kilos</u> de naranjas
6. 1 <u>litro</u> de aceite
7. 1 <u>botella</u> de vino
8. 250 <u>gramos</u> de queso
9. 3 <u>paquetes</u> de arroz
10. 1 <u>kilo</u> de papas

08-24 **Receta de frijoles negros**

Listen to this Cuban cook as she explains the recipe for **frijoles negros con arroz**. Then, since you want to prepare it for your next dinner party, make a list of all the ingredients that are in it. Remember to indicate the measures.

EJEMPLO: *una cabeza de ajo*

Ingredientes:

_____

_____

_____

08-25 **Conversacion en la tienda**

Complete this conversation that takes place in a grocery store, giving logical responses to each question or statement.

1. • Hola, buenos días, ¿Qué desea?

   ○ _____

2. • Pues sí, tenemos éstos, que son fantásticos.

   ○ _____

3. • Un kilo, muy bien. ¿Algo más?

   ○ _____

4. • A doscientos cincuenta la docena.

   ○ _____

5. • Pan no tenemos. Lo siento.

   ○ _____

6. • A ver, son… 525 pesos.

   ○ _____

   • Gracias a usted. Que le vaya bien.

INTERACCIONES

 08–26 **Preguntando en la tienda**

Listen to the following conversation that takes place in a grocery store. Then choose the correct answer to each question, based on what you hear.

1. ¿Qué dice el cliente para preguntar el precio de un producto?
   a. ¿Cuánto valen las fresas?
   b. ¿A cuánto están las fresas?
   c. ¿Cuánto cuestan las fresas?

2. ¿Y para preguntar el precio total?
   a. ¿Cuánto es todo?
   b. ¿Cuánto vale todo?
   c. ¿Cuánto cuesta todo?

3. ¿Qué compra?
   a. Fresas, huevos y azúcar
   b. Jamón, azúcar y fresas
   c. Leche, jamón y huevos

08–27 **¿Qué están diciendo en el restaurante?**

You are in a restaurant and you overhear pieces of conversation between a waiter and a client. Listen carefully to each question or statement, and select the motive from the options below.

EJEMPLO: You hear: De primero quiero una ensalada de lechuga, tomate y alcachofas, pero sin mayonesa, sólo con aceite y vinagre.

You select: *d. The client is ordering something.*

1. a. The client is requesting a table.
   b. The waiter is showing the party to the table.
   c. The waiter wants to take the order.
   d. The client is ordering something.
   e. The client wants to know the ingredients of a particular dish.
   f. The client asks the waiter to bring something.
   g. The client asks for the check.

2. a. The client is requesting a table.
   b. The waiter is showing the party to the table.
   c. The waiter wants to take the order.
   d. The client is ordering something.
   e. The client wants to know the ingredients of a particular dish.
   f. The client asks the waiter to bring something.
   g. The client asks for the check.

3. a. The client is requesting a table.
   b. The waiter is showing the party to the table.
   c. The waiter wants to take the order.
   d. The client is ordering something.
   e. The client wants to know the ingredients of a particular dish.
   f. The client asks the waiter to bring something.
   g. The client asks for the check.

4. a. The client is requesting a table.
   b. The waiter is showing the party to the table.
   c. The waiter wants to take the order.
   d. The client is ordering something.
   e. The client wants to know the ingredients of a particular dish.
   f. The client asks the waiter to bring something.
   g. The client asks for the check.

5. a. The client is requesting a table.
   b. The waiter is showing the party to the table.
   c. The waiter wants to take the order.
   d. The client is ordering something.
   e. The client wants to know the ingredients of a particular dish.
   f. The client asks the waiter to bring something.
   g. The client asks for the check.

6. a. The client is requesting a table.
   b. The waiter is showing the party to the table.
   c. The waiter wants to take the order.
   d. The client is ordering something.
   e. The client wants to know the ingredients of a particular dish.
   f. The client asks the waiter to bring something.
   g. The client asks for the check.

7. a. The client is requesting a table.
   b. The waiter is showing the party to the table.
   c. The waiter wants to take the order.
   d. The client is ordering something.
   e. The client wants to know the ingredients of a particular dish.
   f. The client asks the waiter to bring something.
   g. The client asks for the check.

8. a. The client is requesting a table.
   b. The waiter is showing the party to the table.
   c. The waiter wants to take the order.
   d. The client is ordering something.
   e. The client wants to know the ingredients of a particular dish.
   f. The client asks the waiter to bring something.
   g. The client asks for the check.

9. a. The client is requesting a table.
   b. The waiter is showing the party to the table.
   c. The waiter wants to take the order.
   d. The client is ordering something.
   e. The client wants to know the ingredients of a particular dish.
   f. The client asks the waiter to bring something.
   g. The client asks for the check.

10. a. The client is requesting a table.
   b. The waiter is showing the party to the table.
   c. The waiter wants to take the order.
   d. The client is ordering something.
   e. The client wants to know the ingredients of a particular dish.
   f. The client asks the waiter to bring something.
   g. The client asks for the check.

11. a. The client is requesting a table.
   b. The waiter is showing the party to the table.
   c. The waiter wants to take the order.
   d. The client is ordering something.
   e. The client wants to know the ingredients of a particular dish.
   f. The client asks the waiter to bring something.
   g. The client asks for the check.

12. a. The client is requesting a table.
   b. The waiter is showing the party to the table.
   c. The waiter wants to take the order.
   d. The client is ordering something.
   e. The client wants to know the ingredients of a particular dish.
   f. The client asks the waiter to bring something.
   g. The client asks for the check.

Nombre: _____

Fecha: _____

08-28 **En el restaurante cubano**

You are in a Cuban restaurant. Do you know how to order or ask for what you want? Look at the menu, and follow the instructions below to ask questions and order items. Give your questions and statements orally.

EJEMPLO: Ask the waiter to bring something that is not on the menu.

¿Me puede traer otra cerveza?

1. Request a table.

2. Order a first dish and a main course.

3. Order the dessert.

4. Say what you want to drink.

5. Ask the waiter the ingredients of a specific dish.

6. Ask the waiter to bring something that is not on the menu.

7. Ask the waiter to bring the check.

RESTAURANTE HABANERA

MENÚ DEL DÍA

frijoles negros
arroz con maíz a la criolla
sopa de pollo

costillas de cerdo con piña
camarones borrachitos

pudín de piña
arroz con leche de coco

gente que come bien 8

ciento cincuenta y cinco

NUESTRA GENTE

GENTE QUE LEE

 ¿Café, chocolate o té?

Read the following passage, and then give short answers to each of the questions below.

El cafeto, el té y el cacao son bebidas sacramentales porque dan vigor al cuerpo y salud al alma. Estas tres plantas proceden de tres fronteras culturales, porque el té es de origen asiático (China), africano (Etiopia) el café y **precolombino** (América) el chocolate. Hoy, sin embargo, son de todos y están en todas partes. ¿Por qué será?

Los consumidores de las hojas de té, los granos tostados del cacao y el cafeto se cuentan por millones. Sus virtudes terapéuticas y energéticas son formidables. No tienen más **contraindicaciones** que las derivadas del abuso, aunque pueden generar, como cualquier otra cosa, **reacciones** adversas en determinados individuos.

La **sabiduría**, dijo Buda, consiste en estar despiertos, en prestar atención. La teína, la cafeína y la teobromina (así se llama el alcaloide principal del chocolate) nos ayudan a ello. Lo que tienen en común de estas tres bebidas es la cafeína, que es el principal alcaloide de la planta del café, del cacao (de cuyos granos se elabora el chocolate) y del té. Una taza de café puede contener entre 60 y 110 mg. de cafeína, una taza de té entre 10 y 90 mg., y una de chocolate entre 5 y 40 mg. La cafeína es la droga socialmente más aceptada y una de las más consumidas en la historia de la humanidad. Su popularidad se debe a la sensación de **bienestar** y al aumento de actividad que aporta el consumo **diario** de una taza de café, un té, o una **barra** de chocolate.

1. Mira el título y el texto. ¿De que crees que trata este texto?

   _____

   _____

2. ¿Qué significa la palabra **barra**? ¿Cómo lo sabes?

   _____

   _____

3. La palabra **saber** significa *to know*. ¿Qué significa **sabiduría**?

   _____

   _____

4. ¿Qué significa las palabras **reacción, bienestar, contraindicaciones, diario y precolombino**? Puedes dividirlas en partes.

   _____

   _____

5. Utilizando la estrategia del *scanning*, contesta la siguiente pregunta: ¿Qué bebida de las que se comentan tiene más cafeína?

   _____

   _____

6. ¿Qué sustancia comparten estas tres bebidas?

_____

_____

7. ¿Cuál es la contraindicación de estas sustancias?

_____

_____

8. ¿Por qué hay millones de consumidores de café, té y chocolate?

_____

_____

08–30 **¿Comprendes?**

Based on the passage about coffee, tea, and chocolate, select the correct answer to each of the following questions.

1. Mira el título y el texto. ¿De que crees que trata este texto?
   a. Los efectos negativos del café, chocolate y té
   b. La popularidad de bebidas tradicionales con cafeína
   c. Ventajas y desventajas del café, chocolate y té

2. En el diccionario aparecen estos significados de la palabra **barra**. ¿Es un sustantivo o un verbo? Que significado es mas adecuado en este contexto?
   a. (vt) barrer: to sweep
   b. (nf) rail
   c. (nf) bar

3. ¿Cuál de estas palabras es una palabra compuesta (compound word)?
   a. cafeto
   b. cafeína
   c. contraindicaciones

4. ¿Cual de estas palabras llevan prefijos (prefixes)?
   a. teína / bienestar
   b. reacción / precolombino
   c. terapéuticas / popularidad

5. ¿En que grupo todas las palabras llevan sufijos (affixes)?
   a. teína / cafeto / diario / té
   b. reacción / precolombino / contraindicaciones
   c. terapéuticas / popularidad / cafeto

6. Utiliza la estrategia del *scanning* para contestar esta pregunta: ¿Cuál de esta sustancia tiene más cafeína?

   a. café

   b. te

   c. cacao

7. Según el texto, ¿cuál de estos enunciados no es cierto?

   a. El consumo de bebidas con cafeína esta extendido en todo el mundo desde hace siglos.

   b. El abuso del café, té y el chocolate no tiene contraindicaciones.

   c. El café, té y el chocolate tienen alcaloides.

8. ¿Por qué hay millones de consumidores de café, té y chocolate?

   a. Porque café, té y chocolate ayudan a mantenerse despierto.

   b. Porque es una droga aceptada.

   c. Porque aumenta la energía y se sienten bien.

GENTE QUE ESCRIBE

08-31 **La comida en el campus**

You are writing a guide for new students about what is offered on campus in terms of food. The outline of your composition has six paragraphs. Write a topic sentence for each one of these paragraphs, according to the content that you plan to include.

1. Introduction

   _____

2. The best restaurants

   _____

3. Take-out food

   _____

4. Restaurants to avoid

   _____

5. Convenient stores and supermarkets

   _____

6. Conclusion

   _____

08-32 **La gastronomía cubana**

Write a topic sentence that introduces the content of this paragraph about Cuban gastronomy.

Los españoles llevaron a Cuba productos como el arroz, los limones, las naranjas y la carne de res; los esclavos africanos aportaron el ñame (tubérculo parecido a la papa) y el quimbombó. Ambas culturas incorporaron a su dieta alimentos típicos de los aborígenes cubanos, como la yuca y el maíz.

_____

_____

08-33 **Receta de pollo con ciruelas**

This recipe is not very well written: too many names are repeated. Correct the **Preparación** portion of the recipe using the direct object pronouns (**lo, la, los, las**).

Pollo con ciruelas

Ingredientes (para cuatro personas):

1 pollo mediano

2 vasos de vino blanco

1 cebolla grande

1 vaso (pequeño) de ron

250 g de ciruelas pasas

sal y pimienta

Preparación:

Primero hay que cortar el pollo en trozos y limpiar los trozos de pollo y salar los trozos. Después, hay que poner un poco de aceite en una cacerola, calentar el aceite y freír el pollo por los dos lados durante diez minutos, retirar el pollo y guardar el pollo. En el mismo aceite, echar la cebolla y freír la cebolla. Es mejor freír la cebolla a fuego lento, así no se quema. Luego, añadir el pollo, poner en la cacerola las ciruelas y mezclar bien las ciruelas con el pollo y la cebolla. Añadir el vino y el ron y dejar cocer durante 25 minutos.

_____

_____

_____

_____

08-34 **Pasos para preparar el ajiaco cubano**

This recipe from your recipe book is not well written either: there are no connectors for organizing the information in a time sequence. Can you introduce some connectors? Use the following: **primero, en primer lugar, a continuación, después, luego, finalmente, por último**.

AJIACO CUBANO

INGREDIENTES (para 6 personas)

Tasajo (cecina):	150 g
Carne de cerdo:	145 g
Tocino:	88 g
Plátano pintón:	200 g
Malanga:	200 g
Maíz tierno:	200 g
Calabaza:	200 g
Boniato:	200 g
Salsa criolla:	75 g
Sal:	40 g
Aceite vegetal:	60 ml
Agua (aprox.):	2.3 l

1. _____ se remoja el tasajo durante 12 horas. 2. _____ hay que cocinarlo en agua, durante 30 minutos; 3. _____ se le añade la carne de cerdo. 4. _____ hay que sacar las carnes, limpiarlas y cortarlas en pedazos. 5. _____ cuelas el caldo, lo viertes en la cazuela usada antes, lo pones al fuego e incorporas en primer lugar el maíz. Lo cocinas unos 45 minutos y 6. _____ introduces las viandas cortadas en pedazos. Cortas el tocino en cubos pequeños, lo fríes ligeramente en aceite, lo mezclas con la salsa criolla y añades todo al ajiaco. 7. _____, se cocina todo 10 minutos más.

08-35 **Ahora tu receta**

Write a recipe for a dish that you prepare often because is simple and tasty. Include the list of ingredients and the amounts needed. Then write the instructions on how to prepare it. Don't forget to use connectors for organizing and sequencing your ideas.

_____

_____

_____

_____

_____

_____

_____

9 gente de ciudad

VOCABULARIO EN CONTEXTO

 Palabras relacionadas

Your classmate Kate needs help reviewing the Spanish vocabulary in this lesson. Select the word or phrase in each group that doesn't belong.

1. caluroso	templado	húmedo	grave
2. contaminación	embotellamiento	delincuencia	niebla
3. caos	lluvia	nieve	niebla
4. iglesia	zona verde	rascacielos	edificio
5. sémaforo	acera	señal de tráfico	desempleo

09-02 **Categorías**

You have to group words into categories for a poster about your city. Select all of the words that belong in each of the following categories.

1. **clima**
   a. lluvia
   b. delincuencia
   c. plaza
   d. niebla
   e. ayuntamiento
   f. embotellamiento
   g. calor
   h. ruido
   i. basura
   j. casco antiguo
   k. urbanización

2. **problemas**
   a. lluvia
   b. delincuencia
   c. plaza
   d. niebla
   e. ayuntamiento
   f. embotellamiento
   g. calor
   h. ruido
   i. basura
   j. casco antiguo
   k. urbanización

3. **en la ciudad**
   a. lluvia
   b. delincuencia
   c. plaza
   d. niebla
   e. ayuntamiento
   f. embotellamiento
   g. calor
   h. ruido
   i. basura
   j. casco antiguo
   k. urbanización

09-03 **Sinónimos y antónimos**

An easy way for your friend Richard to study the vocabulary in this lesson is to know the synonyms and antonyms. Help him by selecting whether the words in each pair are synonyms or antonyms.

1. polución / contaminación
   synonyms   antonyms

2. violencia / delincuencia
   synonyms   antonyms

3. soleado / nublado
   synonyms   antonyms

4. húmedo / seco
   synonyms   antonyms

5. estacionamiento / aparcamiento
   synonyms   antonyms

09-04 **Definiciones**

You are doing some vocabulary drills in order to study for a test. Select the word that best corresponds to each definition.

1. la parte de la calle reservada para los peatones
   a. ecología   c. residencia estudiantil   e. casco antiguo
   b. rascacielos   d. semáforo   f. acera

2. un edificio muy alto
   a. ecología   c. residencia estudiantil   e. casco antiguo
   b. rascacielos   d. semáforo   f. acera

3. una vivienda para estudiantes universitarios
   a. ecología   c. residencia estudiantil   e. casco antiguo
   b. rascacielos   d. semáforo   f. acera

4. un aparato con una luz roja y una verde
   a. ecología   c. residencia estudiantil   e. casco antiguo
   b. rascacielos   d. semáforo   f. acera

5. la ciencia del medio ambiente
   a. ecología   c. residencia estudiantil   e. casco antiguo
   b. rascacielos   d. semáforo   f. acera

6. la parte antigua de la ciudad
   a. ecología   c. residencia estudiantil   e. casco antiguo
   b. rascacielos   d. semáforo   f. acera

09-05 **Mi ciudad: ventajas y desventajas**

Make a list of the positive and negative aspects of the city or town where you live, and be sure to use vocabulary from your textbook.

ASPECTOS POSITIVOS:

_____

_____

ASPECTOS NEGATIVOS:

_____

_____

09-06 **Mapa de la ciudad**

Look at the following map and write full sentences telling what this city has.

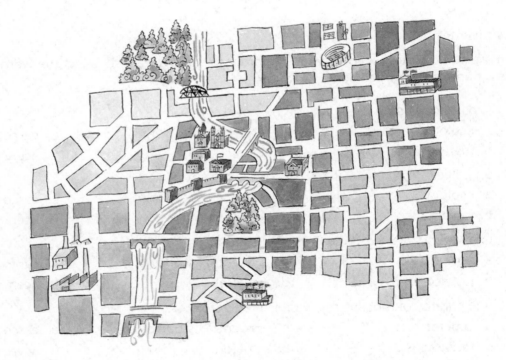

EJEMPLO: *Esta ciudad tiene un estadio.*

_____

_____

_____

_____

_____

_____

Nombre: _____   Fecha: _____

09-07 **Preguntas sobre tu ciudad**

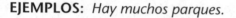 You will hear ten questions about the city where you live. Listen to each one and answer it orally.

1. …   3. …   5. …   7. …   9. …

2. …   4. …   6. …   8. …   10. …

09-08 **Tu ciudad**

Think about your own city or another one that you know well. Does it have the following things? Write eight statements as in the examples, using the vocabulary words below.

EJEMPLOS: *Hay muchos parques.*

No hay mucha vida nocturna.

vida nocturna	guarderías	edificios antiguos
personas de origen peruano	embotellamientos	iglesias
delincuencia	contaminación	rascacielos
zonas verdes	estacionamientos	desempleo

1. _____
2. _____
3. _____
4. _____
5. _____
6. _____
7. _____
8. _____

09-09 **Mi ciudad**

A new friend is telling you about the city he comes from, but you can't make out the last word of each sentence clearly over the phone. Listen and write in the missing words. Choose them from the word bank below.

estacionamiento	habitantes	guardería
ruido	calor	una piscina

1. _____
2. _____
3. _____
4. _____
5. _____
6. _____

GRAMÁTICA EN CONTEXTO

COMPARATIVES

 Ciudad y pueblo

Tell whether a city or a town has more or less of the following things. Use the plus and minus signs as hints, and be sure to follow the examples given.

EJEMPLOS: (+ contaminación)

La ciudad tiene *más contaminación que* el pueblo.

(− contaminación)

El pueblo tiene *menos contaminación que* la ciudad.

1. La ciudad tiene _____ el pueblo. (+ ciudadanos)
2. El pueblo tiene _____ la ciudad. (− población)
3. El pueblo tiene _____ la ciudad. (− ruido)
4. La ciudad tiene _____ el pueblo. (+ rascacielos)
5. El pueblo tiene _____ la ciudad. (− barrios pobres)
6. La ciudad tiene _____ el pueblo. (+ teatros)
7. La ciudad tiene _____ el pueblo. (+ urbanizaciones)
8. El pueblo tiene _____ la ciudad. (+ tranquilidad)

 **Comparar ciudades peruanas**

Reread the information about the Peruvian cities of Iquitos and Lima in your textbook.

Then write eight sentences that compare them, using a variety of comparative structures.

EJEMPLO: *Lima es más grande que Iquitos.*

1. _____
2. _____
3. _____
4. _____
5. _____
6. _____
7. _____
8. _____

THE SUPERLATIVE

09-12 **Lo mejor de la ciudad**

Help your classmate Stephen write about the best and the worst aspects of the city by using the plus and minus signs as hints.

EJEMPLOS: puerto / + bonito

Es *el puerto más bonito.*

puerto / − bonito

Es *el puerto menos bonito.*

1. clima / + agradable

Tenemos _____ de toda la región.

2. centro de negocios / + importante

Te voy a enseñar _____ que tenemos.

3. problema / − grave

La contaminación es _____ de la ciudad.

4. jardines / + bellos

Éstos son _____ que hay por aquí.

5. vida nocturna / − aburrida

Tenemos _____ de todo el país.

6. hoteles / + acogedores

Todos los turistas quieren alojarse en _____ de la ciudad.

7. barrio / + peligroso

Me parece que este es _____ del país.

8. rascacielos / + modernos

Vamos a ver _____ que tenemos en la ciudad.

09-13 **Ciudades en los Estados Unidos**

Listen to the following questions about cities in the United States, and give your opinions orally using superlatives. Be sure to follow the example below.

EJEMPLO: ¿Cuál es la ciudad más bella de los Estados Unidos?

Creo que la ciudad más bella es Washington, D.C. OR *Me parece que la ciudad más bella es Washington D.C.* OR *Pienso que la ciudad más bella es Washington, D.C.*

1. ...   3. ...

2. ...   4. ...

COMPARISONS OF EQUALITY

09-14 **Son iguales**

State that the two things compared in the following sentences are the same, by filling in the missing words. Be sure to use the correct form of the adjectives.

EJEMPLO: Esta ciudad es *tan acogedora como* Lima. (acogedor)

1. Las clases de economía son _____ las clases de historia. (fácil)

2. El hotel es _____ el albergue. (céntrico)

3. La hija es _____ la madre. (responsable)

4. Los transportes son _____ la vivienda. (importante)

5. Sus primos son _____ sus tíos. (simpático)

6. Cristina es _____ Víctor Manuel. (desagradable)

7. Ustedes son _____ nosotros. (organizados)

8. La película es _____ la novela. (aburrida)

09-15 **Comparaciones geográficas**

Use the = and the ≠ signs to determine whether the two items being compared are the same or not, and complete the sentences with the correct answers. Hint: Remember that **tanto** agrees in gender and number with the noun that follows it.

EJEMPLOS: = ciudades   El sur *tiene tantas ciudades como* el norte.

≠ciudades   El sur *no tiene tantas ciudades como* el norte.

1. = habitantes
   Este estado _____ el otro estado.

2. ≠playas
   Nuestra región _____ el sureste.

3. ≠embotellamientos
   Los suburbios _____ el centro.

4. ≠ruido
   Nuestra ciudad _____ las otras ciudades.

5. ≠vida nocturna
   Este pueblo _____ los otros pueblos.

6. = población
   El barrio de negocios _____ el casco antiguo.

7. = zonas peatonales
   Tu barrio _____ mi barrio.

09-16 **Dos ciudades iguales**

Tell how two big cities are alike by completing each sentence with the correct form of **mismo**.

EJEMPLO: Las dos grandes ciudades tienen *la misma* cultura.

1. Las dos grandes ciudades tienen _____ problemas.

2. Las dos grandes ciudades tienen _____ clima.

3. Las dos grandes ciudades tienen _____ tamaño.

4. Las dos grandes ciudades tienen _____ delincuencia.

5. Las dos grandes ciudades tienen _____ calidad de vida.

6. Las dos grandes ciudades tienen _____ tradiciones.

7. Las dos grandes ciudades tienen _____ desempleo.

8. Las dos grandes ciudades tienen _____ tiendas.

9. Las dos grandes ciudades tienen _____ presupuesto.

10. Las dos grandes ciudades tienen _____ obras públicas.

09-17 **Dos hoteles**

Write ten sentences comparing the following two hotels. Use expressions such as **más…**

que, menos… que, tanto/a/os/as… como, tan… como, and **el más…** to make comparisons.

HOTEL MIRASOL
- hotel de 5 estrellas
- 106 habitaciones dobles
- 1 piscina
- bar
- 3 restaurantes
- aire acondicionado en todas las habitaciones
- parking para 100 coches
- hidroterapia
- a 250 metros del centro histórico

HOTEL CUZCO
- 54 habitaciones dobles
- 3 piscinas
- 2 discotecas
- 1 restaurante
- jacuzzi y fitness
- aire acondicionado en todas las habitaciones
- parking para 30 coches
- parque infantil
- a 50 metros del centro histórico

1. _____

2. _____

3. _____

4. _____

5. _____

6. _____

7. _____

8. _____

9. _____

10. _____

09-18 **Ahora**

What do you imagine life was like during the period of the Incas? What is it like now?

Complete the sentences with comparisons, following the model. Use **más/menos**, and **tanto/a/os/as**.

EJEMPLO: Ahora *la gente vive más años.*

1. Ahora _____.
2. Ahora _____.
3. Ahora _____.
4. Ahora _____.
5. Ahora _____.

09-19 **Tu ciudad y Lima**

You have learned a lot of things about Lima. Now compare your own city with Lima, giving your answers orally. The following topics can help you make the comparisons.

EJEMPLO: *Mi ciudad es tan grande como Lima pero tiene menos monumentos.*

el tamaño

el clima

el arte

los monumentos

la calidad de vida

el interés turístico

la economía

la contaminación

RELATIVE PRONOUNS

09–20 **Lo que me gusta en la ciudad**

Help your friend Megan to improve her writing in Spanish by completing the following sentences with the relative pronouns that are missing. Include appropriate definite articles when necessary.

EJEMPLO: Me gusta la ciudad *que* tiene mucha vida nocturna.

1. Conozco un restaurante _____ sirve vinos españoles.

2. Me gustan los parques _____ tienen juegos para niños.

3. Me interesan los monumentos _____ están en el casco antiguo.

4. Me gustan mucho los barrios por _____ se puede pasear.

5. Me gustan los suburbios _____ tienen zonas peatonales.

6. Es una ciudad en _____ la gente se divierte.

7. Es una ciudad por _____ me gusta pasar cuando viajo al sur.

09–21 **¿Qué hay aquí?**

You are contributing information to a tourism pamphlet about your city. Complete the following descriptions of what several places have by selecting the correct phrase.

1. Es una universidad _____ enseñan muchos profesores famosos.
   a. en el que   b. en la que   c. en las que   d. en los que

2. Es un centro comercial _____ se puede comprar muchas cosas.
   a. en el que   b. en la que   c. en las que   d. en los que

3. Conozco unos restaurantes _____ se come bien por muy poco dinero.
   a. en el que   b. en la que   c. en las que   d. en los que

4. Es un pueblo _____ la gente es muy amable.
   a. en el que   b. en la que   c. en las que   d. en los que

5. Vamos a caminar por una avenida _____ hay muchos restaurantes.
   a. en el que   b. en la que   c. en las que   d. en los que

6. Este hotel tiene unas habitaciones _____ hay saunas.
   a. en el que   b. en la que   c. en las que   d. en los que

09-22 **Definiciones**

Write definitions of the following places using **en el que**, as in the example.

centro de la ciudad	museo	estacionamiento
casco antiguo capital	gimnasio	ciudad universitaria

EJEMPLO: *Un puerto es un lugar en el que hay barcos.*

1. _____

2. _____

3. _____

4. _____

5. _____

6. _____

7. _____

09-23 **Vamos a describir**

Review these sentences for your composition about the city and select the phrase that correctly completes each one.

1. Son unas oficinas _____ trabaja mucha gente.
   a. que   b. en las que   c. a las que   d. en la que

2. Es la zona verde más grande _____ la ciudad.
   a. de   b. en   c. que   d. por la que

3. Estos barrios son _____ peligrosos _____ los del norte.
   a. menos / como   b. el mismo / como   c. tan / como   d. más / de

4. Esta ciudad tiene _____ vida nocturna _____ las otras ciudades.
   a. tanta / como   b. más / como   c. el mismo / que   d. tan / como

5. Las escuelas no son _____ pequeñas _____ las guarderías.
   a. menos / como   b. tan / como   c. tantos / que   d. más / de

6. Estas ciudades tienen _____ problemas que nuestra ciudad.
   a. tantos   b. mucho   c. mayor   d. los mismos

7. Es un pueblo _____ los habitantes se conocen muy bien.
   a. que   b. en los que   c. en que   d. en el que

Nombre: _____   Fecha: _____

09-24 **Tour de la ciudad**

You are giving a tour of your city to some friends. Describe what you see by completing the following sentences with relative clauses using the preposition in parentheses, the correct definite article and relative pronoun.

EJEMPLO: Es la ciudad *en la que* vivo desde el verano. (en)

1. Éste es el hotel _____ se alojan mis tíos. (en)

2. Ésta es la ciudad universitaria _____ estudia Roberto. (en)

3. Mira, la residencia _____ viven mis abuelos. (en)

4. Ésta es la carretera _____ voy al trabajo. (por)

5. Ésta es la guardería _____ el hijo de Teresa va. (a)

6. Ésta es la iglesia _____ voy todos los domingos. (a)

7. Ésta es la urbanización _____ viven mis padres. (en)

8. Ésta es la universidad _____ enseña mi madre. (en)

EXPRESSING AND CONTRASTING OPINIONS

09-25 **Opiniones**

Say what these people think by rewriting the following pairs of sentences as a single sentence, using the subordinating conjunction **que**.

EJEMPLO: Las calles están sucias. Luisa piensa eso.

Luisa piensa que las calles están sucias.

1. La ciudad tiene que crecer. Yo creo eso.

_____

2. La violencia es un problema. Tú piensas eso.

_____

3. El centro es inhabitable. Todo el mundo cree eso.

_____

4. No hay suficientes guarderías. Consuelo piensa eso.

_____

5. Los jóvenes se aburren en esta ciudad. Nosotros creemos eso.

_____

6. La vida nocturna no es buena aquí. Ustedes creen eso.

_____

09-26 **Opiniones sobre la ciudad**

Turn the following sentences into opinions using the verb **parecer**, the people mentioned, the correct indirect object pronoun, and the subordinating conjunction **que**.

EJEMPLO: La plaza es bonita. (María)   *A María le parece que la plaza es bonita.*

1. Las calles son peligrosas. (mis padres)

   _____

2. Hay mucha contaminación. (yo)

   _____

3. No tenemos suficientes estadios. (nosotros)

   _____

4. Es importante reciclar la basura. (ustedes)

   _____

5. Construyen demasiados rascacielos. (tú)

   _____

6. Llueve mucho este año. (mucha gente)

   _____

7. Este barrio es acogedor. (sus habitantes)

   _____

8. Hay buenas urbanizaciones. (usted)

   _____

09-27 **Los problemas de nuestra ciudad**

Turn the following sentences into urban planning solutions using **es** + the adjective in parentheses and the infinitive form of the verb.

EJEMPLO: Reciclan. (necesario)

   Es necesario reciclar.

1. Invierten dinero. (fundamental)

   _____

2. Solucionan el problema de la contaminación. (urgente)

   _____

3. Construyen una ciudad universitaria. (importante)

   _____

4. Limpian las calles. (necesario)

   _____

5. Manejan con cuidado. (importante)

   _____

6. Abren más hospitales. (urgente)

   _____

09-28 **¿Qué opinas?**

Think about your city and write your opinion about each of the items below. Use expressions such as **me parece que**, **creo que**, and **pienso que**.

EJEMPLO: lo más importante para la ciudad   *Creo que lo más importante es invertir en obras públicas.*

1. lo más urgente en tu ciudad   _____
2. lo mejor de la vida nocturna   _____
3. lo más grave de la ciudad   _____
4. lo más necesario en la universidad   _____
5. lo más necesario en el barrio   _____
6. lo más interesante en la ciudad   _____
7. lo más importante en la ciudad   _____
8. lo más grave en el medio ambiente   _____

09-29 **¿Qué les gusta de esta ciudad?**

Tell what the following people like about their city by completing the sentences with the missing pronoun and the appropriate form of **gustar**.

EJEMPLO: A Ricardo *le gusta* el puerto.

1. A ellas _____ los jardines.
2. A mí _____ las urbanizaciones modernas.
3. A usted _____ los monumentos del casco antiguo.
4. A Cristina _____ el estadio de fútbol.
5. A Juan y a mí _____ el casco antiguo.
6. A tí _____ las zonas verdes.
7. A ustedes _____ la plaza mayor.
8. A ellos _____ la vida nocturna.

09-30 **A mí me gustaría**

Which of these things would you like to do during your lifetime? Choose the ones that you would like to do, and explain why, giving your answers orally.

EJEMPLO: viajar por todo el mundo

A mí me gustaría viajar por todo el mundo.

ir a Marte
viajar al mundo inca
ser invisible

conocer a un extraterrestre

adivinar el futuro

ser rey / reina por un día

cambiar de trabajo

cenar con una estrella de cine

tener mucho dinero

vivir en una isla desierta

salir en televisión

09-31 **Lo que me gustaría hacer después de graduarme**

What would you like to do after your graduation? Write five sentences stating things that you would like to do.

EJEMPLO: *Me gustaría trabajar en Wall Street.*

1. _____.
2. _____.
3. _____.
4. _____.
5. _____.

THE WEATHER

09-32 **Mi ciudad tiene un clima…**

Your Peruvian friend is coming to study in your city for a year, and he needs to know what clothes to take. Write a paragraph about the weather in your town or city so he can decide what to pack. Think about a topic sentence to introduce this paragraph and don't forget to use connectors!

_____

_____

_____

_____

_____

_____

_____

_____

INTERACCIONES

09-33 ¿Me sigues?

Listen to the following dialogue and identify six expressions this Spanish speaker uses to request confirmation that the other person is following what she is saying. Write the expressions in the order that you hear them.

EJEMPLO: You hear: • El descubrimiento arqueológico de la ciudad de Caral es impresionante. ¿No crees?

              ○ Sí, claro. ¡Pensar que es una ciudad tan antigua como las ciudades de Mesopotamia!

         You write: *¿No crees?*

1. _____
2. _____
3. _____
4. _____
5. _____
6. _____

09-34 Sí, claro.

Listen to the dialogue again and this time, identify five expressions this Spanish speaker uses to show that he understands what she is saying. Write them in the order they appear in the conversation.

EJEMPLO: You hear: • El descubrimiento arqueológico de la ciudad de Caral es impresionante. ¿No crees?

              ○ Sí, claro. ¡Pensar que es una ciudad tan antigua como las ciudades de Mesopotamia!

         You write: *Sí, claro.*

1. _____
2. _____
3. _____
4. _____
5. _____

gente de ciudad 9
177
ciento setenta y siete

09-35 **Sí, entiendo.**

 Show that you understand what these people are saying by using the following expressions: **Ya (veo)** / **(Sí), comprendo** / **(Sí), claro** or **(Sí), entiendo** and giving your responses orally. You can read about Lima and Iquitos in exercise 9–7 of your textbook.

EJEMPLO: You hear: Lima es una ciudad superpoblada. ¿No crees?

You say: *Sí, claro. Tiene ocho millones de habitantes.*

1. ...

2. ...

3. ...

4. ...

09-36 **Ahora tú**

Mention some aspects about the weather in the place where you are from or where you live, and use expressions to make sure that others are following what you are saying. Give your responses orally.

EJEMPLO: *En primavera, hace buen tiempo en Washington, D.C., ¿no crees?*

Nombre: _____   Fecha: _____

NUESTRA GENTE

GENTE QUE LEE

09-37 **Caral, la ciudad más antigua de América.**

Read the following passage and then give short answers to each of the questions below.

El reciente descubrimiento arqueológico de una ciudad de 5.000 años de antigüedad en el norte de Perú es de una magnitud **extraordinaria**, porque permite mostrar que, cuando las civilizaciones de Mesopotamia, China, Egipto e India florecían (*were flourishing*), lo mismo sucedía (*was happening*) en el antiguo Perú con Caral. La **preincaica** ciudad de Caral está en el valle de Supe, a 200 kilómetros al norte de Lima, en el Perú. Se trata de la ciudad y la cultura más antiguas del continente americano.

El sitio arqueológico de Caral-Supe es una de las primeras cunas de la civilización del mundo. El **hallazgo** arqueológico de Caral hace necesario **rescribir** la historia de la humanidad desde su origen. Es difícil mantener que Egipto y Mesopotamia son la **cuna** de la civilización cuando en épocas similares una civilización de gran complejidad estaba en pleno desarrollo en el Perú. Según las pruebas de radiocarbono, Caral demuestra que en el resto de América el desarrollo urbano comienza 1.550 años después que en Perú. Entre los años 3000 a.C. y 1600 a.C., Caral era una ciudad de 65 hectáreas y tenía de alrededor de 3.000 habitantes. Sus construcciones de arquitectura monumental (por ejemplo, en el centro urbano) y residencial indican la existencia de una economía sólida y de una sociedad con una organización **sociopolítica** estatal, con una élite gobernante y una población dedicada a la producción agrícola y a la construcción de obras. Con el paso del tiempo las construcciones en Caral tienen estructuras cada vez más complejas, **lo** que indica la evolución de las técnicas de construcción y el conocimiento de las ciencias exactas (aritmética, geometría, astronomía) de las antiguas culturas peruanas.

Caral tiene algunos de los mayores edificios encontrados en el valle de Supe, con plataformas en las que caben dos estadios de fútbol y construcciones de cinco plantas. Hasta 18 metros de altura tienen algunas de las 32 pirámides encontradas. Al pie del Templo Mayor y de la Pirámide del Anfiteatro hay grandes plazas circulares que eran (*were*) espacios de congregación para los habitantes de la ciudad. Actualmente los arqueólogos están excavando cuatro zonas residenciales de diferente tamaño y calidad de material de construcción.

1. Mira el título y las frases temáticas de cada párrafo. ¿De que crees que trata este texto?

   _____

   _____

2. Busca la palabra **cuna** en el diccionario. ¿Es un sustantivo, adjetivo o verbo? ¿Qué significado es más adecuado en este contexto?

   _____

   _____

3. ¿Cuál es el sujeto de esta frase? Hasta 18 metros de altura tienen algunas de las 32 pirámides encontradas.

   _____

   _____

4. ¿Qué significan las palabras **rescribir, preincaica, extraordinaria, sociopolítica, hallazgo**?

   _____

   _____

5. ¿A qué se refiere el pronombre **lo**?

   _____

   _____

6. Utiliza la estrategia del *scanning* para contestar esta pregunta. ¿Qué antigüedad tiene la ciudad de Caral?

   _____

   _____

7. ¿Por qué es tan importante el descubrimiento de la ciudad de Caral?

   _____

   _____

8. ¿A que se dedicaba la población de Caral?

   _____

   _____

 ¿Comprendes?

Based on the passage about the city of Caral, select the correct answer to each of the following questions.

1. Mira el título y las frases temáticas de cada párrafo. ¿De qué crees que trata este texto?
   a. Ciudades arqueológicas en Perú
   b. La primera ciudad de América
   c. La arqueología en Perú

2. En el diccionario aparecen estos significados de la palabra **cuna**. ¿Es un sustantivo, adjetivo o verbo? ¿Qué significado es más adecuado en este contexto?
   a. (*vt/i*) To rock a cradle
   b. (*nf*) cradle
   c. (*nf*) origin
   d. (*adj.*) Indians from Panama

3. ¿Cuál es el sujeto de esta frase?

   Hasta 18 metros de altura tienen algunas de las 32 pirámides encontradas.

   a. Algunas de las 32 pirámides
   b. 18 metros de altura
   c. 32 pirámides

4. ¿En cuál de estos grupos todas las palabras tienen prefijos (*prefixes*)?
   a. construcciones / rescribir / excavar / hallazgo
   b. rescribir / excavar / preincaica / extraordinaria
   c. encontradas / extraordinaria / preincaica / excavar

5. ¿A qué se refiere el pronombre **lo**?
   a. el paso del tiempo
   b. las construcciones
   c. la complejidad de las estructuras

6. Utiliza la estrategia del *scanning* para contestar esta pregunta. ¿Qué antigüedad tiene la ciudad de Caral?
   a. 1.500 años
   b. 3.000 años
   c. 5.000 años
   d. 1.600 años

7. Según el texto, ¿cuál de estos enunciados **no** es cierto?
   a. La ciudad de Caral es contemporánea a las antiguas ciudades de Egipto y Mesopotamia.
   b. El desarrollo urbano de Caral es 1.500 años más antiguo que cualquier otra ciudad americana.
   c. La ciudad de Caral está a 200 kilómetros de Lima, tenía una extensión de 1.500 hectáreas y 1.600 habitantes.

8. ¿Cuáles eran las principales actividades de la población de Caral?
   a. la agricultura y la construcción
   b. las ciencias y la agricultura
   c. la guerra y la agricultura

GENTE QUE ESCRIBE

09-39 **Escribiendo un párrafo.**

Identify the sentences that give related information to each topic sentence, and then write a paragraph for each one. Remember to include connectors like **y** and relative pronouns.

EJEMPLO: Topic sentence: Cuzco es un ejemplo de ciudad inca precolombina.
   a. Es una ciudad construida de piedra tallada y adobe.
   b. En Perú hay muchas ciudades precolombinas.
   c. Cuzco tiene una gran plaza en el centro.
   d. Las calles de Cuzco son estrechas y rectas.

Cuzco es un ejemplo de ciudad inca precolombina. Es una ciudad construida en piedra tallada y adobe que tiene una gran plaza en el centro y calles estrechas y rectas.

1. La ciudad de Caral es producto de una civilización de una gran complejidad.
   a. Existen restos de un centro urbano y residencial.
   b. Caral es tan antiguo como las civilizaciones de Egipto o Mesopotamia.
   c. En el centro urbano y residencial de Caral se encuentran (*find*) grandes plataformas y altos edificios.

d. Los edificios de Caral indican la existencia de una élite gobernante y una población dedicada a la construcción y agricultura.

_____

_____

_____

2. A Iquitos no se puede ir por carretera.

   a. Además de poder ir por avión, a Iquitos se puede ir en barcos.

   b. Hay barcos que llegan desde el océano Atlántico.

   c. Hay otros barcos que llegan desde poblaciones cercanas.

_____

_____

_____

 Cuzco

Rewrite the following paragraph about Cuzco. Identify sentences that should be combined and join them with a relative pronoun (and a preposition if needed). For help, review the section *Más allá de la frase* in your textbook.

CUZCO

Cuzco es la capital del Imperio Incaico, una ciudad llena de monumentos y reliquias históricas, de mitos y leyendas. Los monumentos y reliquias históricas, de mitos y leyendas renacen cuando se recorren sus plazas centenarias. Cuzco está en el valle del río Huatanay, en los Andes del Perú. En la actualidad, Cuzco es una ciudad abierta al mundo. Cuzco acoge con los brazos abiertos a los visitantes. Cuzco fusiona edificios precolombinos como el Amaru Cancha (Cerco de Serpiente), o el Kiswar Kancha, con joyas del mestizaje como la catedral, la iglesia de la Merced y el templo de San Blas. Cuzco está rodeado de impresionantes restos arqueológicos, como Machu Picchu, y de lugares pintorescos como Pisaq, Calca y Yucuay. Los impresionantes restos arqueológicos, como Machu Picchu, y de lugares pintorescos como Pisaq, Calca y Yucuay mantienen las tradiciones de sus antepasados. La ciudad del Cuzco está dividida en doce distritos. Tiene calles estrechas, rectas y empedradas. Las paredes de los monumentos de la zona central son de piedra tallada, y en los suburbios son de adobe. La vida en la ciudad del Cuzco antiguo gira alrededor de su plaza. En la plaza la población celebra sus fiestas.

_____

_____

_____

_____

_____

_____

_____

_____

_____

09-41 Correo electrónico

A Peruvian friend sent you this e-mail. Think about a possible response, and then write a message back.

```
┌──────────────────────────────── Sin título ──────────────────────────────┐
│ 🖅 Enviar ahora  📧 Enviar más tarde  📄 Guardar como borrador  📎 Añadir archivos adjuntos  📝 Firma ▼  📇 Opciones ▼  📠 Reacomodar │
│ ▷ Archivos adjuntos: ninguno                                              │
│   Verdana ▾  Medio ▾  B I U T  ▤▥▦ ▤▥ ▦▦ A ▾ ◇ ▾ ─                      │
│ ┌─────────────────────────────────────────────────────────────────────┐ │
│ │                                                                       │ │
│ │   Querido/a amigo/a:                                                  │ │
│ │                                                                       │ │
│ │   ¿Cómo estás? Te mando sólo unas líneas porque vamos a vernos pronto. Bueno, eso │ │
│ │   espero. ¡Voy de vacaciones con unos amigos a tu país! Naturalmente, me gustaría verte y │ │
│ │   poder charlar un rato. ¿Crees que nos podemos encontrar en algún sitio? ¿Es interesante │ │
│ │   visitar la ciudad donde tú vives? Si me explicas un poco cómo es y crees que merece la │ │
│ │   pena, podemos quedarnos unos días por allá. ¿Qué te parece?         │ │
│ │                                                                       │ │
│ │   Espero tus noticias.                                                │ │
│ │                                                                       │ │
│ │   Un fuerte abrazo,                                                   │ │
│ │   Fernando                                                            │ │
│ │                                                                       │ │
│ └─────────────────────────────────────────────────────────────────────┘ │
└───────────────────────────────────────────────────────────────────────────┘
```

_____

_____

_____

_____

_____

10 *gente* e historias (L)

VOCABULARIO EN CONTEXTO

10–01 **Palabras relacionadas**

Help one of your new classmates review the Spanish vocabulary from this lesson by selecting the word or phrase in each group that doesn't belong.

1. guerra   ejército   conquista   amor

2. liberar   casarse   morir   nacer

3. premio   asesinato   golpe de estado   guerra

4. infancia   amistad   juventud   vejez

5. morir   desarrollar   aumentar   crecer

6. regresar   trasladarse   partir   preocuparse

10–02 **Sinónimos y antónimos**

You are studying new words. Select whether the words in each pair are synonyms or antonyms.

1. partir / regresar
   synonyms   antonyms

2. paz / guerra
   synonyms   antonyms

3. ganar / perder
   synonyms   antonyms

4. muerte / nacimiento
   synonyms   antonyms

5. juventud / vejez
   synonyms   antonyms

6. infancia / niñez
   synonyms   antonyms

7. esclavitud / libertad
   synonyms   antonyms

8. casarse / divorciarse
   synonyms   antonyms

9. mito / leyenda
   synonyms   antonyms

10. desconocido / conocido
    synonyms   antonyms

10-03 **A completar**

Select the logical completion for each of the following sentences, based on the meaning of the words.

1. Ellos ya no trabajan en nuestra ciudad. Su empresa (*company*) _____ a la capital.
   a. se trasladó
   b. se comprometió
   c. se preocupó
   d. se enamoró

2. Nunca voy a terminar mi discurso si ustedes me _____.
   a. crecen
   b. regresan
   c. interrumpen
   d. liberan

3. Las naciones hispanoamericanas _____ su independencia en el siglo XIX.
   a. aumentaron
   b. sucedieron
   c. llegaron
   d. consiguieron

4. Durante el siglo XX _____ mucho la población mundial.
   a. anunció
   b. aumentó
   c. descubrió
   d. partió

5. Mi amigo _____ el mes pasado, pero yo no pude asistir a la boda.
   a. se comprometió
   b. se casó
   c. se enamoró
   d. se divorció

6. El 12 de febrero de 1541 _____ la ciudad de Santiago de Chile.
   a. se fundó
   b. se unió
   c. se trasladó
   d. se eligió

7. Hace unas tres décadas _____ el virus del SIDA.
   a. se descubrió
   b. se perdió
   c. se unió
   d. se liberó

10-04 **Definiciones**

Your friend Brittany is taking Spanish for the first time. Can you help her with her homework? Write the correct word next to each definition.

mito	conquista	golpe de estado	firma
guerra civil	amistad		

1. nombre y apellido que una persona escribe de su propia mano en un documento _____

2. territorio que se gana con una guerra; el acto de ganar territorio con una guerra _____

3. guerra entre los habitantes de una sola nación _____

4. relación de amigos entre dos personas _____

5. narración maravillosa situada fuera del tiempo histórico con personajes de carácter divino o heroico _____

6. acción violenta que cambia el gobierno _____

GRAMÁTICA EN CONTEXTO

THE PRETERITE TENSE

10–05 **¿Cuándo?**

Tell when the following people did certain things by completing each sentence with the correct preterite form of the verb in parentheses.

EJEMPLO: Celia *llamó* ayer. (llamar)

1. Yo _conocí_ a mi mejor amiga en los años noventa. (conocer)
2. Tú _ganaste_ la lotería la semana pasada. (ganar)
3. Los señores Martínez _viajaron_ a México en abril. (viajar)
4. Alejandro y Marina _terminaron_ el colegio el año pasado. (terminar)
5. Paco _vivió_ en Barcelona el año pasado. (vivir)
6. Anita y yo _nos casamos_ en 1998. (casarse)
7. Mis padres _se divorciaron_ el verano pasado. (divorciarse)
8. Obama _sucedió_ a Bush en la presidencia. (suceder)
9. Mi hijo _nació_ el 25 de abril de 1993. (nacer)

10–06 **¿Qué pasó?**

Tell what each of these people did in the past by writing the correct preterite form of the verbs provided.

1. Usted _comprendió_ qué pasó. (comprender)
2. Javier y yo _salimos_ de la conferencia. (salir)
3. María Luisa _compró_ un teléfono móvil. (comprar)
4. ¿Cuándo _llegaron_ (ustedes) de Chile? (llegar)
5. (Tú) _escribiste_ cartas y postales. (escribir)
6. (Yo) _evité_ problemas. (evitar)
7. Los funcionarios _trabajaron_ en esta oficina. (trabajar)
8. (Nosotros) _interrumpimos_ la boda. (interrumpir)

10-07 **Biografías**

Describe important events in the lives of the following people by completing the sentences with the correct preterite form of the verbs in parentheses. Remember to use reflexive pronouns in your answers.

1. Jorge y Carolina _se compromertieron_ (comprometerse) en abril de 1990, y tres meses después _se casieron_ (casarse).

2. Tú _te divorciaste_ (divorciarse) de Ana en 1995 y después _te trasladiaste_ (trasladarse) a Santiago de Chile.

3. Cuando Juan Carlos _le dio cuenta_ (darse cuenta) de que no estaba enamorado de Juliana, _le divorció_ (divorciarse) de ella.

4. Ustedes _se unieron_ (unirse) al equipo de voluntarios antes de nacer su hijo Pablo.

5. Nosotros _nos trasladamos_ (trasladarse) a otro estado cuando _nos casamos_ (casarse).

6. En el 2009 Clara y Gabriel _se preocupieron_ (preocuparse) por la crisis financiera en los Estados Unidos.

7. Yo _me trasladé_ (trasladarse) a Concepción después del terremoto del 2009.

10-08 **¿Qué quisieron hacer?**

Help David explain what he and his family members tried to do when they arrived to Isla de Pascua. Complete the sentences with the correct preterite forms of **querer**.

EJEMPLO: John *quiso* ver las cabezas moais.

1. Julia y Andrea _____ salir a conocer el pueblo.

2. Alex _____ ver la tele.

3. Usted _____ enseñarnos español.

4. Cristina _____ nadar en la playa.

5. Julian y yo _____ dormir un poco.

6. Tú _____ ir a comer algo.

7. Ustedes _____ leer sobre los mitos moáis.

8. Yo _____ regresar a casa.

10-09 **No fue éste**

Using the correct preterite form of **ser**, respond that in each case it was someone else who was responsible for the following actions.

EJEMPLO: ¿Salió Elena?

No, no *fue ella.*

1. ¿Llamaste tú?
   No, no ___fui yo___.

2. ¿Trabajaron ustedes?
   No, no ~~fueron~~ fuimos .

3. ¿Interrumpió Marta?
   No, no __fue ella__.

4. ¿Firmó O'Higgins el tratado de paz?
   No, no __fue el ✗__.

5. ¿Se casaron ustedes?
   No, no __fuimos nosotros__

6. ¿Ganó usted?
   No, no __fui yo__.

7. ¿Nosotros perdimos la guerra? (*Answer with ustedes.*)
   No, no __fueron ustedes__

8. ¿Dimitió el presidente?
   No, no __fue usted__

10-10 **Nunca lo fueron**

You are working for an employment agency, and you notice that the information about the professions of some of your clients are mixed up. Select the correct preterite form of **ser** to tell what jobs these people never had.

1. Isabel y María nunca _____ cocineras.
   a. fuisteis   b. fuimos   c. fueron   d. fue

2. Yo nunca _____ periodista.
   a. fue   b. fuiste   c. fuimos   d. fui

3. Nosotros nunca _____ pianistas.
   a. fueron   b. fuimos   c. fue   d. fuisteis

4. Tú nunca _____ mesera.
   a. fuiste   b. fueron   c. fue   d. fui

5. Ustedes nunca _____ médicos.
   a. fue   b. fuimos   c. fuisteis   d. fueron

6. Mis amigos nunca _____ abogados.
   a. fuisteis   b. fuimos   c. fueron   d. fuiste

7. Jorge nunca _____ deportista.
   a. fue   b. fui   c. fueron   d. fuiste

8. Usted nunca _____ escritor.
   a. fuiste   b. fuisteis   c. fueron   d. fue

10-11 **¿Adónde fueron?**

Can you tell where each of these people went? Complete the following sentences with the correct preterite form of **ir**.

EJEMPLO: Eva *fue* a la peluquería.

1. Los señores Salazar _____ a la oficina de turismo.

2. Esteban _____ a la playa.

3. Mis amigos y yo _____ al ayuntamiento.

4. Ustedes _____ al banco.

5. Yo _____ a la librería.

6. Tú _____ al centro.

7. Usted _____ al supermercado.

8. Ella _____ a la tienda de deportes.

10-12 **¿Qué tuvieron?**

Tell what each of these people had by completing the sentences with the correct preterite form of **tener**.

EJEMPLO: Usted *tuvo* una buena idea.

1. Isabel _____ varios esposos.

2. (Nosotros) _____ una buena idea.

3. Yo _____ mucha tarea de español ayer.

4. Los músicos _____ muchos conciertos.

5. Ustedes _____ una juventud sorprendente.

6. (Tú) _____ muchos premios.

7. (Usted) _____ una infancia feliz.

10–13 **¿Dónde estuvieron?**

Tell where each of the following people were by completing the sentences with the correct preterite form of **estar**.

EJEMPLO: Marcos *estuvo* en México todo el año pasado.

1. Yo _____ en Inglaterra el año pasado.

2. Ustedes _____ en la playa el verano pasado.

3. Usted _____ en casa de sus tíos la semana pasada.

4. Nosotros _____ en el restaurante chileno anoche.

5. Ellas _____ en la universidad el año pasado.

6. Tú _____ en Chile el otoño pasado.

7. Mercedes _____ en la oficina ayer.

8. Mis amigos y yo _____ en el café Atlántico el otro día.

10–14 **¿Quién fue responsable?**

In the office where you work, some documents went missing. Use the preterite of **hacer** to reveal suspicions as to who found them.

EJEMPLO: Juan cree que lo *hicieron* Ana y Paula.

1. Yo creo que lo _____ tú.

2. Tú crees que lo _____ yo.

3. Estamos seguros que lo _____ Lorenzo.

4. Piensan que lo _____ nosotros.

5. Usted cree que lo _____ ella.

6. Ella dice que lo _____ usted.

7. Me parece que lo _____ ustedes.

8. Él piensa que lo _____ yo.

10–15 **¿Qué dijeron?**

You need to write a brief report about what was said in a meeting at work, but you forgot to take notes. Ask what each of these people said by using the correct preterite form of **decir**.

EJEMPLO: ¿Qué *dijo* ella?

1. ¿Qué _____ Rafael y Sonia?

2. ¿Qué _____ usted, señor Romero?

3. ¿Qué _____ tú, Elisa?

4. ¿Qué _____ los empleados?

5. ¿Qué _____ el jefe?

6. ¿Qué _____ ustedes?

7. ¿Qué _____ nosotros?

8. ¿Qué _____ yo?

Nombre: _____   Fecha: _____

10–16 **Nada, absolutamente nada**

Who found out about Santiago and Emma's engagement? Complete these sentences with the correct preterite form of **saber**.

EJEMPLO: Ella no *supo* nada.

1. Yo no _____ nada.

2. Ustedes no _____ nada.

3. La secretaria no _____ nada.

4. Nosotros no _____ nada.

5. Usted no _____ nada.

6. Tú no _____ nada.

7. Paul no _____ nada.

8. Ellas no _____ nada.

10–17 **Ayuda para las víctimas del huracán**

You are collecting food and other items for the victims of the last hurricane and want to make a list of what each of these people gave. Form complete sentences using the elements given and the appropriate preterite form of the verb **dar**.

EJEMPLO: su novia / leche en caja

Su novia dio leche en caja.

1. yo / libros para niños

   _____

2. sus padres / dos camas

   _____

3. tú / comida en lata

   _____

4. Felipe / juguetes

   _____

5. nosotros / ropa para niños

   _____

6. ustedes / plata

   _____

7. Elisa / platos, vasos y cubiertos

   _____

8. ustedes / abrigos

   _____

USE OF THE PRETERITE TENSE

10–18 Víctor Jara

The following paragraph is a brief biography of Víctor Jara. Complete it by filling in the correct preterite forms of the verbs provided.

Víctor Jara Martínez: 1932–1973
Compositor y cantante popular

Víctor Jara (1. nacer) _nació_ el 28 de septiembre de 1932 en un pequeño pueblo. (2. Ser) _fue_ el menor de seis hermanos de una familia campesina. En 1957, (3. ingresar) _ingresó_ en la Escuela de Teatro de la Universidad de Chile para estudiar actuación. Durante la década de 1960 (4. trabajar) _trabajó_ componiendo y cantando. En 1960, Jara (5. recibir) _recibió_ el título de director teatral. En 1963, (6. llegar) _llegó_ a ser profesor de actuación de la Escuela de Teatro de la universidad. (7. Obtener) _obtuvo_ reconocimiento internacional y en 1967 (8. recibir) _recibió_ el premio de "La Crítica" en Inglaterra. En Inglaterra (9. componer) _compuso_ una de sus canciones más conocidas, *Te Recuerdo, Amanda*, dedicada a sus padres. Víctor es uno de los fundadores del movimiento de la Nueva Canción Chilena. En 1970, Jara (10. participar) _participó_ activamente en la campaña presidencial de Salvador Allende, realizando recitales por todo el país. Después del triunfo de Salvador Allende en las elecciones presidenciales de 1970, Víctor (11. tomar) _tomó_ un rol preponderante en el desarrollo cultural y político del país. El día 11 de septiembre de 1973, durante el golpe militar, (ellos) (12. detener) _detuvieron_ y (13. asesinar) _asesinaron_ a Víctor Jara en el Estadio Chile.

10–19 Acontecimiento deportivo

You are listening to the sports news on the radio. Answer the questions with the correct information, based on what you hear. Be sure to write the correct preterite forms of the verbs.

¿De qué deporte se trata, y qué pasó?

1. _____

   _____

   _____

2. _____

   _____

   _____

3. _____

   _____

   _____

10–20 **En los últimos diez años**

Everything changes so fast! Think about each of the following topics and describe one important event for each that occurred within the last 10 years. Give your answers orally, and be sure to use the correct preterite form of the verbs.

EJEMPLO: La política

You say: *Estados Unidos tuvo el primer presidente afro-americano.*

1. Tu ciudad o pueblo

2. La naturaleza

3. Las comunicaciones

4. Las relaciones internacionales

5. La vida cotidiana

6. Los transportes

7. La televisión

8. La música

10–21 **Termina la frase**

You will hear 10 people describing certain events. Which of these sentences is the logical continuation to what they are saying? Select the correct answer, based on the preterite verb form that you hear.

1. a. Vio la pintura de Goya. Le gustó mucho.
   b. pero no me bañé.
   c. Vi la pintura de Velázquez. Me gustó mucho.
   d. Bailé con mi novia y con unas amigas.
   e. y en 1971 se casó con ella.
   f. Ganamos 3 a 0.
   g. ¿Te quedaste dormido?
   h. Ganó 3 a 0.
   i. pero no se bañó.
   j. y en 1970 me casé con ella.

2. a. Vio la pintura de Goya. Le gustó mucho.
   b. pero no me bañé.
   c. Vi la pintura de Velázquez. Me gustó mucho.
   d. Bailé con mi novia y con unas amigas.
   e. y en 1971 se casó con ella.
   f. Ganamos 3 a 0.
   g. ¿Te quedaste dormido?
   h. Ganó 3 a 0.
   i. pero no se bañó.
   j. y en 1970 me casé con ella.

3. a. Vio la pintura de Goya. Le gustó mucho.

   b. pero no me bañé.

   c. Vi la pintura de Velázquez. Me gustó mucho.

   d. Bailé con mi novia y con unas amigas.

   e. y en 1971 se casó con ella.

   f. Ganamos 3 a 0.

   g. ¿Te quedaste dormido?

   h. Ganó 3 a 0.

   i. pero no se bañó.

   j. y en 1970 me casé con ella.

4. a. Vio la pintura de Goya. Le gustó mucho.

   b. pero no me bañé.

   c. Vi la pintura de Velázquez. Me gustó mucho.

   d. Bailé con mi novia y con unas amigas.

   e. y en 1971 se casó con ella.

   f. Ganamos 3 a 0.

   g. ¿Te quedaste dormido?

   h. Ganó 3 a 0.

   i. pero no se bañó.

   j. y en 1970 me casé con ella.

5. a. Vio la pintura de Goya. Le gustó mucho.

   b. pero no me bañé.

   c. Vi la pintura de Velázquez. Me gustó mucho.

   d. Bailé con mi novia y con unas amigas.

   e. y en 1971 se casó con ella.

   f. Ganamos 3 a 0.

   g. ¿Te quedaste dormido?

   h. Ganó 3 a 0.

   i. pero no se bañó.

   j. y en 1970 me casé con ella.

6. a. Vio la pintura de Goya. Le gustó mucho.

   b. pero no me bañé.

   c. Vi la pintura de Velázquez. Me gustó mucho.

   d. Bailé con mi novia y con unas amigas.

   e. y en 1971 se casó con ella.

   f. Ganamos 3 a 0.

   g. ¿Te quedaste dormido?

   h. Ganó 3 a 0.

   i. pero no se bañó.

   j. y en 1970 me casé con ella.

7. a. Vio la pintura de Goya. Le gustó mucho.

    b. pero no me bañé.

    c. Vi la pintura de Velázquez. Me gustó mucho.

    d. Bailé con mi novia y con unas amigas.

    e. y en 1971 se casó con ella.

    f. Ganamos 3 a 0.

    g. ¿Te quedaste dormido?

    h. Ganó 3 a 0.

    i. pero no se bañó.

    j. y en 1970 me casé con ella.

8. a. Vio la pintura de Goya. Le gustó mucho.

    b. pero no me bañé.

    c. Vi la pintura de Velázquez. Me gustó mucho.

    d. Bailé con mi novia y con unas amigas.

    e. y en 1971 se casó con ella.

    f. Ganamos 3 a 0.

    g. ¿Te quedaste dormido?

    h. Ganó 3 a 0.

    i. pero no se bañó.

    j. y en 1970 me casé con ella.

9. a. Vio la pintura de Goya. Le gustó mucho.

    b. pero no me bañé.

    c. Vi la pintura de Velázquez. Me gustó mucho.

    d. Bailé con mi novia y con unas amigas.

    e. y en 1971 se casó con ella.

    f. Ganamos 3 a 0.

    g. ¿Te quedaste dormido?

    h. Ganó 3 a 0.

    i. pero no se bañó.

    j. y en 1970 me casé con ella.

10. a. Vio la pintura de Goya. Le gustó mucho.

    b. pero no me bañé.

    c. Vi la pintura de Velázquez. Me gustó mucho.

    d. Bailé con mi novia y con unas amigas.

    e. y en 1971 se casó con ella.

    f. Ganamos 3 a 0.

    g. ¿Te quedaste dormido?

    h. Ganó 3 a 0.

    i. pero no se bañó.

    j. y en 1970 me casé con ella.

10-22 Pasados

 Now listen to the sentences again. Then write all the preterite forms that you hear next to the correct infinitive. Be sure to write them in the order you hear them.

1. **estar:** _____ , _____

2. **ir:** _____ , _____ , _____

3. **conocer:** _____ , _____

4. **jugar:** _____ , _____

5. **ver:** _____

10-23 Expresiones del pasado

Read the expressions below, and select all the ones that refer to time in the past.

anteayer

la semana pasada

al mes siguiente

el mes anterior

la semana que viene

la próxima semana

hace dos meses

en aquel momento

en dos semanas

un año antes

aquella mañana

un mes después

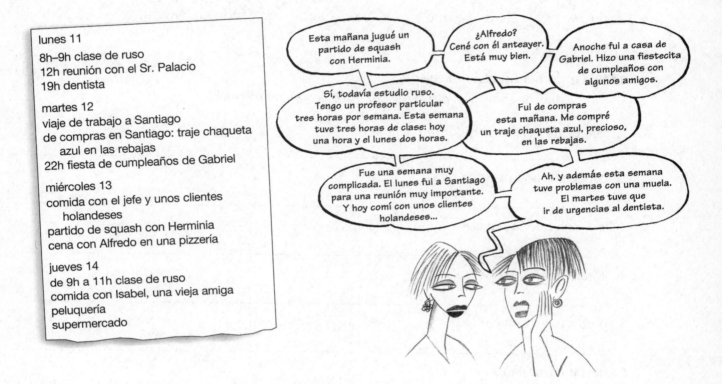

Nombre: _____   Fecha: _____

10–24 ¿Qué hizo Valentina?

Imagine that it is Thursday night, the 14th of the month. Valentina is trying to explain to her friend what she did during the last few days, but she has a very bad memory. Write full sentences correcting her mistakes. The first one is done as an example.

lunes 11

8h–9h clase de ruso
12h reunión con el Sr. Palacio
19h dentista

martes 12
viaje de trabajo a Santiago
de compras en Santiago: traje chaqueta
    azul en las rebajas
22h fiesta de cumpleaños de Gabriel

miércoles 13
comida con el jefe y unos clientes
    holandeses
partido de squash con Herminia
cena con Alfredo en una pizzería

jueves 14
de 9h a 11h clase de ruso
comida con Isabel, una vieja amiga
peluquería
supermercado

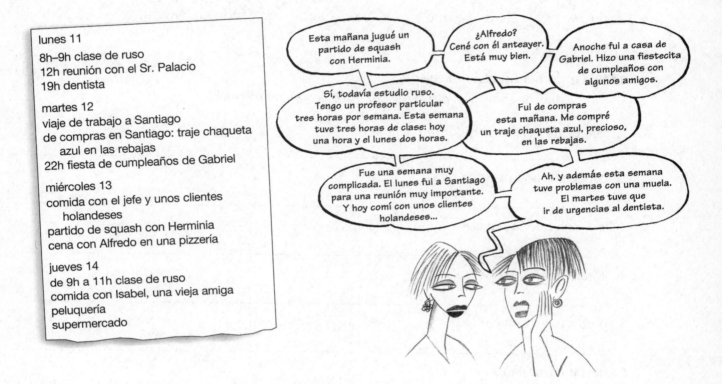

EJEMPLO: *No, esta mañana no jugó al squash con Herminia, jugó ayer.*

1. _____
2. _____
3. _____
4. _____
5. _____
6. _____
7. _____

10–25 **La última vez**

When was the last time you did these things? Answer using the preterite tense and words and phrases that indicate time.

ayer	anteayer	anoche	el lunes / martes... pasado	la semana pasada

en el 19...   el mes pasado   el año pasado   cuando era niño/a   en el 20...

EJEMPLO: comer un plato excelente

Anoche comí un plato excelente. Fui a cenar con mi novio.

1. tener que decir una mentira

   _____

2. conocer a una persona rara

   _____

3. leer una buena novela

   _____

4. llorar viendo una película

   _____

5. perderte en una ciudad

   _____

6. gastar demasiado

   _____

7. perder una llave

   _____

8. olvidar algo importante

   _____

9. oír una buena noticia

   _____

10. ver un paisaje especialmente bonito

   _____

TALKING ABOUT DATES

10–26   **¿Qué hicieron estos personajes históricos?**

Listen to the following sentences and select the name of the person to whom each one applies.

1. a. Pedro de Valdivia
    b. Gabriela Mistral
    c. Policarpo Toro
    d. Marcelo Ríos
    e. Pablo Neruda
    f. Salvador Allende
    g. Diego de Almagro

2. a. Pedro de Valdivia
    b. Gabriela Mistral
    c. Policarpo Toro
    d. Marcelo Ríos
    e. Pablo Neruda
    f. Salvador Allende
    g. Diego de Almagro

3. a. Pedro de Valdivia
    b. Gabriela Mistral
    c. Policarpo Toro
    d. Marcelo Ríos
    e. Pablo Neruda
    f. Salvador Allende
    g. Diego de Almagro

4. a. Pedro de Valdivia
    b. Gabriela Mistral
    c. Policarpo Toro
    d. Marcelo Ríos
    e. Pablo Neruda
    f. Salvador Allende
    g. Diego de Almagro

5. a. Pedro de Valdivia
    b. Gabriela Mistral
    c. Policarpo Toro
    d. Marcelo Ríos
    e. Pablo Neruda
    f. Salvador Allende
    g. Diego de Almagro

6. a. Pedro de Valdivia
    b. Gabriela Mistral
    c. Policarpo Toro
    d. Marcelo Ríos
    e. Pablo Neruda
    f. Salvador Allende
    g. Diego de Almagro

7. a. Pedro de Valdivia
    b. Gabriela Mistral
    c. Policarpo Toro
    d. Marcelo Ríos
    e. Pablo Neruda
    f. Salvador Allende
    g. Diego de Almagro

10-27 **La primera vez**

When and where was the first time that you did each of these things? Write sentences telling where and when. If you have never done these things, say that you have never done them.

EJEMPLO: comer paella

Comí paella por primera vez en España. Fue en 1998.

1. montar en bicicleta

   _____

2. subir a un avión

   _____

3. estar en un país de lengua española

   _____

4. visitar un museo

   _____

5. viajar en barco

   _____

6. estar en una isla

   _____

7. ver un gran espectáculo (un concierto de rock, un partido de fútbol, una ópera...)

   _____

8. pasar unas vacaciones sin la familia

   _____

9. entrar en una clínica o un hospital

   _____

10. ir a una boda (*wedding*)

   _____

11. votar en unas elecciones

   _____

Nombre: _____ Fecha: _____

 10-28 **Diego de Almagro en Chile**

Listen to Joaquín as he tells the story of Almagro's arrival in Chile. Then give short answers to each of the questions.

1. ¿Por qué fue Almagro a Chile? _____.

2. ¿Qué problemas encontró? _____.

3. ¿Qué hicieron Almagro y sus hombres? _____.

10-29 **¿Cuándo pasó?**

You are going to hear the dates of some historical events, however they are incorrect. Correct the sentences orally, giving the right dates, as in the example.

EJEMPLO: 1492

You hear: Colón descubrió América en 1776.

You say: *No fue en 1776, fue en 1492.*

1. 1776

2. 1789

3. 1918

4. 1968

5. 1969

6. 1990

10-30 *Jeopardy*

Since you have learned so much about Chilean history, you have chosen to answer the questions regarding this topic. Read each statement and select the option that best completes it.

1. Chile recuperó su democracia en _____.

   1876   1990   2010

2. El conquistador español Diego de Almagro llegó a Chile en _____.

   el siglo XV   el siglo XVI   el siglo XIX

3. Los dos grandes terremotos en Chile ocurrieron en _____.

   1975 y 1980   1880 y 1910   1960 y 2010

4. Pablo Neruda recibió el premio Nobel en _____.

   1889   1971   1990

5. El golpe de estado contra Salvador Allende fue en _____.

   1883   1973   2005

6. La primera ciudad de Chile, Santiago se fundó en _____.

   1493   1541   1776

SEQUENCING PAST EVENTS

10–31 **Diario en español**

You are keeping a journal in Spanish. Write two brief paragraphs based on your activities. Be sure to put the events in the correct sequence, using **antes, después, luego,** and **entonces**.

1. Lo que hiciste el sábado pasado

_____

_____

_____

_____

2. Lo que hiciste ayer

_____

_____

_____

_____

INTERACCIONES

10-32 **La biografía de mi abuelo: aproximaciones y rodeos**

Your friend John wants to tell a Spanish-speaking friend about his grandfather's life but he doesn't know how to say some words in Spanish. Using approximation and circumlocution, tell him orally how to write the first paragraph of his biography, given below.

EJEMPLO: Los libros de mi abuelo describen la vida de (**the lowest strata**) y (**reveal**) las dificultades que éstos tenían.

You say: Los libros de mi abuelo describen la vida de *la gente más pobre de la sociedad y descubren* las dificultades que éstos tenían.

Mi abuelo nació en Nizhny Novgorod (Rusia) y (**became an orphan**) a los diez años. En 1902 a los doce años, (**he ran away**) de casa para buscar a su abuela, (**who raised him**), y (**was an excellente storyteller**). La muerte de ésta (**deeply affected him**) y los siguientes cinco años viajó por Rusia, cambiando de trabajos, hasta que comenzó a trabajar de periodista en periódicos (**provincial**) bajo el (**pseudonym**) de Kygor.

10-33 **No sabes cómo se dice**

You are staying with a Chilean family in Santiago and you are going to go on a field trip for a few days. There are some things that you need to take with you, but you can't ask for them because you don't know how to say the words in Spanish. Describe the following items orally, using circumlocution.

EJEMPLO: backpack

You say: *Es una cosa para llevar mi ropa y mis cosas. Es pequeña, pero no tengo que llevarla en la mano.*

1. flashlight
2. batteries
3. envelope
4. raincoat
5. scissors

NUESTRA GENTE

GENTE QUE LEE

10-34 **Chile: El descubrimiento y la Conquista**

Read the following passage and then give short answers to each of the questions.

Después del Descubrimiento de América, muchos españoles cruzaron el océano Atlántico y llegaron al Nuevo Mundo, **fuente** de novedades, de fortuna y de fama. Chile fue uno de los últimos territorios en ser conquistado. Diego de Almagro viajó a Chile en 1536 buscando riquezas, principalmente oro, pero no _lo_ encontró. Más tarde, en 1540, Pedro de Valdivia comenzó la conquista de Chile con sólo 150 hombres, después de atravesar el desierto más seco del mundo y llegar a Chile. Valdivia tuvo que enfrentarse a la tenaz resistencia de los mapuches, que afines de 1553 le costó la vida. Después de Valdivia, en 1557, llegó el gobernador García Hurtado de Mendoza y, junto a él, dos personas importantes: Hernando de Santillán, que dictó el primer reglamento del trabajo de los indígenas, y Alonso de Ercilla, el primer poeta que cantó al pueblo mapuche.

A causa de la imposición de las ideas religiosas, costumbres y otros elementos de carácter social de los conquistadores, se produjo lentamente una síntesis cultural. Las ciudades también experimentaron cambios. Los españoles fundaron nuevas ciudades o transformaron las indígenas. El 12 de febrero de 1541 se fundó la primera ciudad de Chile: Santiago.

En Chile, las comunidades indígenas resistieron esta invasión española durante siglos. Una de las mejores muestras de la resistencia es la Guerra de Arauco, que comenzó en 1550, cuando guerreros mapuches atacaron a los españoles. Esta guerra marcó profundamente el carácter de Chile y los chilenos. En el período de la Conquista, la Guerra de Arauco fue un problema sin solución. Ni Valdivia, ni Hurtado de Mendoza, ni los conquistadores que sucedieron a _éstos_ pudieron terminar con este conflicto. A cada victoria hispana le siguió _otra_ mapuche. Esta larga lucha de los **araucanos** por resistir a la ocupación de sus tierras terminó en la década de 1880.

1. Mira el título y las frases temáticas de cada párrafo. ¿De que crees que trata este texto?

   _____

   _____

2. Mira el párrafo 3 y busca dos años. ¿Qué período crees que marcan?

   _____

   _____

3. En el párrafo 3, identifica los verbos en el pretérito. ¿Cuántos son cognados?

   _____

   _____

4. Busca en el diccionario la palabra **fuente**. ¿Cuántos significados tiene? ¿Cuál es adecuado en este contexto?

   _____

   _____

5. El Arauco es una región de Chile. ¿Qué significa **araucano**? ¿Cómo lo sabes?

   _____

   _____

6. Lee la frase subrayada en el párrafo 1. Identifica el sujeto, el verbo y el predicado de la frase.

_____

_____

7. ¿A qué se refieren los pronombres subrayados: **lo** (párrafo 1), **éstos** y **otra** (párrafo 3)?

_____

_____

10-35 **¿Comprendes?**

Based on the passage about the discovery and conquest of Chile, select the correct answers to each of the following questions.

1. Mira el título y las frases temáticas de cada párrafo. ¿De que crees que trata este texto?
   a. los conquistadores españoles en Chile
   b. la conquista de Chile
   c. la resistencia de las comunidades indígenas

2. Mira el párrafo 3 y busca dos años. ¿Qué período crees que marcan?
   a. El período de ocupación española de Chile
   b. El período de conquista de Chile
   c. El período de resistencia de los araucanos a la ocupación de sus tierras

3. En el diccionario aparecen estos significados de la palabra **fuente.** ¿Cuál es adecuado en este contexto?
   a. (*nf*) source
   b. (*nf*) spring
   c. (*nf*) fountain
   d. (*nf*) dish

4. El Arauco es una región de Chile. ¿Qué significa **araucano**?
   a. los habitantes originarios de la región de Arauco
   b. Es sinónimo de Arauco.
   c. los pueblos indígenas de Chile

5. Lee la frase subrayada en el párrafo 1.¿Cuál es el sujeto de esta frase?
   a. Valdivia
   b. 1557
   c. el gobernador García Hurtado de Mendoza

GENTE QUE ESCRIBE

10-36 **Biografía de Amanda Labarca: Ordena la información**

You have to write Amanda Labarca's biography (1886–1975). Organize the following events from Labarca's life in chronological order by numbering them, 1–6.

Amanda Labarca fue profesora en la Universidad de Chile y líder feminista. Fue una mujer de ideales progresistas y democráticos que luchó por una sociedad igualitaria.

1. En 1918 inició un viaje por los Estados Unidos para estudiar el sistema escolar de este país. _____

2. En 1903 ingresó en el Instituto Pedagógico para seguir la carrera de pedagogía en castellano, que terminó a los 19 años. _____

3. Escribió sobre temas relacionados con la educación secundaria y la educación de la mujer, además de una abundante producción de artículos de muy diversos temas. _____

4. Fundó el Comité Nacional pro Derechos de la Mujer (1933), y participó en el primer Congreso Nacional de Mujeres (octubre y noviembre de 1944). Su acción dio un impulso decidido a la obtención de los derechos civiles y políticos de la mujer. _____

5. Falleció a los 88 años, el 2 de enero de 1975. _____

6. En 1922, a la edad de 36 años, fue nombrada profesora extraordinaria de la Facultad de Filosofía y Humanidades de la Universidad de Chile. Al evento asistió el Presidente de la República. Fue la primera mujer académica de la Universidad de Chile. _____

10-37 **Amanda Labarca (1886–1975): Escribe su biografía**

Now write Amanda Labarca's biography using the chronological events in the previous exercise. Don't forget to use connectors to give coherence and carry the story forward.

_____

_____

_____

_____

_____

_____

_____

10-38 **Conectores en la biografía de Pablo Neruda**

The following are some events in the life of Pablo Neruda. Rewrite the biography using connectors such as: **al año siguiente, dos meses después, ese mismo año, años después,** or others.

El 12 de julio de 1904 nació en la ciudad de Parral, Chile, Ricardo Eliecer Neftalí Reyes Basoalto, conocido en todo el mundo con el nombre de Pablo Neruda. La primera publicación con el nombre de Pablo Neruda apareció en octubre **de 1920** y el 28 de noviembre **de 1920** recibió el primer premio en la fiesta de la Primavera de Temuco. A mediados del año 1923, Neruda abandonó sus estudios universitarios para dedicar todo su tiempo a la creación literaria. **En 1923** produjo *Crepusculario*. **El año 1924** apareció su famoso libro *Veinte poemas de amor y una canción desesperada*. **En junio de 1927** comenzó su carrera diplomática al ser nombrado cónsul honorario en Rangún, Birmania. **En 1927 y 1928** viajó por toda Asia. El 6 de diciembre de 1930, el poeta se casó con María Antonieta Hagenaar, una holandesa criolla de Java.

En 1938, comenzó a escribir *Canto General*, obra referida a todo el continente americano. En 1945, comenzó su carrera política. **En 1945**, ganó el Premio Nacional de Literatura. En el año 1965, obtuvo el título de Doctor Honoris Causa en Filosofía y Letras de la Universidad de Oxford. El 21 de octubre de 1971, obtuvo el Premio Nobel de Literatura. **En 1972**, regresó a Chile gravemente enfermo. El 23 de septiembre **de 1973**, Neruda murió en la ciudad de Santiago.

_____

_____

_____

_____

_____

_____

_____

_____

_____

_____

_____

11 *gente* e historias (II)

VOCABULARIO EN CONTEXTO

 11-01 **Palabras relacionadas**

You are studying new Spanish vocabulary; select the word in each group that does not belong.

1. invadir   atacar   firmar   desolar

2. castillo   bandera   fortaleza   viajero

3. aventurero   pirata   soldado   cobarde

4. huir   retirarse   datar de   refugiarse

 11-02 **Sinónimos y antónimos**

In order not to repeat the same words, your friend Molly needs to find some synonyms for her composition. Help her to indicate whether the words in each pair are synonyms or antonyms.

1. atacar / retirarse

     synonyms   antonyms

2. castillo / fortaleza

     synonyms   antonyms

3. pobreza / riqueza

     synonyms   antonyms

4. embarcar / desembarcar

     synonyms   antonyms

5. quebrar / romper

     synonyms   antonyms

6. valiente / cobarde

     synonyms   antonyms

11-03 **A completar**

Select the verb that logically completes each of the following sentences.

1. El terremoto _____ el país en 1995.
   a. apoyó   b. desoló   c. embarcó   d. ocasionó

2. En el siglo XIX, muchos viajeros _____ en Nueva York y San Francisco.
   a. desembarcaban   b. encerraban   c. rompían   d. firmaban

3. Los indígenas _____ en esta isla antes de la conquista española.
   a. encerraban   b. habitaban   c. ocurrían   d. ocasionaban

4. Las tropas extranjeras no _____ del país.
   a. se alimentaron   b. se durmieron   c. se apoderaron   d. se convirtieron

5. Cuando los piratas invadieron la ciudad, la gente _____ en la fortaleza.
   a. expulsó   b. ocasionó   c. recorrió   d. se refugió

11-04 **Definiciones**

Help your classmate David find the definition of these words. Write each word next to the most logical description.

invadir	bandera	soldado	firmar
ocasionar	pirata	expulsar	

1. escribir su nombre y apellido en un documento _____

2. persona que ataca barcos para robar _____

3. echar, mandar fuera a una persona de un lugar _____

4. persona que lucha para defender el país _____

5. ser causa o motivo de un acontecimiento o evento _____

6. usar las tropas para entrar en otro país _____

7. tela de diferentes colores que se usa como señal de un país _____

Nombre: _____   Fecha: _____

GRAMÁTICA EN CONTEXTO

THE IMPERFECT TENSE

 Cuando yo era niño...

Help Carlos tell about his childhood by completing each of his statements with the correct imperfect form of the verbs in parentheses.

1. Yo _____ en la escuela del barrio. (estudiar)

2. Mis papás y yo _____ muchos lugares históricos. (visitar)

3. Yo _____ la batería. (tocar)

4. Mi hermano _____ estampillas. (coleccionar)

5. Yo _____ muchos amigos. (tener)

6. Yo _____ al parque con ellos todas las tardes. (salir)

7. (nosotros) _____ en bicicleta. (andar)

8. (nosotros) _____ en la piscina del colegio. (nadar)

9. (nosotros) _____ refrescos. (beber)

10. (nosotros) _____ al fútbol. (jugar)

 ¿Cómo eran entonces?

Tell how things were in the past by completing the following sentences with the correct inperfect form of the verb **ser**.

1. Los jóvenes _____ tímidos.

2. Usted _____ amable.

3. Las joyas _____ caras.

4. La ropa _____ elegante.

5. Tú _____ valiente.

6. Este pueblo _____ pequeño.

7. Nosotros _____ trabajadores.

8. Sus ideas _____ originales.

9. Yo _____ inteligente.

10. Ustedes _____ serios.

11-07 ¿Adónde iban?

Tell where the following people were going by completing the sentences with the correct imperfect form of **ir**.

1. Yo _____ a la oficina de turismo.

2. Ustedes _____ al lago.

3. Josefa y Miguel _____ a la tienda de muebles.

4. Tú y yo _____ a la boda (*wedding*).

5. Usted _____ al parque.

6. Ustedes _____ a la playa.

7. Tú _____ al banco.

8. Carolina _____ a la floristería.

9. Yo _____ a visitar el castillo.

10. Ellos _____ a la bodega.

11–08 **¿Qué añades?**

You will hear phrases spoken by ten different people. Which one of these sentences is the logical continuation of what they are saying? Choose the correct option.

1. a. No había nada dentro.

   b. La puerta estaba abierta pero no había nadie.

   c. Estaba triste y no quería ver a nadie.

   d. No estabas en casa.

   e. El agua estaba demasiado fría.

   f. Mi familia tenía problemas y quería estar con ellos.

   g. Estaba cerrado.

   h. Su padre estaba muy enfermo.

   i. No ganaba mucho dinero.

   j. Me gustaba el contacto humano.

2. a. No había nada dentro.

   b. La puerta estaba abierta pero no había nadie.

   c. Estaba triste y no quería ver a nadie.

   d. No estabas en casa.

   e. El agua estaba demasiado fría.

   f. Mi familia tenía problemas y quería estar con ellos.

   g. Estaba cerrado.

   h. Su padre estaba muy enfermo.

   i. No ganaba mucho dinero.

   j. Me gustaba el contacto humano.

3. a. No había nada dentro.

   b. La puerta estaba abierta pero no había nadie.

   c. Estaba triste y no quería ver a nadie.

   d. No estabas en casa.

   e. El agua estaba demasiado fría.

   f. Mi familia tenía problemas y quería estar con ellos.

   g. Estaba cerrado.

   h. Su padre estaba muy enfermo.

   i. No ganaba mucho dinero.

   j. Me gustaba el contacto humano.

4. a. No había nada dentro.

   b. La puerta estaba abierta pero no había nadie.

   c. Estaba triste y no quería ver a nadie.

   d. No estabas en casa.

   e. El agua estaba demasiado fría.

   f. Mi familia tenía problemas y quería estar con ellos.

   g. Estaba cerrado.

   h. Su padre estaba muy enfermo.

   i. No ganaba mucho dinero.

   j. Me gustaba el contacto humano.

5. a. No había nada dentro.

   b. La puerta estaba abierta pero no había nadie.

   c. Estaba triste y no quería ver a nadie.

   d. No estabas en casa.

   e. El agua estaba demasiado fría.

   f. Mi familia tenía problemas y quería estar con ellos.

   g. Estaba cerrado.

   h. Su padre estaba muy enfermo.

   i. No ganaba mucho dinero.

   j. Me gustaba el contacto humano.

6. a. No había nada dentro.

   b. La puerta estaba abierta pero no había nadie.

   c. Estaba triste y no quería ver a nadie.

   d. No estabas en casa.

   e. El agua estaba demasiado fría.

   f. Mi familia tenía problemas y quería estar con ellos.

   g. Estaba cerrado.

   h. Su padre estaba muy enfermo.

   i. No ganaba mucho dinero.

   j. Me gustaba el contacto humano.

7. a. No había nada dentro.

   b. La puerta estaba abierta pero no había nadie.

   c. Estaba triste y no quería ver a nadie.

   d. No estabas en casa.

   e. El agua estaba demasiado fría.

f. Mi familia tenía problemas y quería estar con ellos.

g. Estaba cerrado.

h. Su padre estaba muy enfermo.

i. No ganaba mucho dinero.

j. Me gustaba el contacto humano.

8. a. No había nada dentro.

b. La puerta estaba abierta pero no había nadie.

c. Estaba triste y no quería ver a nadie.

d. No estabas en casa.

e. El agua estaba demasiado fría.

f. Mi familia tenía problemas y quería estar con ellos.

g. Estaba cerrado.

h. Su padre estaba muy enfermo.

i. No ganaba mucho dinero.

j. Me gustaba el contacto humano.

9. a. No había nada dentro.

b. La puerta estaba abierta pero no había nadie.

c. Estaba triste y no quería ver a nadie.

d. No estabas en casa.

e. El agua estaba demasiado fría.

f. Mi familia tenía problemas y quería estar con ellos.

g. Estaba cerrado.

h. Su padre estaba muy enfermo.

i. No ganaba mucho dinero.

j. Me gustaba el contacto humano.

10. a. No había nada dentro.

b. La puerta estaba abierta pero no había nadie.

c. Estaba triste y no quería ver a nadie.

d. No estabas en casa.

e. El agua estaba demasiado fría.

f. Mi familia tenía problemas y quería estar con ellos.

g. Estaba cerrado.

h. Su padre estaba muy enfermo.

i. No ganaba mucho dinero.

j. Me gustaba el contacto humano.

11-09 **¿Cuántos imperfectos?**

Now listen to the completed statements from activity 11–08. Then fill in the blanks with the imperfect verb forms that you hear (be sure to list only the first instance of the verb; don't repeat the same form if you have already heard it). Also be sure to write them in the order that you hear them.

1. haber _____   3. querer _____   5. ganar _____

2. estar _____   4. gustar _____   6. tener _____

11-10 **Así vivían en el pasado**

What do you imagine life was like for past civilizations? Read the following passages and select the one that corresponds to each image.

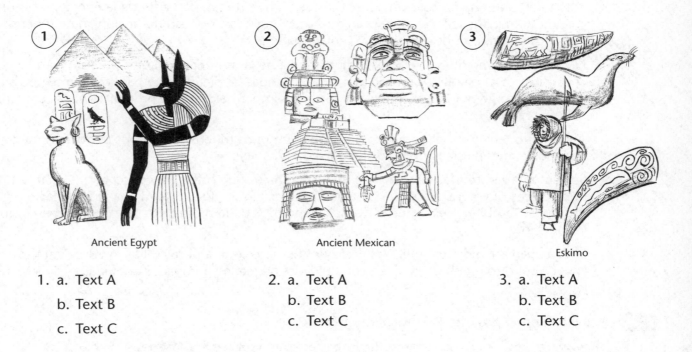

①	②	③
Ancient Egypt	Ancient Mexican	Eskimo

1. a. Text A   2. a. Text A   3. a. Text A
   b. Text B   b. Text B   b. Text B
   c. Text C   c. Text C   c. Text C

A. Vivían en ciudades-estado. Cada ciudad estaba gobernada por un jefe que tenía poderes civiles y religiosos. La sociedad estaba organizada en diversas clases: nobles, sacerdotes, pueblo. También había esclavos.

Tenían una religión en la que había diversos dioses. Adoraban a estos dioses y les ofrecían sacrificios. Uno de los más importantes era Itzamná, dios de la escritura y de los libros. La escritura era de carácter jeroglífico, como la de los egipcios.

Tenían un calendario solar con 18 meses de 20 días, más cinco días para completar el año. Utilizaban también un sistema aritmético que poseía un signo equivalente a nuestro cero. Gracias a estos dos sistemas, calendario y sistema aritmético, sus conocimientos astronómicos eran superiores, en muchos casos, a los de la cultura europea de la misma época. Así, por ejemplo, para ellos el año constaba de 365,2420 días, cálculo mucho más próximo a la medida actual (365,2422 días) que el de los europeos de aquella época (365,2500 días).

B. Es una de las civilizaciones más antiguas, que nació y se desarrolló a lo largo de un río. Estaban gobernados por emperadores, a los que consideraban descendientes de los dioses y llamaban faraones. Para estos faraones construían grandes monumentos funerarios, en forma de pirámide. Su religión tenía un dios principal, Amon-Ra, que era el dios del sol. Otro dios muy importante era Osiris, dios de los muertos. Creían en una vida después de la muerte, por eso preparaban a los muertos para esa vida.

La clase sacerdotal era muy numerosa y tenía gran influencia social, económica, política e intelectual: sus miembros eran los responsables del mantenimiento y funcionamiento de los templos, pero también realizaban otras actividades: eran médicos que curaban a los enfermos, y también magos que interpretaban los sueños.

C. Este pueblo es una civilización aún viva, que ha pasado rápidamente de la época prehistórica a la moderna. Sus antecesores vivían en zonas muy frías, por eso no disponían de muchos recursos naturales; por ejemplo, no tenían madera.

No conocían la escritura, pero su cultura era una de las más ricas culturas prehistóricas: construían casas de hielo, fabricaban canoas y tiendas de piel de reno para el verano, podían andar fácilmente por la nieve gracias a sus botas impermeables y se protegían del sol con unas gafas de hueso.

Aunque no tenían caballos ni carros, viajaban en unos trineos tirados por perros, un medio de transporte muy particular para desplazarse por la nieve.

Se alimentaban fundamentalmente de los animales que cazaban y pescaban. Creían en unos dioses que controlaban la caza y la pesca, al igual que la salud y la vida de las personas. También creían que todos los elementos de la naturaleza tenían un alma como las personas.

Se llamaban a sí mismos "inuit", es decir, "los hombres", aunque la civilización occidental los conoce por otro nombre. Vivían en comunidades pequeñas, agrupados por familias, sin jefes ni jerarquía.

11-11 Así vivían en el pasado: Pretérito imperfecto

Now make a list of all the verbs in the imperfect that you see in passages A, B, and C of activity **11-10** and give their infinitive forms. Remember to write each verb only once, if any are repeated.

_____

_____

_____

_____

_____

USES OF THE IMPERFECT TENSE

11-12 **Antes sí, ahora no**

Things have definitely changed since the past. Complete each of the responses with the correct imperfect form of the appropriate verb.

EJEMPLO: ¿Estudias derecho?

Antes *estudiaba* derecho, pero ahora no.

1. ¿Ustedes viven en el campo?

   Antes _____ en el campo, pero ahora no.

2. ¿Elvira hace ejercicio?

   Antes _____ ejercicio, pero ahora no.

3. ¿Vas al gimnasio?

   Antes yo _____ al gimnasio, pero ahora no.

4. ¿Eduardo sale con Anita?

   Antes _____ con Anita, pero ahora no.

5. ¿Emilio está en forma?

   Antes _____ en forma, pero ahora no.

6. ¿Ustedes beben alcohol?

   Antes _____ alcohol, pero ahora no.

7. ¿Ellas son meseras?

   Antes _____ meseras, pero ahora no.

8. ¿Tienes perro?

   Antes _____ un perro, pero ahora no.

9. ¿Eres guía?

   Antes _____ guía, pero ahora no.

10. ¿Viajan ustedes mucho?

    Antes _____ mucho, pero ahora no.

11-13 **Cuando era más joven**

A. Think about five aspects of your life that are now different from the way they were before. Write full sentences, as in the example.

EJEMPLO: *Cuando era más joven fumaba, pero ahora no fumo.*

1. _____
2. _____
3. _____
4. _____
5. _____

B. How often did you do those things? Answer in five full sentences, using expressions such as **siempre, casi todos los días, a veces,** and **casi nunca.**

6. _____
7. _____
8. _____
9. _____
10. _____

11-14 **Antes y ahora**

Think about each of the following topics, and write the changes that occurred within the last ten years. Be sure to write complete sentences, and use the construction **Antes... pero ahora...**

EJEMPLO: *En mi ciudad antes había muchas zonas verdes pero ahora no.*

1. tu ciudad o pueblo

_____

2. la naturaleza

_____

3. las comunicaciones

_____

4. las relaciones internacionales

_____

5. la vida cotidiana

_____

6. los transportes

_____

7. la televisión

_____

8. la política

_____

CONTRASTING THE PRETERIT AND THE IMPERFECT TENSES

11-15 **Era así cuando...**

Write the preterit or the imperfect form of each verb given to complete the sentences with both a background action and an event. Each sentence will have one verb in the preterit and one in the imperfect.

EJEMPLO: Ya (tú) *tomabas* (tomar) tu café cuando yo *me senté* (sentarse) contigo.

1. Cuando Roberto _____ (conocer) a Lola, ella _____ (ser) maestra.

2. Nosotros no _____ (estar) en casa cuando tú _____ (llamar).

3. Ustedes _____ (hacer) ejercicio cuando yo _____ (llegar).

4. Todos los veranos ustedes lo (pasar) _____ bien, pero una vez Juanito se _____ (enfermar).

5. ¿Dónde (tú) _____ (estar) cuando Lidia _____ (entrar)?

6. Julián y Julio _____ (mudarse) a Nicaragua cuando _____ (ser) jóvenes.

7. Cuando el niño _____ (despertarse), sus padres _____ (dormir) todavía.

8. Paco y Felisa _____ (trabajar) en la misma empresa cuando _____ (enamorarse).

9. _____ (ser) tarde cuando yo _____ (levantarse).

10. Cuando yo lo _____ (ver), él no _____ (hacer) nada.

11-16 **¿Pretérito o imperfecto?**

Help your classmate Robert to select the pair of verbs that correctly completes each sentence.

1. Raúl _____ veintinueve años cuando _____.
   a. tuvo / se casaba   b. tenía / se casó   c. tiene / se casó   d. tenía / se casa

2. _____ tarde cuando _____ al teatro.
   a. Era / llegué   b. Fue / llegaba   c. Es / llegaba   d. Fue / llegué

3. _____ sobres. Así que _____ a la papelería.
   a. Necesitan / fueron   b. Necesitaron / iban   c. Necesitaban / fueron   d. Necesitaban / van

4. Cuando tú _____ , tus amigas _____.
   a. te despertaste / trabajaban   b. te despertabas / trabajaron
   c. te despiertas / trabajaron   d. te despertaste / trabajan

5. ¿Dónde _____ ustedes cuando yo _____?
   a. estuvieron / llamaba   b. estaban / llamo
   c. están / llamé   d. estaban / llamé

6. _____ mucha gente en las montañas cuando _____ la guerra.
   a. Hubo / comenzaba b. Había / comenzó   c. Hay / comenzaba   d. Hubo / comienza

7. Cuando _____ a María Rosa, ella _____ cantante.
   a. conocemos / fue   b. conocíamos / es   c. conocíamos / fue   d. conocimos / era

11-17 **¿Dónde y cuándo fue?**

Where and when was the first time that you did each of these things? Answer in complete sentences, telling where and when.

EJEMPLOS: comiste algo exótico

Comí caracoles en España. No me gustó nada.

manejaste un carro

No me acuerdo. Fue cuando cumplí 16 años.

1. viste un concierto de rock/pop

   _____

2. viajaste en avión

   _____

3. bebiste algo con alcohol

   _____

4. comiste comida mexicana

   _____

5. usaste una computadora

   _____

6. viajaste solo/a

   _____

7. recibiste un regalo increíble

   _____

8. tuviste un accidente

   _____

9. votaste en unas elecciones

   _____

11-18 **En contexto**

Now, thinking about the sentences you wrote in activity 11–17, add the circumstances and context. Then make comments about the whole experience. Choose from the following expressions.

EJEMPLO: manejaste un carro

Cuando tenía 13 años manejé un carro por primera vez.

Estaba un poco nervioso.

CIRCUNSTANCIAS

- Yo tenía… años.

- Yo era un niño/a de... años / Yo ya era mayor...

- Yo estaba con unos amigos / mis padres / solo/a…

- Había mucha gente / No había mucha gente

- Hacía frío / calor / mal tiempo…

- Allí estaba…

- Yo estaba un poco nervioso/a / muy asustado/a

COMENTARIOS Y VALORACIONES

Me gustó mucho.

Me encantó.

No me gustó nada.

Me pareció un poco aburrido / una tontería…

Me pareció muy interesante / divertido…

1. viste un concierto de rock/pop

   _____

2. viajaste en avión

   _____

3. bebiste algo con alcohol

   _____

4. comiste comida mexicana

   _____

5. usaste una computadora

   _____

6. viajaste solo/a

   _____

7. recibiste un regalo increíble

   _____

8. tuviste un accidente

   _____

9. votaste en unas elecciones

   _____

Nombre: _____   Fecha: _____

11-19 Lo que sucedió

You will read two brief stories. Where do you think is the main information (action)? Where are the details (description)? Write them down below, and be sure to follow the example.

EJEMPLO: Estaba muy cansado, me dolía la cabeza, tenía mucho trabajo… decidí quedarme en casa.

Main information: *decidí quedarme en casa*

Details: *estaba muy cansado, me dolía la cabeza, tenía mucho trabajo.*

Todo el mundo corría, nadie sabía qué hacer, había mucho ruido… De pronto vi a Jaime. Subí en su carro y salimos corriendo. Luego, en la autopista, otra vez: controles de policía, embotellamientos de carros, todo el mundo hacía sonar la bocina… Llegamos a casa cansados y nos fuimos a dormir sin cenar.

No tenía noticias de él desde hacía varios días, no me escribía, no me llamaba, yo llamaba a su casa pero nadie respondía, otras veces tenía puesto el contestador automático pero luego no me devolvía la llamada: tomé el tren y fui a verlo. Lo encontré bastante deprimido. Estuvimos juntos aquel fin de semana y me explicó sus problemas: ya sabes, lo de su padre, lo de su novia…

Main information:

_____

_____

_____

Details:

_____

_____

_____

Nombre: _____ Fecha: _____

Escucha como se conocieron

You will hear three stories about how different people met. Match each story with the image that best illustrates it.

1. Imagen A
   a. historia 1
   b. historia 2
   c. historia 3

2. Imagen B
   a. historia 1
   b. historia 2
   c. historia 3

3. Imagen C
   a. historia 1
   b. historia 2
   c. historia 3

11-21 **Así nos conocimos**

Now listen again to the stories of how these people met. Then, based on the statements given, select the correct image.

1. De niños, eran vecinos y jugaban juntos.
   a. Imagen A
   b. Imagen B
   c. Imagen C

2. Él sabía que ella hacía teatro.
   a. Imagen A
   b. Imagen B
   c. Imagen C

3. Él tenía un perro.
   a. Imagen A
   b. Imagen B
   c. Imagen C

4. Él era el sobrino del profesor de ella.
   a. Imagen A
   b. Imagen B
   c. Imagen C

5. Él estaba en un grupo de teatro.
   a. Imagen A
   b. Imagen B
   c. Imagen C

6. Ella bailó toda la noche.
   a. Imagen A
   b. Imagen B
   c. Imagen C

7. Él se parecía un poco a Elvis.
   a. Imagen A
   b. Imagen B
   c. Imagen C

11–22   **Susana y Rubén**

Complete the following narration about Susana and Rubén with the correct tense and form of the verbs.

El viernes pasado Susana (1) _____ (ir) a casa de Rubén, y le (2) _____ (preguntar) si quería ir al cine con ella. Rubén le (3) _____ (decir) que sí porque se (4) _____ (sentir) un poco deprimido. Ellos (5) _____ (ver) una película cómica. Luego, como (6) _____ (hacer) mucho frío, (7) _____ (ir) a una cafetería. (8) _____ (haber) mucha gente, y entonces (9) _____ (decidir) volver a la residencia de estudiantes. Además, Susana (10) _____ (estar) muy cansada.

11–23   **Una cantante de rock nicaragüense**

Complete this story about an imaginary rock star by choosing among the following expressions. Don't forget to conjugate the verbs in the right tense.

vivir	*cantar en fiestas*
(no) ofrecer muchas posibilidades	*muy popular*
(no) escuchar	*tomar clases de música*
querer ser	*ser famosa*
decidir ser cantante	*marcharse*
ganar el primer premio	

Paz nació en 1958 en un pueblecillo de Nicaragua. En aquella época en Nicaragua (1) _____ música rock. Pepe Candel, su padre, trabajaba en el campo. La vida en el pueblo (2) _____. Por eso, Pepe y su mujer decidieron irse a México. Paz tenía en aquel momento cinco años y (3) _____ artista. Cuando tenía sólo 7 años participó en un concurso de la radio y (4) _____; a los 21 (5) _____. Así que dejó los estudios y empezó a (6) _____. Decidió volver a Nicaragua y empezó a (7) _____. La productora discográfica "Chinchinpum" se fijó en ella y grabó su primer disco, que fue (8) _____. Muy pronto ocupó el número 1 en todas las listas de ventas. Entonces fue cuando (9) _____. Desde esa época, (10) _____ entre Miami y Managua. Actualmente (11) _____.

11-24 **El lago Cocibolca**

Read this Nicaraguan legend about the formation of Lake Cocibolca and the island of Ometepe, and complete it with the correct preterit or imperfect form of the verbs.

La leyenda de Ometepetl y Nagrando

Antes no (existir) 1. _____ la isla Ometepe ni el lago Cocibolca, solamente (haber)
2. _____ un valle con árboles y animales. En el centro del valle no (habitar)
3. _____ ningún ser humano, pero en sus alrededores (vivir) 4. _____ las tribus
Nagrandanos y Niquiranos. Una bellísima muchacha llamada Ometepetl (vivir) 5. _____ en la
tribu Niquiranos; en la tribu Nagrandanos (vivir) 6. _____ un indígena guerrero llamado
Nagrando. Ellos (enamorarse) 7. _____ perdidamente a pesar de que (*although*) las dos tribus
(ser) 8. _____ enemigas. Cuando el padre de la novia (averiguar) 9. _____ lo sucedido,
(comenzar) 10. _____ una persecución de varios días. Los novios, que (desear) 11. _____
terminar la persecución y perpetuar su amor, (besarse) 12. _____, (rezar) 13. _____ a los
dioses y luego (cortarse) 14. _____ las venas uno al otro hasta morir. En ese instante el cielo
(oscurecerse) 15. _____ y (haber) 16. _____ un gran diluvio formando el lago Cocibolca.
Nagrando (crecer) 17. _____ hasta formar un volcán: el Zapatera, y Ometepetl (convertirse)
18. _____ en la bella isla de Ometepe.

11-25 **Jeopardy: Historia de Nicaragua**

Let's test your memory! Complete the sentences about cultural contents that you have studied in this chapter. Choose the right answer among the three possibilities that you hear, and say it orally.

EJEMPLO: You hear: El terremoto de Managua…

          a. fue en 1972.
          b. fue muy pequeño.
          c. mató a 3.000 personas.

    You say: a. *fue en 1972*

1. …

2. …

3. …

4. …

5. …

6. …

7. …

8. …

9. …

RELATING PAST EVENTS: CAUSE AND CONSEQUENCE

11-26 **¿Y por qué?**

Express why these events did or didn't happen by selecting the correct form of the verbs in parentheses. Hint: The cause of an event is often expressed in the imperfect.

1. Nosotros _____ (querer) comer y por eso _____ (entrar) en esta cafetería.
   a. queríamos / entrar
   b. queríamos / entramos
   c. queremos / entrábamos
   d. queríamos / entrábamos

2. Yo _____ (irse) del parque porque _____ (hacer) frío.
   a. me iba / hacía   b. irme / hacía   c. me fui / hago   d. me fui / hacía

3. Juan _____ (comer) poco y por eso _____ (bajar) de peso.
   a. comió / bajó   b. comía / bajaba   c. comió / bajaba   d. comía / bajó

4. Yo _____ (tener) que ir a casa de los vecinos porque no _____ (tener) mis llaves.
   a. tuve / tenía   b. tenía / tuve   c. tuve / tuve   d. tenía / tenía

5. Nosotros _____ (ir) a pie porque no _____ (haber) taxis.
   a. fuimos / hubo   b. íbamos / hubo   c. fuimos / había   d. íbamos / había

6. Rosa _____ (ir) a la universidad porque _____ (ser) una estudiante excelente.
   a. iba / fue   b. fue / era   c. iba / era   d. fue / fue

7. Creo que tú _____ (comprar) agua mineral porque _____ (tener) sed.
   a. compras / tuviste   b. compraste / tuviste   c. comprabas/tienes   d. compraste / tenías

8. Ustedes no _____ (salir) porque _____ (llover) mucho.
   a. salieron / llovía   b. salen / llovió   c. salían / llovió   d. salir / llover

11-27 **Termina la frase**

You will hear ten incomplete sentences. Select the correct continuation for each of them.

1. a. pero no sé escribirlo.
   b. al principio de la conferencia, y luego se expresó en inglés.

2. a. y tengo una beca del gobierno peruano.
   b. y luego regresó a su país.

3. a. pero no le gustaba mucho y buscó un puesto en un periódico.
   b. pero no me gusta mucho y me gustaría trabajar en la televisión.

4. a. porque la playa no me gusta.
   b. y allá conoció a su novio.

5. a. lo siento; había mucho tráfico.
   b. por eso no escuchó las palabras del Presidente.

6. a. sus amigos tomaron el ascensor.
   b. no me gusta usar el ascensor.

7. a. hacía mucho frío, pero no se movió de allí.
   b. si tienes un problema, me llamas y voy a ayudarte.

8. a. sus amigos lo esperaban en un restaurante y él iba a llegar tarde.
   b. el teléfono de mi casa no funciona bien.

9. a. vio las noticias de la tele y se fue a dormir a las 11.
   b. veo las noticias de la tele y me voy a dormir temprano.

10. a. así sé lo que pasa en el mundo antes de leer el periódico.
    b. pero no escuchó ninguna noticia sobre el accidente de tren.

11-28 **Diálogos**

Complete each brief dialogue by selecting the correct phrase.

1. — ¿Qué hiciste ayer por la tarde?

   — ¡Uf! Estaba muy cansada, _____ me fui a dormir.

   a. por eso

   b. porque

   c. en esa época

2. — ¿Terminaste de leer la novela?

   — No, empecé el lunes pero _____ tuve que trabajar.

   a. al día siguiente

   b. dentro de unos días

   c. así que

3. — Ayer, cuando me fui de la fiesta estabas bailando con Miguel. ¿Qué hiciste después?

   — Pues, nada. Bailamos hasta que cerraron el bar y después me _____ a casa.

   a. fui

   b. iba

   c. fuimos

4. — Hola Alfonso. ¿Qué sabes de Guillermo?

   — Está muy triste. Se enfadó con su jefe y lo despidieron _____ fue muy maleducado.

   a. así que

   b. porque

   c. entonces

5. — ¿A qué hora te _____ ayer?

   — A las diez.

   a. levantabas

   b. levantaste

   c. levantas

INTERACCIONES

11–29 **¿De qué va?**

You are going to listen to five dialogues, and you probably won't understand everything the speakers are saying. However, judging by the second speakers' responses, decide whether what was said was good, scary, interesting, boring, or fun.

EJEMPLO: ○ Ayer tuve que regresar a casa andado porque había dejado mi cartera en el trabajo y no tenía dinero para el autobús, pero mientras caminaba encontré en el suelo un billete de $100. ¿Te puedes creer? Lo primero que hice fue meterme en un restaurante a cenar.

● ¡Qué suerte! A mí también me pasó una vez, pero sólo fueron $10.

You select: *a. good*

1. a. good
   b. scary
   c. interesting
   d. boring
   e. fun

2. a. good
   b. scary
   c. interesting
   d. boring
   e. fun

3. a. good
   b. scary
   c. interesting
   d. boring
   e. fun

4. a. good
   b. scary
   c. interesting
   d. boring
   e. fun

5. a. good
   b. scary
   c. interesting
   d. boring
   e. fun

11–30 **¿De verdad?**

Write the expressions of surprise that one of the speakers uses in the following dialogue. Be sure to write them in the order that you hear them.

1. _____

2. _____

3. _____

4. _____

11-31 **Y ahora tú. ¿Qué dices?**

 You are asking some of your friends and acquaintances what they did last summer. Listen to their answers and show that you understand what is said by using an appropriate expression. Give your responses orally.

EJEMPLO: No, ahora sólo tengo un perro, el cachorrito murió en un accidente el mes pasado.

¡Que lástima! Era tan bonito.

1. ...

2. ...

3. ...

4. ...

5. ...

6. ...

Nombre: _____   Fecha: _____

NUESTRA GENTE

GENTE QUE LEE

11–32   **Ortega vuelve al poder en Nicaragua**

Read the following passage and then give short answers to each of the questions below.

En Managua, el ex presidente y candidato del Frente Sandinista de Liberación Nacional (FSLN), Daniel Ortega, **asumió** por segunda vez la presidencia de Nicaragua a las pocas semanas de vencer en las elecciones de noviembre de 2006. Ortega obtuvo 38,07% de los votos, una diferencia de más de nueve puntos por sobre su rival Eduardo Montealegre, según el Consejo Supremo Electoral del país. Daniel Ortega volvió al poder 17 años después de perder las elecciones de 1990 contra Violeta Chamorro. A la ceremonia asistieron 14 jefes de estado, entre ellos Hugo Chávez de Venezuela, el boliviano Evo Morales, el mexicano Felipe Calderón y el colombiano Álvaro Uribe.

Para Víctor Hugo Tinoco, vicecanciller durante el período sandinista, queda poco de aquella revolución. Una gran parte de transformaciones hechas por la revolución desapareció. Las primeras fueron las transformaciones sociales. Los servicios hospitalarios gratuitos que teníamos, la enseñanza gratuita, <u>todo eso</u> desapareció. También la campaña de alfabetización, que redujo de 50% a 13% el número de analfabetos en 1980, es cosa del pasado.

Sin embargo, el líder sandinista manifestó que en su país todavía existen condiciones para crear una nueva cultura política "poniendo en primer lugar a los pobres". Ortega se comprometió a mantener la "estabilidad" y a trabajar para "sacar a Nicaragua de la pobreza" y por la "reconciliación" nacional.

1. Mira el título y las frases temáticas de cada párrafo. ¿De qué crees que trata este texto?
_____

2. Según el contexto, ¿qué significa la palabra **asumió**?
_____

3. ¿A qué se refieren las palabras subrayadas <u>todo eso</u>?
_____

4. Elige y ordena los tres acontecimientos más relevantes del primer párrafo por orden cronológico. _____

5. Responde a la pregunta "¿Qué?". _____

6. Responde a la pregunta "¿Quién?". _____

7. Responde a la pregunta "¿Dónde?". _____

8. Responde a la pregunta "¿Cuándo?". _____

11–33   **¿Comprendes?**

Based on the passage about Daniel Ortega, select the correct answer to each of the following questions.

1. Mira el título y las frases temáticas de cada párrafo. ¿De qué crees que trata este texto?
   a. las transformaciones de la revolución sandinista
   b. las promesas del nuevo presidente de Nicaragua

    c. Daniel Ortega es nuevamente presidente de Nicaragua.

    d. las elecciones presidenciales en Nicaragua

2. Según el contexto, ¿qué significa la palabra **asumió**?

    a. took on

    b. assumed

    c. came to terms with

3. ¿A que se refieren las palabras subrayadas <u>todo eso</u>?

    a. la reducción del número de analfabetos

    b. las transformaciones hechas por la revolución

    c. la enseñanza gratuita

    d. los servicios hospitalarios gratuitos

4. Responde a la pregunta "¿Qué?".

    a. El frente sandinista perdió las elecciones hace 17 años.

    b. La revolución sandinista mejoró la sanidad y educación.

    c. Daniel Ortega es de nuevo el presidente de Nicaragua.

    d. El nuevo presidente prometió poner en primer lugar a los pobres.

5. Responde a la pregunta "¿Quién?".

    a. Víctor Hugo Tinoco

    b. Violeta Chamorro

    c. Hugo Chávez

    d. Daniel Ortega

6. Responde a la pregunta "¿Dónde?".

    a. Managua

    b. Colombia

    c. Venezuela

    d. México

7. Responde a la pregunta "¿Cuándo?".

    a. 1990

    b. 2006

    c. 1980

    d. Hace 17 años.

GENTE QUE ESCRIBE

 Partes de la historia

Read the following short story and then answer the questions in complete sentences.

El domingo pasado salí a dar un paseo con mi perro. Primero fui a comprar el periódico y después, como era un día muy bonito, nos fuimos al parque. Mientras leía el periódico, escuché unos gritos de alguien que decía: "¡Ladrón, ladrón!". Era una mujer joven que estaba en el suelo y señalaba a un hombre corriendo con un bolso de mujer. De repente mi perro salió corriendo tras el ladrón y le mordió en la pierna. Entonces vino la policía y detuvo al ladrón. La mujer estaba contenta, un policía le devolvió su bolso. Esta lo abrió y sacó una gran galleta para mi perro.

1. Identify the parts of the story.

   Introduction _____

   Main events and actions _____

   The outcome or consequences_____

2. Does this story relate an event that happened to the narrator or to somebody else? How do you know?_____

3. Explain the uses of the preterit or imperfect in this story._____

11–35 **Ahora tu historia**

Write a brief story about something that happened to you: an accident, a surprise party or another unexpected event. Don't forget to include the three parts of a story, the circumstances and connectors to move the action along.

_____

_____

_____

_____

_____

_____

_____

_____

_____

_____

_____

11–36 **El terremoto de 1992**

Complete this story by adding the discourse markers related to the use of the imperfect and preterit. You can use the following: **en aquella época, de repente,** or **entonces.**

Todavía me acuerdo del terremoto de 1992. (1) _____ yo vivía en el apartamento de la calle Alcocer, en el segundo piso. Eran las 10:00 de la noche y estábamos todos en casa. Yo lavaba los platos, mi esposo veía la televisión y mi hijo, que era entonces un bebé, dormía. (2) _____ oí un ruido extraño, y la mesa de la cocina comenzó a moverse. (3) _____ me di cuenta de que era un terremoto y salí corriendo a la calle. Cuando estaba en la calle, vi a mi esposo saliendo del apartamento con mi hijo.

12 gente sana

VOCABULARIO EN CONTEXTO

12-01 **Palabras relacionadas**

You are practicing Spanish vocabulary with your study group. Help your classmates to select the word or expression in each group that does not belong.

1. marearse   adelgazar   toser   vomitar

2. recetar   romperse   lesionarse   quemarse

3. cuidarse   evitar   sudar   prevenir

4. dolor   fiebre   adicto   tos

5. pastilla   riesgo   píldora   jarabe

12-02 **Sinónimos y antónimos**

Can you tell whether the words in each pair are synonyms or antonyms?

1. salud / enfermedad

   synonyms   antonyms

2. lesionarse / hacerse daño

   synonyms   antonyms

3. adelgazar / engordar

   synonyms   antonyms

4. cansarse / descansar

   synonyms   antonyms

5. pastilla / píldora

   synonyms   antonyms

12-03 **A completar**

Complete each sentence by selecting the logical word or phrase.

1. Voy a ver a mi médico en su _____.
   a. cirugía   b. consulta   c. mareo   d. tos

2. Una persona con asma que fuma debe _____.
   a. quemarse   b. resfriarse   c. dejar de fumar   d. pesar

3. Para la tos, usted debe tomar _____.
   a. un jarabe   b. una receta   c. una quemadura   d. un dolor

4. El jugador David Villa tiene _____ y no puede jugar el próximo partido.
   a. una pastilla   b. una lesión   c. un cansancio   d. un riesgo

5. No me gusta practicar deportes peligrosos en los que puedes _____ un brazo o una pierna.
   a. desmayarte   b. tumbarte   c. estirarte   d. romperte

6. Yo _____ un metro ochenta.
   a. mido   b. peso   c. me siento   d. soy

12-04 **Definiciones**

Do you know the meaning of the new vocabulary words in this lesson? Write each word from the word bank next to the correct definition.

grave	fumador	síntoma	cirujano	resfriado	consulta

1. _____ condición que generalmente incluye la tos, el dolor de cabeza, etc.

2. _____ fenómeno que revela la existencia de una enfermedad, por ejemplo, la fiebre

3. _____ médico que opera

4. _____ lugar en que el médico recibe y examina a sus pacientes

5. _____ se dice de la enfermedad que pone en peligro la vida del paciente

6. _____ persona adicta al consumo del tabaco en forma de cigarrillos, etc.

12-05 **Categorías**

Your classmate is making flash cards and putting words into categories. Help him to select all the words and phrases that belong in each of the following categories.

1. **tratamientos**
   a. medicina
   b. cirugía
   c. gripe
   d. jarabe
   e. pastilla
   f. romperse el brazo
   g. resfriado
   h. caerse
   i. quemadura
   j. intoxicación
   k. insolación

2. **enfermedades**
   a. medicina
   b. cirugía
   c. gripe
   d. jarabe
   e. pastilla

   f. romperse el brazo
   g. resfriado
   h. caerse
   i. quemadura
   j. intoxicación
   k. insolación

3. **accidentes**
   a. medicina
   b. cirugía
   c. gripe
   d. jarabe
   e. pastilla
   f. romperse el brazo
   g. resfriado
   h. caerse
   i. quemadura
   j. intoxicación
   k. insolación

Nombre: _____ Fecha: _____

12–06 Problemas de salud

You are designing a poster to raise awareness about the following three health problems. Before you begin, select all the vocabulary words that are associated with each one.

1. obesidad

   dieta   masaje   engordar   fumar   peso   adelgazar

   estirarse   cigarrillo   adicto   lesionarse   inflamación

2. dolores de espalda

   dieta   masaje   engordar   fumar   peso   adelgazar

   estirarse   cigarrillo   adicto   lesionarse   inflamación

3. tabaquismo

   dieta   masaje   engordar   fumar   peso   adelgazar

   estirarse   cigarrillo   adicto   lesionarse   inflamación

12–07 Más problemas de salud

The following people are talking about their health. Complete the sentences with the correct word or expression from the word bank.

peligroso	fiebre	ir a emergencias	alérgico	régimen
picó		síntomas	adelgazó	

1. Jacinto no está bien. Yo creo que tenemos que _____.

2. —Me parece que tengo una gastroenteritis: tengo diarrea, náuseas…

   —¿Tienes _____?

   —Un poco, 38 grados.

3. No puedo tomar ningún antibiótico. Soy _____.

4. Uy, me _____ una avispa. ¡Uf, cómo duele!

5. A mí me gusta ir a la playa, darme un baño, pero no estar horas y horas allí tumbado, tomando el sol. Además, está demostrado que el sol puede ser bastante _____.

6. El doctor dijo que los _____ son los típicos de una astenia primaveral, nada de importancia.

7. _____ mucho. Me dijo que hizo un _____ a base de fruta y verdura, y perdió 10 kilos.

¿De qué tipo?

Help your classmate to be more specific when describing these health issues. Select the type that corresponds to each one.

1. dolor

    de avispa   muscular   alta   de segundo grado

2. picadura

    de avispa   muscular   alta   de segundo grado

3. fiebre

    de avispa   muscular   alta   de segundo grado

4. quemadura

    de avispa   muscular   alta   de segundo grado

12-09 **Sobre salud**

Read the following statements related to certain health issues. Are they true or false? Select your answers, and then check them by rereading **Consejos para un corazón sano** in your textbook.

1. La hipertensión causa dolores de cabeza y mareos.

    verdad   mentira

2. Las grasas animales aumentan el nivel del colesterol.

    verdad   mentira

3. Lo mejor para dejar de fumar son los parches y los chicles.

    verdad   mentira

4. Tres vasos de vino al día son buenos para el corazón.

    verdad   mentira

5. Pasear durante tres cuartos de hora cada día es un buen ejercicio.

    verdad   mentira

6. Es mejor hacer dieta bajo control médico.

    verdad   mentira

GRAMÁTICA EN CONTEXTO

COMMAND FORMS

 12-10   **El médico da consejos**

Use formal singular command forms of the verbs in parentheses to express the doctor's advice to his patient.

EJEMPLO: *No beba* alcohol. (no beber)

1. _____ menos grasas animales. (comer)
2. _____ más. (no fumar)
3. _____ un poco. (adelgazar)
4. _____ mucho vino. (no beber)
5. _____ la tensión. (evitar)
6. _____ lo más posible. (descansar)
7. _____ más. (no engordar)
8. _____ a verme una vez al año. (venir)

12-11   **¡No tienes por qué estar aburrido!**

A mother suggests activities for her teenage child. Write what she tells him, using the **tú** command form.

EJEMPLO: *Escucha* la radio. (escuchar)

1. _____ a unos amigos. (invitar)
2. _____ una película. (alquilar)
3. _____ trabajo. (buscar)
4. _____ música. (oír)
5. _____ a la piscina. (ir)
6. _____ al ajedrez (*chess*). (jugar)
7. _____ un libro. (leer)
8. _____ el partido de fútbol. (ver)

12-12 **No, no lo hagas**

Recommend that these people **not** do what they are asking. Answer each of the questions with a negative informal (**tú**) command.

EJEMPLO: ¿Compro esta casa?

No, *no compres esta casa.*

1. ¿Llamo ahora?

No, _____.

2. ¿Subo al segundo piso?

No, _____.

3. ¿Entrevisto a este candidato?

No, _____.

4. ¿Solicito el empleo?

No, _____.

5. ¿Alquilo este apartamento?

No, _____.

6. ¿Entro por aquí?

No, _____.

7. ¿Escribo más?

No, _____.

8. ¿Abro las ventanas?

No, _____.

12-13 **Primer día de clase**

Write what the teacher tells you not to do on the first day of class by supplying the negative **usted** command form of the verbs in parentheses.

EJEMPLO: *No llegue* tarde. (llegar)

1. _____ mientras yo hablo. (hablar)

2. _____ cuando no entienda el significado de una palabra. (preguntar)

3. _____ ruido. (hacer)

4. _____ la tarea. (olvidar)

5. _____ a los otros estudiantes. (molestar)

6. _____ en la clase. (dormirse)

7. _____ antes de acabar la clase. (irse)

8. _____ excusas si no tiene la tarea. (darme)

9. _____. (mentirme)

12-14 **No hagas esto**

Recommend that these people **not** do what they are asking. Answer the questions you hear with a negative informal (**tú**) command using object pronouns, and give your answers orally.

EJEMPLO: ¿Compro esta casa?

No, *no compres esta casa.*

1. …   3. …   5. …   7. …

2. …   4. …   6. …   8. …

12-15 **Consejos para tus amigos**

Some friends are telling you about their health problems. Can you give them advice using the **tú** command form? Be sure to follow the example closely.

EJEMPLO: No veo bien.

Si no ves bien, ve al oculista; tal vez necesitas anteojos.

1. Engordé mucho este año.

_____

2. Me canso mucho al subir las escaleras.

_____

3. Tengo mucho apetito.

_____

4. Tengo mucho dolor de cabeza.

_____

5. Tomé demasiado el sol.

_____

6. Me mareo en el coche.

_____

7. Veo demasiado la tele.

_____

8. Tengo la tensión alta.

_____

9. Tengo dolor de muelas.

_____

10. Me duelen mucho las piernas.

_____

11. Tengo fiebre.

_____

12-16 **Consejos para tu profesor**

Imagine that now you have to give the same advice to your teacher. Use the **usted** command form.

EJEMPLO: No veo bien.

Si no ve bien, vaya al oculista; tal vez necesita anteojos.

1. Engordé mucho este año.

   _____

2. Me canso mucho al subir las escaleras.

   _____

3. Tengo mucho apetito.

   _____

4. Tengo mucho dolor de cabeza.

   _____

5. Tomé demasiado el sol.

   _____

6. Me mareo en el coche.

   _____

7. Veo demasiado la tele.

   _____

8. Tengo la tensión alta.

   _____

9. Tengo dolor de muelas.

   _____

10. Me duelen mucho las piernas.

   _____

11. Tengo fiebre.

   _____

12-17 **Consejos para viajar**

Some verbs are missing from this ad about accident prevention. Write them in, using the verbs in the word bank in the correct affirmative or negative **usted** command forms.

evitar	abrocharse	procurar	olvidarse	salir	comer	colocar
	elegir	respetar	beber	parar		

ANTES DE INICIAR EL VIAJE

1. _____ dormir bien la noche anterior y 2. _____ de las preocupaciones para salir descansado y relajado. No 3. _____ sin comprobar el estado de su carro (frenos, llantas, luces, etc.).

LOS PASAJEROS Y EL EQUIPAJE

4. _____ bien el equipaje, para no afectar negativamente la estabilidad del

coche.

5. _____ siempre el cinturón de seguridad.

LA RUTA

Antes del viaje, 6. _____ el mejor itinerario para evitar carreteras congestionadas y obras.

EL MOMENTO DE SALIR

Hay días en los que es mejor no viajar, porque las carreteras están saturadas.
7. _____ las horas punta.

Y DURANTE EL VIAJE

No 8. _____ demasiado: las digestiones pesadas causan somnolencia.
No 9. _____ alcohol y 10. _____ cuando se sienta cansado.
11. _____ en todo momento los límites de velocidad.

12-18 **Lo que te recomiendo**

Listen to the complaints of the following people and give them two recommendations orally. One should contain an affirmative command, and the other a negative command.

EJEMPLO: You hear: Mi suegra está todo el día en mi casa, criticándolo todo. Estoy desesperado.

You say: *Habla con tu esposa del problema.*
No escuches sus críticas.

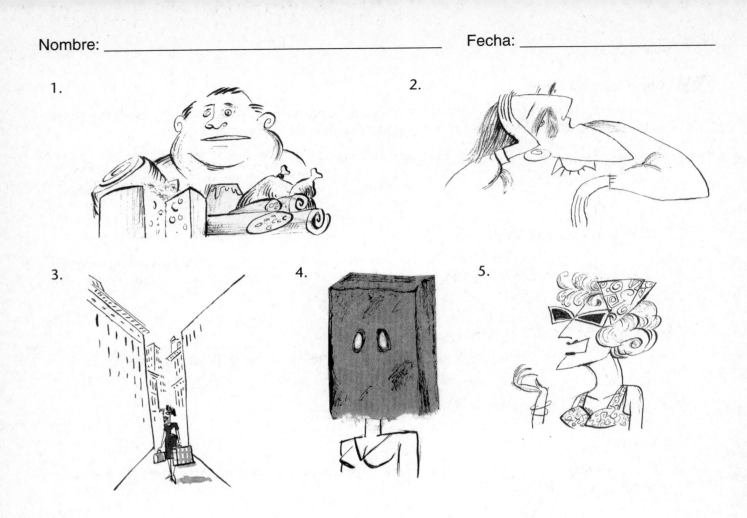

1.

2.

3.

4.

5.

12-19 **Usted da consejos**

You are giving some health advice to your friend. Conjugate the verbs correctly in the **tú** command form, and be sure to place the object pronouns in the correct position when they are needed.

EJEMPLO: _____. (no quemarse)

No te quemes.

1. _____. (no lesionarse)

2. _____. (hacer ejercicio)

3. _____. (cuidarse mucho)

4. _____ en la cama a las cuatro de la tarde. (no tumbarse)

5. _____ si te duele la espalda. (no agacharse)

6. _____ sanamente. (vivir)

7. _____ la receta del médico. (no perder)

8. _____ más frutas y verduras. (comer)

12–20 **No, no hagan eso**

Tell these people what they don't have to do. Answer each of the questions with a negative **tú** command, replacing the noun with an object pronoun.

EJEMPLO: ¿Debo leer el libro?

No, no lo leas.

1. ¿Debo tomar este jarabe?

_____

2. ¿Debo comprar las medicinas?

_____

3. ¿Debo escribir el informe?

_____

4. ¿Debo cerrar la oficina?

_____

5. ¿Debo dejar los libros?

_____

6. ¿Debo pedir la receta?

_____

7. ¿Debo llamar a Laura y Eva?

_____

8. ¿Debo recoger el paquete?

_____

9. ¿Debo ponerme las gotas para el oído?

_____

12–21 **¿Qué hago?**

The boss is answering his employee's questions. Write what he says using the negative **usted** command and object pronouns where possible.

EJEMPLO: ¿Abro las ventanas o no?

No, no las abra.

1. ¿Salgo o no?

_____

2. ¿Escribo el informe o no?

_____

3. ¿Vengo mañana o no?

_____

4. ¿Envío estas cartas?

_____

5. ¿Llamo a los clientes o no?

_____

6. ¿Entrevisto los candidatos o no?

_____

7. ¿Pago estas cuentas o no?

_____

8. ¿Me voy o no?

_____

Nombre: _____ Fecha: _____

RECOMMENDATIONS, ADVICE, AND WARNINGS

12-22 Otros consejos

Which advice would you give in the following situations? Select the best piece of advice for each.

1. Los caminos son peligrosos en invierno.
   a. Es conveniente conducir rápidamente. b. Hay que manejar con cuidado.

2. Una persona se desmaya.
   a. Debes llevarla al servicio de emergencias. b. Hay que dormir un poco.

3. Uno se siente muy cansado.
   a. Es conveniente descansar. b. Debe hacer ejercicio.

4. El niño se ha quemado.
   a. Hay que poner sal a la lesión. b. Es conveniente ponerla agua fría.

5. Un paciente tiene la tensión alta.
   a. Es conveniente reducir su consumo de sal. b. Hay que darle mucha sal.

6. El exceso de peso es peligroso para el corazón.
   a. Hay que hacer ejercicio. b. Tienes que comer más chocolates.

7. Una persona tiene síntomas de intoxicación.
   a. Hay que llevarla al médico. b. Conviene darle mucha comida.

8. Un fumador respira con dificultad.
   a. Conviene darle cigarrillos. b. Tiene que dejar de fumar.

12-23 ¿Qué se hace en estos casos?

Can you give general recommendations about these health related issues? Use impersonal expressions such as **se debe, hay que, es bueno, conviene, es conveniente,** or **es aconsejable** in the affirmative or negative form.

EJEMPLO: ¿Qué se hace en los casos más graves? (advertir)

Hay que advertir al paciente.

1. ¿Qué se hace en el caso de conjuntivitis? (tomar)
   _____.

2. ¿Qué se hace para evitar un ataque al corazón? (comer)
   _____.

3. ¿Qué se hace para prevenir quemaduras provocadas por el sol? (utilizar)
   _____.

4. ¿Qué se hace si tiene problemas pulmonares? (fumar)
   _____.

5. ¿Qué se hace en caso de tener la tensión alta? (visitar)
   _____.

6. ¿Qué se hace en caso de insolación? (beber)
   _____.

7. ¿Qué se hace si se vomita después de una picadura? (ir)
   _____.

8. ¿Qué se hace para prevenir infecciones intestinales? (comer)
   _____.

12-24 **La salud**

Make suggestions to your friends, using the correct form of **poder**.

EJEMPLO: Si tienes tanto frío, *puedes* cerrar las ventanas.

1. Si los niños juegan al sol todo el día, _____ quemarse.

2. Si te sientes mal, _____ tomar unas hierbas.

3. No salgas sin tu abrigo. Te _____ resfriar.

4. Si una persona es vieja, un exceso de ejercicio _____ ser peligroso.

5. Hay que poner atención cuando uno maneja. Si no, la persona _____ tener un accidente.

6. Si tienes dolor de garganta, el médico te _____ dar un jarabe.

7. Si nos caemos, _____ hacernos mucho daño.

8. Si usted no se tranquiliza, _____ enfermarse.

12-25 **Tú o usted**

An acquaintance is giving you the following recommendations. Are they addressing you in a formal or informal way? Listen to the sentences to find out if the speakers are using **tú** or **usted**. Then choose the correct follow-up statement.

1. a. Y deberías también comer más verduras.
   b. Y debería también beber menos alcohol.

2. a. Y piensa en todas las cosas buenas que tienes.
   b. Y piense en todas las cosas buenas que tiene.

3. a. Abrígate bien.
   b. Abríguese bien.

4. a. Y si no puede, llame antes.
   b. Y si no puedes, llama antes.

5. a. Te irá bien para la circulación de la sangre.
   b. Le irá bien para la circulación de la sangre.

6. a. pero bebe demasiado.
   b. pero tienes que beber menos.

7. a. por eso está tan delgado.
   b. y duerma por lo menos ocho horas diarias.

8. a. y haz todas las comidas en horarios regulares.
   b. y haga todas las comidas en horarios regulares.

Nombre: _____   Fecha: _____

 12-26 **Prevención de accidentes**

You are designing a poster about preventing accidents, but the conjugations of the verbs are missing. Write the verbs in the correct (**usted**) command form or infinitive form, as needed.

PREVENCIÓN DE ACCIDENTES DOMÉSTICOS

La mayoría de los accidentes domésticos se podrían evitar. Bastaría con seguir los consejos siguientes.

PARA EVITAR ACCIDENTES POR QUEMADURAS

✓ No (dejar) 1. _____ cigarrillos o colillas mal apagadas.

✓ (Desconectar) 2. _____ la plancha cuando no la está usando.

✓ No hay que (dejar) 3. _____ nunca sin vigilancia el aceite en la sartén.

✓ No (echar) 4. _____ nunca agua a una sartén con aceite hirviendo.

✓ No (permitir) 5. _____ a los niños jugar con cerillas o encendedores.

PARA EVITAR LA ELECTROCUCIÓN POR APARATOS ELÉCTRICOS

✓ Los aparatos eléctricos deben (tener) 6. _____ toma de tierra.

✓ No hay que (tocar) 7. _____ nunca aparatos eléctricos con las manos mojadas.

PARA EVITAR HERIDAS POR OBJETOS CORTANTES

✓ Se debe (tener) 8. _____ especial cuidado de los niños cuando manejan objetos de cristal como botellas y copas.

✓ No conviene (dejar) 9. _____ al alcance de los niños cuchillos, tijeras, cuchillas de afeitar, agujas, alfileres u otros instrumentos cortantes.

✓ No (guardar) 10. _____ juguetes metálicos rotos, pues son elementos cortantes que pueden herir.

IMPERSONAL *TÚ*

12-27 **¿Qué se puede hacer?**

Tell something you can do, something you cannot do, and something that you must do in each of the following places using the impersonal **se** construction. Give your answers orally.

EJEMPLO: en el cine

Se puede beber, pero no se puede hablar por teléfono. Hay que ver la película.

1. en un hospital
2. en la clase de español
3. en un aeropuerto
4. en una discoteca
5. en una biblioteca

12-28 **Advertencias**

In the clinic where you are doing some volunteer work, they have asked you to complete these health warnings and statements. Use the impersonal **tú** form of the verbs in parentheses.

EJEMPLO: Si *comes* mucha grasa, *puedes* tener un ataque al corazón. (comer / poder)

1. Si _____, _____ a respirar con dificultad. (fumar / ir)

2. Si _____, _____ mucho. (hacer ejercicio / adelgazar)

3. Si _____ gotas para los ojos, _____ mejor. (ponerse / ver)

4. Cuando _____ dolor de muelas, _____ ir a ver al dentista.
   (tener / deber)

5. Hay tanto hielo que si no _____ con cuidado, _____. (caminar / caerse)

6. Si _____ solamente verduras, _____ rápidamente. (comer / adelgazar)

7. Si _____ un medicamento de noche, _____ a la farmacia de guardia.
   (necesitar / ir)

8. Si _____alcohol y _____, _____ tener un accidente.
   (beber / manejar / poder)

12-29 **Tú impersonal**

Show your classmate how to change the bold sentence fragments so that they contain the impersonal **tú**.

EJEMPLO: **(Se debe consultar)** al médico antes de tomar antibióticos.

   Debes consultar al médico antes de tomar antibióticos.

1. Durante el verano en mi ciudad la gente no sale a la calle porque hace tanto calor que
   (cualquier persona se puede enfermar) _____.

2. Si en la playa **(la gente no se pone)** _____ cremas con filtro solar
   (puede tener) _____ quemaduras muy graves.

3. **(Se debe comer)** _____ bien y beber mucha agua durante el verano.

4. En mi universidad la vida es muy tranquila: **(la gente estudia)** _____,
   (se divierte) _____ los fines de semana y
   (participa) _____ en diversas actividades.

5. Lo primero que **(la gente tiene que hacer)** _____ cuando **(llega)**
   _____ a un país extranjero es hablar con nativos.

TALKING ABOUT HEALTH

12–30 **¿Cómo está?**

You are going to write a pamphlet with health recommendations. Select all the vocabulary words that belong in each of these categories.

1. LE PICAN

las muelas	muelas	los ojos	la espalda	espalda	resfriado	bien
muy mal		mareado	el oído	las piernas		estómago
grave	enfermo					

2. TIENE DOLOR DE

las muelas	muelas	los ojos	la espalda	espalda	resfriado	bien
muy mal		mareado	el oído	las piernas		estómago
grave	enfermo					

3. LE DUELE

las muelas	muelas	los ojos	la espalda	espalda	resfriado	bien
muy mal		mareado	el oído	las piernas		estómago
grave	enfermo					

4. LE DUELEN

las muelas	muelas	los ojos	la espalda	espalda	resfriado	bien
muy mal		mareado	el oído	las piernas		estómago
grave	enfermo					

5. ESTÁ

las muelas	muelas	los ojos	la espalda	espalda	resfriado	bien
muy mal		mareado	el oído	las piernas		estómago
grave	enfermo					

6. SE HA HECHO DAÑO EN

las muelas	muelas	los ojos	la espalda	espalda	resfriado	bien
muy mal		mareado	el oído	las piernas		estómago
grave	enfermo					

12–31 **¿Qué síntomas tenías?**

Have you ever had any of the following health problems? Tell how you felt, and give your answers orally.

EJEMPLO: gripe

   Tenía bastante fiebre y me sentía muy cansado.

1. dolor de oídos
2. conjuntivitis
3. alergia al polen

4. apendicitis
5. varicela
6. intoxicación

Nombre: _____   Fecha: _____

12-32 **En la clínica**

Listen to the following conversations between a nurse and two of her patients, and complete the information below.

A. PACIENTE 1

1. Nombre: _____

2. Apellidos: _____

3. Edad: _____

4. Síntomas: _____

5. Operaciones: _____

6. Alergias: _____

7. Medicación actual: _____

B. PACIENTE 2

1. Nombre: _____

2. Apellidos: _____

3. Edad: _____

4. Síntomas: _____

5. Operaciones: _____

6. Alergias: _____

7. Medicación actual: _____

12-33 **Ahora tú**

You are not feeling well, so you go to the doctor's office. The doctor asks you several questions in order to be able to diagnose your illness. Listen to each of her questions and give logical answers orally.

EJEMPLO: ¿Qué síntomas tiene?

Tengo fiebre y me duele la garganta.

1. …

2. …

3. …

4. …

5. …

6. …

7. …

12-34 **Encuesta**

The health magazine *Gente sana* is conducting a survey asking the public several questions related to health. Listen to the survey and write down ten of the fifteen questions you hear.

1. _____

2. _____

3. _____

4. _____

5. _____

6. _____

7. _____

8. _____

9. _____

10. _____

 12-35 **Expectativas de vida**

Did you know you can estimate a person's life expectancy? If you want to know how long you will live according to the statistics, answer this questionnaire. Start with number 72, and add (+) or substract (−) according to your answers (but remember: these are just statistics).

Si eres hombre, resta tres. Si eres mujer, suma 2.		Si te gusta manejar rápido, resta 2.	
Si vives en una gran ciudad, resta 2.		Si bebes más de cuatro cervezas al día, resta 1.	
Si vives en un pueblo, suma 2.		Si te gusta comer fruta y verdura, suma 1.	
Si tienes estudios universitarios, suma 2.		Si piensas que, en general, eres feliz, suma 2.	
Si vives solo/a, resta 1; si vives con alguien, suma 3.		Si fumas más de dos paquetes de tabaco al día, resta 6; si fumas más de un paquete, resta 4; si fumas más de 10 cigarrillos, resta 2.	
Si trabajas sentado/a, resta 3.			
Si haces deporte a menudo, suma 4.			
Si duermes bien, suma 2.			
Si eres agresivo, resta 3; si eres tranquilo, suma 1.			

RESULTADO FINAL: _____

ADVERBS ENDING IN -MENTE

 **Adverbios**

Change as many of these adjectives as you can into adverbs using the suffix –**mente** and list them below. Keep in mind that not all of them can be changed that way.

grave	serio	inteligente	lento	saludable
consciente	sentado	mareado	obvio	bonito

_____

_____

Nombre: _____ Fecha: _____

INTERACCIONES

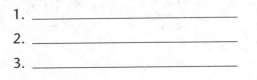 **Buscando la consulta del doctor**

 Listen to the following conversation and identify the commands that are used to attract someone's attention. Be sure to write them down in the order that you hear them.

1. _____
2. _____
3. _____

12-38 **En la consulta del doctor**

Listen to the following conversation and identify the commands that are used to encourage the listener. Be sure to write them in the order that you hear them.

1. _____
2. _____
3. _____
4. _____

12-39 **Lo que necesito en el hospital**

You are in the hospital and have to attract the attention of the busy people who work there to ask or say the following things. Use the expressions that you have learned in this lesson to give your responses orally, and be sure to use a different expression in each response.

Oye/Oiga	Disculpa/Disculpe	Perdona/Perdone	Mira/Mire

EJEMPLO: You want the doctor to see the inflammation where the insect bit you.

Mire doctor, tengo una inflamación donde el insecto me picó.

1. You want to know where the emergency room is located.

2. You want to know where the pharmacy is located.

3. You want the nurse to see that you have a burn.

4. You want to know the days that the clinic is open.

NUESTRA GENTE

GENTE QUE LEE

12-40 **Si quiere adelgazar, imagínese un manjar (*delicacy*).**

Read the following passage and then give short answers to each of the questions below.

Las personas que están a dieta a menudo tratan de no pensar en **barras** de chocolate y tartas de fresa porque creen que pensar en comida provoca más hambre. **Esa noción**, al parecer, es totalmente incorrecta. Un nuevo estudio descubrió que la mejor forma de perder peso es, en efecto, imaginarse que comemos grandes cantidades de nuestro alimento favorito.

La investigación —publicada en la revista *Science*— encontró que las imágenes mentales de comer alimentos que nos engordan en realidad provocan una reducción en nuestro consumo real. Los científicos llevaron a cabo varios experimentos en los que los participantes se imaginaban a sí mismos consumiendo grandes cantidades de un alimento, como chocolate o queso. Otro grupo de voluntarios imaginaban que comían muy poca cantidad de esos alimentos, más cantidad de otro tipo de alimentos o que pensaran en algo totalmente distinto.

Al final de cada una de esas tareas de visualización, los investigadores dieron a los participantes un plato repleto de dulces, chocolate o queso. Descubrieron que los que imaginaron comerse grandes cantidades de chocolate o queso consumieron mucho menos que los otros participantes.

Según los científicos, estos resultados demuestran que las imágenes mentales tienen un impacto en una complicada maquinaria cerebral que afecta nuestras emociones, conductas de respuesta y conductas motoras. Se trata de una respuesta a los estímulos conocida como **"habituación"**. **Es decir,** estos resultados revelan que no se deben suprimir los pensamientos de un alimento deseado para poder disminuir el ansia por comer ese producto. "Esta es una estrategia equivocada", señala el profesor Carey Morewedge, quien dirigió el estudio.

Los científicos creen que el estudio puede tener implicaciones importantes en el desarrollo de estrategias para reducir adicciones como el **tabaquismo**.

1. Mira el título y las frases temáticas de cada párrafo. ¿De qué crees que trata este texto? ¿Qué tipo de texto crees que es? _____

2. ¿A qué se refiere el referente **esa noción**? _____

3. ¿Qué función tiene el conector **es decir**? _____

4. ¿Cuál es la raíz de **habituación**? ¿Es un nombre, un adjetivo o un verbo? ¿Qué significa?
_____
_____

5. Si tabaco significa *tobacco*, ¿qué significa **tabaquismo**?
_____
_____

6. Busca en el diccionario la palabra **barra**. ¿Cuál es su significado según el contexto?
_____
_____

7. Según los científicos, ¿cuál es una mala estrategia para adelgazar?
_____
_____

12-41 **¿Comprendes?**

Based on the reading passage, select the correct answer to each of the following questions.

1. Mira el título y las frases temáticas de cada párrafo. ¿Qué tipo de texto crees que es?
   a. un artículo divulgativo
   b. un artículo científico
   c. un folleto informativo

2. ¿A qué se refiere el referente en el texto **esa noción**?
   a. No pensar en barras de chocolate y tartas de fresa.
   b. Creer que pensar en comida provoca más hambre.
   c. Las personas que están a dieta.

3. ¿Qué función tiene el conector **es decir**?
   a. resumir
   b. explicar una información
   c. añadir
   d. secuenciar

4. ¿Cuál es la raíz de **habituación**?
   a. habitación
   b. habitante
   c. hábito

5. Si tabaco significa *tobacco*, ¿qué significa **tabaquismo**?
   a. adicción al tabaco
   b. inflamación provocada por el tabaco
   c. cualquier producto hecho con la planta del tabaco

6. Estos son los significados de la palabra **barra** que aparecen en el diccionario. ¿Cuál es el más adecuado en este contexto?
   a. rod
   b. stick
   c. slash
   d. bar

7. Señala cuál de las siguientes afirmaciones es falsa.
   a. Los resultados en los dos grupos fueron distintos.
   b. Comió más el grupo que se imaginó la comida antes.
   c. Comió más el grupo que no pensó en la comida.

8. Según los científicos, ¿por qué no se deben suprimir las imágenes de los alimentos deseados?
   a. Porque no reducen el deseo de comerlos.
   b. Porque comemos más si los suprimimos.
   c. Porque si los suprimimos aumenta nuestra ansiedad.

GENTE QUE ESCRIBE

 12–42 **Carta al director**

The following is a letter sent to a newspaper to protest about the high price of housing. Read the letter and then answer the questions below.

Sr. Director:

Me dirijo a su periódico para protestar por el aumento del precio de la vivienda (*housing*). Para empezar, en este momento es casi imposible alquilar un apartamento en Argente ya que, como todo el mundo sabe, los precios subieron enormemente estos últimos dos meses. Sin embargo, los sueldos de los trabajadores de Argente todavía están por debajo de la media del país. Además, el alquiler de mi apartamento, por ejemplo, costaba hasta hace poco 400 pesos mensuales; sin embargo ahora el propietario pide 550; como no tengo otra opción, tendré que pagar este alquiler. Por último, hay muchas personas en esta ciudad que piensan, sin poder hacer nada, que el problema de la vivienda empeora aunque muchas casas y apartamentos están vacíos. En resumen, me gustaría denunciar esta situación. Aunque pagamos los impuestos municipales más altos del país, el ayuntamiento no hace nada para solucionar este problema.

Manuel Camino

1. List the three main ideas. What are the connectors that the writer uses to sequence them?

   _____

   _____

   _____

2. What example does the writer give to show the increase in the apartment price? What is the connector that introduces this example?

   _____

   _____

   _____

3. The writer says: "En este momento es imposible alquilar un apartamento." What is the cause of this? What connector introduces this cause?

   _____

   _____

   _____

12–43 **Tu carta de protesta.**

Imagine that your city also has some problems. You want to write a letter to a newspaper about one of these two topics. Choose one of the topics below, and then write a draft of your letter following the example and these steps:

- Write three main ideas that this letter would have to have. Use connectors that sequence them.
- Write a sentence with the conclusion. Use a connector to introduce it.
- Introduce an example of one of the ideas. Which connector would you introduce it with?
- Write a sentence that relates to this topic and introduces an effect.
- Write a sentence that relates to this topic and introduces a cause.
- Write a sentence that relates to this topic and add another sentence to it.

FALTA DE HOSPITALES

- un solo hospital

- ciudad muy grande

- muchos médicos desempleados (*unemployed*)

- pacientes en los pasillos

- La espera en emergencia es más de 5 horas.

- No hay suficientes plazas hospitalarias (*hospital beds*).

- Los pacientes tienen que ir a hospitales de otras ciudades para recibir servicios hospitalarios.

LA CONTAMINACIÓN Y LA SUCIEDAD

- mucha contaminación

- Las calles están muy sucias.

- transporte público deficiente

- demasiados carros

EJEMPLO: - El tráfico

- obras (*construction zones*) en todas las calles

- embotellamientos (*traffic jams*) todas las mañanas

- pagar muchos impuestos (*taxes*)

- delincuencia en la calle

Primero hay muchos embotellamientos. *Segundo* hay que pagar muchos impuestos. *Por último* hay mucha delincuencia.

En conclusión, el ayuntamiento tiene que solucionar los problemas del tráfico y la delincuencia en las calles sin subir los impuestos.

*Hay embotellamientos todas las mañanas, **por ejemplo** de la periferia al centro de la ciudad uno se demora más de 2 horas.*

*Hay muchas obras en todas las calles, **por eso** hay muchos embotellamientos todas las mañanas.*

*Hay muchos embotellamientos todas las mañanas **porque** hay obras en todas las calles.*

*Hay mucho tráfico en las calles, **además** hay muchas obras que hacen más difícil la circulación.*

_____

_____

_____

_____

_____

_____

_____

_____

_____

_____

13 gente y lenguas

Nombre: _____   Fecha: _____

VOCABULARIO EN CONTEXTO

 Palabras relacionadas

Select the word in each group that does not belong.

1. trabajo escrito   minoría   ensayo   redacción

2. regla   chino   coreano   alemán

3. hablante   escritor   sonido   lector

13-02 **Sinónimos y antónimos**

Can you help your classmates tell whether the words in each pair are synonyms or antonyms? Select the correct answer.

1. perfeccionar / mejorar

   synonyms   antonyms

2. desanimarse / frustrarse

   synonyms   antonyms

3. idioma / lengua

   synonyms   antonyms

4. minoría / mayoría

   synonyms   antonyms

13-03 **A completar**

Can you complete the following comments made in your Spanish class? Select the logical completion for each sentence.

1. Se dice que el español es la _____ de los Estados Unidos.
   a. mayoría   b. conocimiento   c. segunda lengua   d. idioma

2. Cuando estás aprendiendo una lengua extranjera no tienes que _____ cuando cometes errores.
   a. aprovecharte   b. inscribirte   c. desarrollarte   d. desanimarte

3. Si quieres aprender japonés, puedes _____ en un curso en esta universidad.
   a. inscribirte   b. animar   c. cometer errores   d. molestar

4. Tenemos que memorizar tantas palabras que _____. ¡Qué confusión!
   a. me acuerdo   b. me hago un lío   c. me desarrollo   d. me aprovecho

5. Luis nunca hace preguntas porque _____.
   a. no se corrige   b. no tiene curiosidad c. no aumenta   d. no se da cuenta

262

doscientos sesenta y dos

13   gente y lenguas

13-04 **Definiciones**

Select the word that correctly matches each definition given.

1. el idioma oficial de Suecia

   durar   nivel   hebreo   aprendiz   sueco   lengua materna   gesto

2. continuar en el tiempo

   durar   nivel   hebreo   aprendiz   sueco   lengua materna   gesto

3. el primer idioma que uno habla

   durar   nivel   hebreo   aprendiz   sueco   lengua materna   gesto

4. la categoría o el rango al que llega una persona en los estudios

   durar   nivel   hebreo   aprendiz   sueco   lengua materna   gesto

5. el idioma oficial de Israel

   durar   nivel   hebreo   aprendiz   sueco   lengua materna   gesto

6. la persona que aprende algún arte o alguna materia

   durar   nivel   hebreo   aprendiz   sueco   lengua materna   gesto

7. el movimiento de las manos o de la cara con que se expresa un sentimiento

   durar   nivel   hebreo   aprendiz   sueco   lengua materna   gesto

13-05 **Categorías**

The best way for a classmate of yours to write her essay about learning Spanish is to collect the vocabulary first and group it into categories. Help her to select all the words that belong in each of the following categories.

1. **lenguas**

   traducción   vascuense   chino   sueco   esfuerzo   redacción   regla
   error   turco   ensayo   lectura   estrategias

2. **ejercicios**

   traducción   vascuense   chino   sueco   esfuerzo   redacción   regla
   error   turco   ensayo   lectura   estrategias

3. **aspectos del aprendizaje**

   traducción   vascuense   chino   sueco   esfuerzo   redacción   regla
   error   turco   ensayo   lectura   estrategias

13-06 **Correspondencia**

Read the following documents, and make a list of all the vocabulary referring to language learning and language teaching in each one.

1 Me dirijo a ustedes para solicitar información sobre sus cursos de español para extranjeros. Mi nivel actual de gramática es bueno pero necesito mucha práctica de la lengua oral. Necesito el español en mi trabajo, porque muy frecuentemente tengo que participar en reuniones en español y hablar con colegas hispanohablantes. También necesito leer documentos y publicaciones científicas.

Les ruego que tengan la amabilidad de enviarme información sobre los diferentes tipos de cursos, horarios y precios.

Un cordial saludo,
Klaus Weinberg

Nombre: _____   Fecha: _____

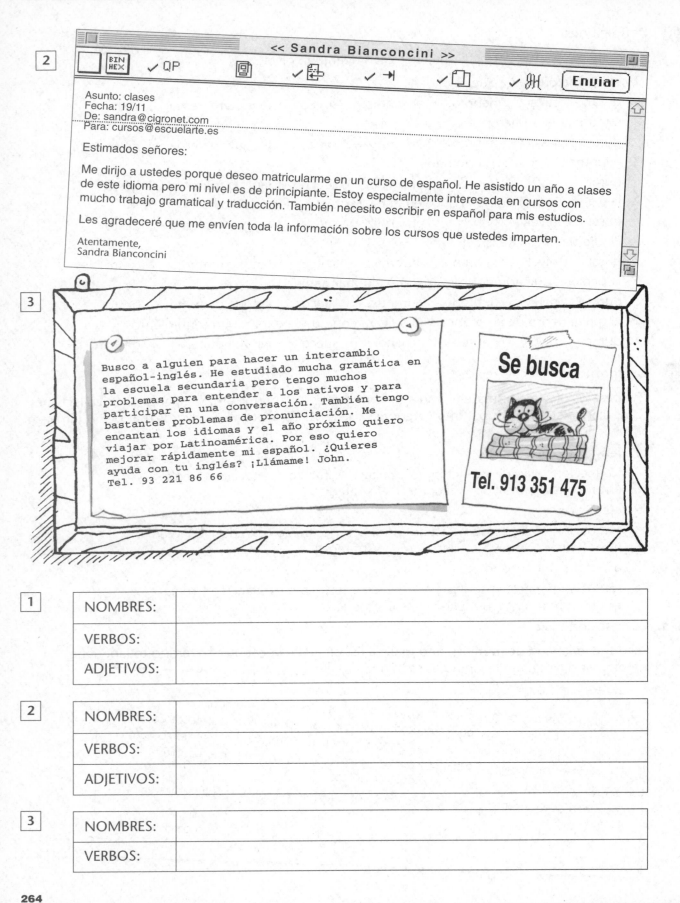

2

<< Sandra Bianconcini >>

QP   ✓ ⊞   ✓ →| ✓ ☐   ✓ ℋ   Enviar

Asunto: clases
Fecha: 19/11
De: sandra@cigronet.com
Para: cursos@escuelarte.es

Estimados señores:

Me dirijo a ustedes porque deseo matricularme en un curso de español. He asistido un año a clases de este idioma pero mi nivel es de principiante. Estoy especialmente interesada en cursos con mucho trabajo gramatical y traducción. También necesito escribir en español para mis estudios.

Les agradeceré que me envíen toda la información sobre los cursos que ustedes imparten.

Atentamente,
Sandra Bianconcini

3

Busco a alguien para hacer un intercambio español-inglés. He estudiado mucha gramática en la escuela secundaria pero tengo muchos problemas para entender a los nativos y para participar en una conversación. También tengo bastantes problemas de pronunciación. Me encantan los idiomas y el año próximo quiero viajar por Latinoamérica. Por eso quiero mejorar rápidamente mi español. ¿Quieres ayuda con tu inglés? ¡Llámame! John.
Tel. 93 221 86 66

Se busca

Tel. 913 351 475

1	NOMBRES:	
	VERBOS:	
	ADJETIVOS:	

2	NOMBRES:	
	VERBOS:	
	ADJETIVOS:	

3	NOMBRES:	
	VERBOS:	

13–07 **Los idiomas de estos países**

What language is spoken in each of the following countries? Write the correct languages in the spaces provided. The definite article is not needed.

1. China   _____   6. Finlandia   _____

2. Alemania   _____   7. Rusia   _____

3. Grecia   _____   8. Francia   _____

4. Israel   _____   9. Turquía   _____

5. Japón   _____   10. Suecia

13–08 **Campo semántico**

Two of these words do not belong to the same semantic field as the others. Which ones are they? Select them.

el aprendiz	el esquema	el conocimiento	el hablante	la empresa
el ejército	la redacción	la autoevaluación	la traducción	

13–09 **El profesor Benítez**

Listen to the following interview with an expert in foreign language learning; then select the correct answer to each of the questions below.

1. Según el profesor Benítez, cuando aprendemos una lengua…
    a. hay que comenzar desde cero.
    b. ya sabemos muchas cosas.
    c. no es necesario aprender los sonidos.

2. Según el profesor Benítez, aprender una segunda lengua…
    a. es similar a aprender la primera.
    b. es diferente de aprender la primera.
    c. es muy difícil.

3. ¿Qué dice el profesor Benítez sobre las reglas gramaticales?
    a. Es lo más importante que hay que aprender.
    b. Son necesarias pero insuficientes.
    c. No es necesario estudiarlas.

4. Según el profesor Benítez, en la etapa actual…
    a. se aprende un idioma estudiando sólo las formas y la gramática.
    b. se aprende un idioma practicando sus formas en laboratorios de idiomas.
    c. se aprende un idioma utilizando las formas unidas a los significados.

GRAMÁTICA EN CONTEXTO

Verbs like *Gustar*: Expressing Sensations, Feelings, Difficulties, Value Judgments

13-10 **Me parece**

The following are some of the comments that were made in your Spanish class. Complete the second sentence with the missing pronoun and the correct form of **parecer** so that the two sentences convey the same information.

EJEMPLO: Elisa cree que las lecturas son aburridas.

A Elisa *le parecen* aburridas las lecturas.

1. Creo que es útil trabajar en grupo.

   _____útil trabajar en grupo.

2. Creemos que estas lecciones son fáciles.

   Estas lecciones _____ fáciles.

3. Marta cree que las conjugaciones de los verbos como *gustar* son difíciles.

   A Marta _____ que las
   conjugaciones de los verbos como *gustar* son difíciles.

4. Los estudiantes creen que esta clase es divertida.

   A los estudiantes _____ divertida esta clase.

5. Tú crees que estos ejercicios son efectivos.

   Estos ejercicios _____ efectivos.

6. Yo creo que estas reglas son complejas.

   Estas reglas _____ complejas.

7. Creemos que esta estrategia es apropiada.

   Esta estrategia _____ apropiada.

13-11 **¿Cómo les fue?**

The teacher and students commented on the first Spanish class of the semester. Use the verb *resultar* in the preterit and the sentence fragments given to tell how things turned out for each of these people. Be sure to structure your sentences exactly as in the example.

EJEMPLO: entender lo que el profesor decía / el estudiante francés / fácil

Al estudiante francés le resultó fácil entender lo que el profesor decía.

1. la primera clase de español / yo / interesante

   _____

2. el video / tú / aburrido

   _____

3. los esquemas / Molly / claves / para aprender el uso de los tiempos verbales

   _____

4. las explicaciones del profesor / Jacob y yo / complejas

   _____

5. el conocimiento de los estudiantes / profesor / apropiado para el nivel

   _____

6. las estrategias presentadas / estudiantes / efectivas

   _____

13-12 **Falta la preposición**

These sentences are missing their prepositions. Can you write them?

1. Normalmente tengo mala memoria. No me acuerdo _____ nada.

2. Me parece muy mal lo que hiciste. No debes aprovecharte _____ la gente.

3. No sé si te das cuenta _____ las implicaciones de lo que has dicho.

4. Aprendiendo español uno puede comunicarse _____ mucha gente.

5. Cuando estudio español, me hago un lío _____ los verbos reflexivos.

Nombre: _____   Fecha: _____

13-13 **En la clase de español**

Think about things that you do in or for Spanish class such as: **lecturas, escuchar audios, tareas orales, ejercicios del SAM, composiciones, ver videos, escuchar canciones, hablar en clase.** Now tell orally how you feel about them. Use the following seven expressions and pay attention to the agreement (singular or plural).

EJEMPLO: Me resulta útil

Me resulta útil hacer los ejercicios del SAM.

Me resulta/n aburrido/a/os/as o divertido/a/os/as/ …

Me cuesta/n…

Me canso de…

Me da/n miedo…

Me hago un lío con…

No me acuerdo nunca de…

Me parece fácil / difícil / divertido / útil…

13-14 **¿Cuál es tu opinión?**

What do you think? Express orally your opinions about the following things in ten sentences. Use the structure **(no) me parece/n + (nada), (bastante), (demasiado), (muy)** + adjective and the words or phrases below, as in the example.

EJEMPLO: trabajar en equipo

Trabajar en equipo me parece muy interesante, pero también bastante difícil.

los periódicos deportivos	la música latina	las reuniones familiares
los viajes organizados	estudiar latín	escribir ensayos
la televisión	viajar solo/a	los discursos de los políticos
las costumbres de otras culturas		

13–15 **¿Qué opina Juan?**

Listen to Juan as as he talks about his job. What are his opinions of the following? Use **le parece/n**, **le resulta/n**, **le cuesta/n** to write complete sentences.

¿Qué opina Juan de…

1. las compañías grandes?

   _____

2. trabajar en equipo?

   _____

3. las reuniones largas?

   _____

4. los viajes?

   _____

5. conocer cosas nuevas?

   _____

6. comunicarse con la gente?

   _____

7. hacer cada día lo mismo?

   _____

13–16 **Mis estudiantes del año pasado**

Complete the following text with the appropiate pronouns.

Mis alumnos del año pasado eran todos muy diferentes: por ejemplo, a John (1) _____ daba mucho miedo hablar en público y (2) _____ hacía siempre un lío con los géneros y los tiempos del pasado; en cambio, Fabián no (3) _____ daba cuenta de que hablaba demasiado y de que no dejaba hablar a los demás. A Ron, por ejemplo, (4) _____ parecía más fácil leer que hablar. No lo entiendo porque a mí, leer en alemán (5) _____ resulta bastante difícil y (6) _____ canso en seguida. A Martha (7) _____ resultaba divertido traducir, seguramente porque (8) _____ gusta mucho la literatura.

A nosotros los profesores, en general, el trabajo en grupo (9) _____ parece muy efectivo. Pero a veces (10) _____ da miedo hacer preguntas personales a los alumnos.

Y a ustedes, ¿qué (11) _____ parece más útil? ¿Qué (12) _____ resulta más pesado?

13–17 **¿Qué te parece la clase de español?**

Give complete sentences orally expressing your own opinions about the Spanish classes you have had so far. Be sure to use each of the following expressions once.

EJEMPLO: Lo más difícil

You say: *Lo más difícil es entender a la profesora.*

| Lo más útil…   Lo más aburrido…   Lo más difícil…   Lo más interesante… |
| Lo más divertido… |

THE PRESENT PERFECT / THE PAST PARTICIPLE

 Nunca

The following are the impressions of certain people about the Spanish class and learning languages in general. Answer the questions with the correct present perfect form of **gustar**.

EJEMPLO: ¿A Josefina le gusta estudiar otras lenguas?

No, nunca *le ha gustado.*

1. ¿A tus hermanas le gustan los idiomas?

   No, nunca _____.

2. ¿A ti te gusta hacer preguntas en clase?

   No, nunca _____.

3. ¿A ustedes les gusta este profesor?

   No, nunca _____.

4. ¿Al profesor le gusta traducir?

   No, nunca _____.

5. ¿Al traductor le gusta este libro?

   No, nunca _____.

6. ¿A ti te gusta hacer esquemas?

   No, nunca _____.

7. ¿A tus amigos les gustan las explicaciones del profesor?

   No, nunca _____.

8. ¿A ustedes les gusta hablar en clase?

   No, nunca _____.

PERFECT VS. PRETERIT

13-19 **Acciones pasadas en España**

Help these people to complete their sentences with what they have done in the past. Select the correct verb form according to the usage in Spain, and distinguish between the present perfect and the preterit.

1. El año pasado yo _____ a México.
   a. he ido   b. fui

2. Esta semana _____ mucho en la clase de español.
   a. hemos aprendido   b. aprendimos

3. Ayer los niños no _____ de casa.
   a. han salido   b. salieron

4. ¿Qué _____ ustedes el verano pasado?
   a. han hecho   b. hicieron

5. Nadie _____ hoy por la mañana.
   a. ha llamado   b. llamó

6. ¿_____ en el extranjero este año?
   a. Has estado   b. Estuviste

7. El mes pasado _____ a mis familiares en Paraguay.
   a. he visitado   b. visité

13-20 **Acciones pasadas en Estados Unidos y Latinoamérica**

Help these people to complete their sentences with what they have done in the past. Use the correct verb form according to the usage in the United States and Latin America.

1. Hoy yo no _____ para la clase de francés. (estudiar)

2. Tu familia _____ a Asunción el año pasado, ¿verdad? (ir)

3. ¿ _____ tus parientes ayer? (llegar)

4. Ayer nosotros _____ música todo el día. (escuchar)

5. Esta semana yo _____ que trabajar todos los días. (tener)

6. ¿Con quién _____ usted hoy? (hablar)

7. Ayer yo _____ estudiar el nuevo vocabulario. (intentar)

8. El año pasado mi hijo _____ a nadar. (aprender)

13-21 **Conversaciones en España y Latinoamérica**

Read the following dialogues. They are very similar, but in the first, two Latin American speakers are talking (1–5) and in the second, two Spaniards are talking (6–10). Complete the dialogues with the tenses that they would most likely use **(perfecto or pretérito)**.

- Jacinto, ¿dónde (tú, estar) (1) _____ toda la mañana?

- Perdona, (yo, ir) (2) _____ a la agencia de viajes a recoger unos boletos para Asunción.

- ¡Qué suerte! Nunca (yo, visitar) (3) _____ Paraguay.

- Sí, este mes ya (yo, volar) (4) _____ a Asunción dos veces.

- ¿Y con quién vas? ¿Tú solo?

- No, esta vez voy con mi hermana que (ella, llegar) (5) _____ a pasar unos días conmigo.

- Jacinto, ¿dónde (tú, estar) (6) _____ toda la mañana?

- Perdona, (yo, ir) (7) _____ a la agencia de viajes a recoger unos boletos para Asunción.

- ¡Qué suerte! Nunca (yo, visitar) (8) _____ Paraguay.

- Sí, este mes ya (yo, volar) (9) _____ a Asunción dos veces.

- ¿Y con quién vas? ¿Tú solo?

- No, esta vez voy con mi hermana que (ella, llegar) (10) _____ ayer para pasar unos días conmigo.

USES OF THE GERUND

13-22 **Cómo se hacen las cosas**

These people are talking about how to learn a foreign language. Help them to complete the second sentence with the gerund of the appropriate verb in the first sentence, so that the two sentences convey the same information.

EJEMPLO: Aprendí el español cuando trabajé en Paraguay.

Aprendí el español *trabajando* en Paraguay.

1. Perfeccioné mi español porque hablaba a menudo con mis vecinos.

   Perfeccioné mi español _____ a menudo con mis vecinos.

2. Aprendes mucho si navegas en Internet.

   Aprendes mucho _____ en Internet.

3. Me corrijo porque me acuerdo de las reglas.

   Me corrijo _____ de las reglas.

4. Aumentamos nuestro vocabulario si usamos las palabras nuevas.

   Aumentamos nuestro vocabulario _____ las palabras nuevas.

5. Los estudiantes mejoran su pronunciación cuando imitan al profesor.

   Los estudiantes mejoran su pronunciación _____ al profesor.

6. Nos perfeccionamos cuando leemos mucho.

   Nos perfeccionamos _____ mucho.

7. Entiendes más español cuando prestas atención a las conversaciones de los nativos.

   Entiendes más español _____ atención a las conversaciones de los nativos.

8. Uno aprende a comunicarse si hace muchas preguntas.

   Uno aprende a comunicarse _____ muchas preguntas.

13-23 **¿Cómo se aprende?**

We learn some things best by practicing them. For each activity, use the gerund form of the verb to tell how best we would learn to do it.

EJEMPLO: Se aprende a nadar… *nadando.*

1. Se aprende a hablar… _____.
2. Se aprende a esquiar… _____.
3. Se aprende a caminar… _____.
4. Se aprende a manejar… _____.
5. Se aprende a leer… _____.
6. Se aprende a bailar… _____.
7. Se aprende a tocar el piano… _____.
8. Se aprende a traducir… _____.

Nombre: _____   Fecha: _____

 13-24 **¿Cómo aprendieron?**

Answer these questions using **gerundio** or **sin + infinitivo**, following the example.

EJEMPLO: ¿Cómo aprendiste alemán?   (ir a clase / estudiar en casa)

Sin ir a clase, estudiando en casa.

1. ¿Cómo aprendiste fotografía?   (hablar con fotógrafos / hacer muchas fotos)

   _____

2. ¿Cómo encontraste esta casa tan bonita?   (ir a agencias / pasear por la ciudad)

   _____

3. ¿Cómo aprendiste italiano?   (ir a Italia / vivir con un italiano)

   _____

4. ¿Cómo conseguiste un acento tan bueno?   (hablar con nativos / escuchar canciones)

   _____

5. ¿Cómo has traducido este texto?   (traducir palabra por palabra / mirar el diccionario)

   _____

6. ¿Cómo aprendiste a tocar la guitarra?   (estudiar solfeo / tocar de oído)

   _____

13-25 **Diálogos con el gerundio**

Complete this dialogue with the correct forms of **estar + gerundio (presente, perfecto, imperfecto,** or **pretérito).**

- Pero José, ¿qué (tú, hacer) (1) _____? Te vas a caer y te vas a romper la cabeza.

- (colgar) (2) _____ este cuadro en la pared. Lo compré en una feria de antigüedades. Imagínate: (yo, pasear) (3) _____ por la Avenida Ordóñez y me encontré con esta feria. Había de todo…

- ¿Sí? ¿Qué (ellos, vender) (4) _____?

- Pues mira, cuadros, libros, esculturas, telas, no sé… objetos de todo tipo… mesas, sillas… Había de todo. (yo, mirar) (5) _____ hasta las 3 de la tarde, que es cuando lo retiraron.

- Oye… y esta semana, ¿qué has hecho?

- Pues nada… (yo, decorar) (6) _____ la casa un poco, como ves. Ya sabes que (yo, trabajar) (7) _____ seis años en esa compañía que cerró y ahora no tengo empleo, pero (yo, buscar) (8) _____ uno.

13-26 **¿Qué están haciendo?**

These people are in a Spanish class. Tell what they are doing by using the correct present progressive form of the verb in parentheses.

EJEMPLO: Andrés *está haciendo* ejercicio. (hacer)

1. Tú _____ el vocabulario. (estudiar)

2. Marta y Ramón _____ con las conjugaciones de los verbos. (hacerse un lío)

3. Nosotros _____ demasiados errores. (cometer)

4. Yo _____ mis errores. (corregir)

5. Ellos _____ esquemas. (hacer)

6. El profesor _____ cosas interesantes. (escribir)

7. Ustedes _____ el curso. (aprovechar)

13-27 **¿Qué estuvieron haciendo?**

Help these people say what they were doing. Use the correct preterit progressive form of the verb in parentheses.

EJEMPLO: Andrés *estuvo leyendo* hasta las doce de la noche. (leer)

1. Tú _____ todo el día ayer. (trabajar)

2. Yo _____ esquemas hasta las tres de la mañana. (hacer)

3. Nosotros _____ el guaraní ese verano. (aprender)

4. Ustedes _____ casa todo el día el martes pasado. (buscar)

5. El jueves pasado mis estudiantes _____ durante toda la clase. (prestar atención)

6. Mi hermana _____ por un mes entero el verano pasado. (viajar)

7. Y usted, ¿qué _____ la semana pasada? (hacer)

8. Yo _____ mi español durante el año que pasé en Paraguay. (perfeccionar)

Nombre: _____ Fecha: _____

13-28 **¿Qué han estado haciendo hoy todo el día?**

You classmate is asking what you did with your family. Tell what you have all been doing, using the correct present perfect progressive form of the verb in parentheses.

EJEMPLO: Tú *has estado viendo* la tele todo el día. (ver)

1. Mi abuela _____ todo el día. (cocinar)
2. Mi madre _____ la compra todo el día. (hacer)
3. Mi abuelo _____ todo el día. (descansar)
4. Mis hermanos _____ todo el día. (trabajar)
5. Mi padre y yo _____ el carro todo el día. (lavar)
6. Yo _____ todo el día. (leer)
7. Mi novia _____ música todo el día. (escuchar)
8. Mi hermana _____ todo el día. (estudiar)

13-29 **En el pasado**

Help your classmate distinguish between the present perfect progressive and the preterit progressive usage in Spain by selecting the correct completion for each of these sentences.

1. El mes pasado tú _____ en Asunción.
   a. estuviste estudiando   b. has estado estudiando
2. Hoy los niños _____ en el jardín.
   a. estuvieron jugando   b. han estado jugando
3. Ayer yo _____ por teléfono todo el día.
   a. estuve hablando   b. he estado hablando
4. No sé lo que me pasa hoy. _____ muchos errores.
   a. Estuve cometiendo   b. He estado cometiendo
5. ¿Qué tienen los chicos? Hoy no _____ atención.
   a. estuvieron prestando   b. han estado prestando
6. Ayer tú _____ muchas preguntas y hoy, nada.
   a. estuviste haciendo   b. has estado haciendo
7. Hoy (yo) _____ cuenta del problema.
   a. me estuve dando   b. me he estado dando

gente y lenguas 13   doscientos setenta y cinco

INTERACCIONES

13-30 **Aprendiendo una lengua extranjera**

 Listen to this conversation between two students of English as a Second Language and complete the following with the correct information.

1. Three things that the speakers agree on:

_____

_____

2. Three things that the speakers strongly agree on:

_____

_____

13-31 **Yo estoy de acuerdo con el experto**

 After hearing a lecture about how to learn foreign languages, Marta expresses her agreement with certain things that have been said. Help her to change the general agreement form to a personal agreement form, and give your answers orally. Be sure not to repeat the same forms.

EJEMPLO: You hear: Es cierto, se aprende a hablar español hablando.

You say: *Opino igual que tú, se aprende a hablar español hablando.*

1. ...   3. ...

2. ...   4. ...

13-32 **¿Estás de acuerdo?**

Listen to these opinions about learning a foreign language and give your reaction to each one orally. It should be clear by your responses whether you agree, strongly agree, or disagree.

EJEMPLO: You hear: Es muy importante estudiar por mi cuenta y hacer siempre la tarea asignada.

You say: *Sin duda. Si no trabajas en casa, nunca avanzas.*

OR *Bueno, siempre no, pero en general, sí, así es.*

OR *Tienes razón, si no te esfuerzas fuera de clase aprendes muy poco.*

1. ...

2. ...

3. ...

4. ...

NUESTRA GENTE

GENTE QUE LEE

13-33 **La lingüística en Latinoamérica.**

Read the following passage about the linguistic variations in Latin America and then answer the questions that follow.

La situación lingüística de Paraguay no es la norma en Latinoamérica, sino la excepción. El mapa lingüístico de Latinoamérica es muy diverso, y depende del curso que siguió la historia de cada país.

Algunos países, como Cuba y Puerto Rico, casi no tienen idiomas <u>autóctonos</u> en su territorio. En la República Dominicana se habla además inglés y un dialecto francés cerca de la frontera con Haití. En Uruguay la mayoría habla español y alrededor de un 3% de la población habla otras lenguas europeas como el italiano.

Hay países, como Guatemala y México, que tienen numerosas comunidades indígenas y donde existen muchos idiomas autóctonos. En México, por ejemplo, hay tres centenares de idiomas autóctonos, pero casi todos sus hablantes son bilingües y hablan también español.

Otros países tienen minorías que hablan un idioma autóctono, pero casi la totalidad de la población habla español. Este es el caso de Costa Rica, Honduras, Nicaragua, el Salvador, Venezuela, Colombia y Panamá. En el Cono Sur (Argentina y Chile) también existen comunidades que **emplean** idiomas indígenas, pero su **uso** es limitado. En Argentina, donde el 95% de los argentinos habla español, se usan además el italiano, varios idiomas autóctonos, el inglés e incluso el galés. En Chile, aparte del español hablado por casi todos los chilenos, se puede oír el alemán, el italiano y dialectos indios como el quechua o el mapuche.

Finalmente, hay cuatro países donde las lenguas autóctonas son habladas por más del 40% de la población: Bolivia, Perú, Ecuador y Paraguay. Sin embargo, sólo las constituciones de Paraguay, Perú y más recientemente Bolivia reconocen las lenguas indígenas como oficiales. Ecuador reconoce como patrimonio cultural los idiomas autóctonos, como el quechua, siendo el español el único idioma oficial. Paraguay fue el primer país que reconoció un idioma autóctono como lengua nacional (en 1967) y **lo** reconoce como lengua oficial desde 1992, además de impartir educación bilingüe. El Perú reconoce el quechua, el aimara y otras lenguas autóctonas como lenguas oficiales junto con el castellano.

1. Lee la primera frase de cada párrafo y expresa con tus propias palabras la idea general.

   Párrafo 1: _____

   Párrafo 2: _____

   Párrafo 3: _____

   Párrafo 4: _____

   Párrafo 5: _____

2. ¿Qué significa la palabra **autóctonos** según el contexto? Ahora búscala en el diccionario y comprueba si tu predicción es correcta.

_____

_____

3. Busca en el diccionario **emplean** y **uso** que aparecen en el texto. ¿Qué categoría gramatical son en este texto? ¿Qué entradas debes buscar en el diccionario? ¿Cuál es el significado adecuado para cada una?

_____

_____

4. ¿A qué se refiere el pronombre en negrita **lo**? _____

5. Usando la estrategia de *scanning*, contesta a estas preguntas.

¿Qué porcentaje de uruguayos habla otras lenguas extranjeras?

¿Qué porcentaje de argentinos habla otras lenguas además del español?

¿En qué países más del 40% habla una lengua autóctona?

¿En qué año se reconoció por primera vez una lengua autóctona como lengua oficial en Latinoamérica?

_____

_____

_____

_____

_____

_____

6. ¿Qué países en Latinoamérica reconocen a una lengua autóctona como oficial?

_____

13-34 **Comprendes?**

Based on the passage about the linguistic variations in Latin America, select the answers to each of the following questions.

1. Selecciona la frase que resuma el cuarto párrafo de la lectura sobre las lenguas indígenas en Latinoamérica.
   a. Hay países en Latinoamérica con muchas lenguas autóctonas.
   b. Hay países en Latinoamérica donde la mayoría habla español pero existen comunidades minoritarias que hablan una lengua autóctona.
   c. La situación lingüística de Latinoamérica es muy diversa.
   d. Hay países en Latinoamérica donde una minoría habla idiomas europeos.
   e. Hay países en Latinoamérica donde casi la mitad de la población habla una o varias lenguas autóctonas que de alguna manera están reconocidas.
   f. Paraguay reconoce su lengua autóctona como oficial.
   g. Hay países en Latinoamérica con diferentes comunidades grandes que hablan unas distintas lenguas autóctonas, pero casi todos hablan también español.
   h. Solo el 5% de los argentinos no habla español.
   i. En algunos países casi no hay lenguas autóctonas.

2. Selecciona la frase que resuma el quinto párrafo de la lectura sobre las lenguas indígenas en Latinoamérica.
   a. Hay países en Latinoamérica con muchas lenguas autóctonas.
   b. Hay países en Latinoamérica donde la mayoría habla español pero existen comunidades minoritarias que hablan una lengua autóctona.
   c. La situación lingüística de Latinoamérica es muy diversa.
   d. Hay países en Latinoamérica donde una minoría habla idiomas europeos.
   e. Hay países en Latinoamérica donde casi la mitad de la población habla una o varias lenguas autóctonas que de alguna manera están reconocidas.
   f. Paraguay reconoce su lengua autóctona como oficial.
   g. Hay países en Latinoamérica con diferentes comunidades grandes que hablan unas distintas lenguas autóctonas, pero casi todos hablan también español.
   h. Solo el 5% de los argentinos no habla español.
   i. En algunos países casi no hay lenguas autóctonas.

3. La palabra en negrita **autóctonos** se usa para no repetir otra de igual significado también usada en la lectura. Según el contexto, selecciona su sinónimo:
   a. indígenas   b. dialectos   c. criollo

4. Selecciona la categoría de la palabra en negrita **uso** que aparece en el texto.
   a. verbo   b. nombre   c. adjetivo

5. Selecciona el significado de de la palabra en negrita **emplean** que aparecen en el texto.
   a. to use   b. to get a job   c. to employ   d. to spend

6. ¿A qué se refiere el pronombre en negrita **lo**?
   a. Paraguay   b. idioma autóctono   c. lengua nacional

7. Señala si es verdadera o falsa la siguiente afirmación.

El 5% de los argentinos habla galés o inglés.

a. verdadera   b. falsa

8. Señala si es verdadera o falsa la siguiente afirmación.

Paraguay reconoció una lengua autóctona como lengua oficial en 1967.

a. verdadera   b. falsa

9. Selecciona entre estos países de Latinoamérica el que no reconoce ninguna de sus lenguas autoctonas como oficial.

a. Perú   b. Ecuador   c. Bolivia   d. Paraguay

GENTE QUE ESCRIBE

13-35 Puntuación, mayúsculas y minúsculas

Can you answer the following questions? Practice what you have learned about punctuation in Spanish by answering each of the questions below in complete sentences.

1. Di seis lenguas que se hablan en Europa.

   _____

2. ¿Cuál es la población de tu estado? Escríbelo en número.

   _____

3. ¿Qué día es tu cumpleaños?

   _____

4. ¿Cuánto cuesta el litro de gasolina *regular*? Indica los centavos.

   _____

5. ¿Qué días de la semana tienes clases de español?

   _____

6. ¿Sabes que idioma hablan estos políticos?

Nelson Mandela _____

Rey Juan Carlos _____

Kim Jong-Il _____

Nicolás Sarkozy _____

Vladimir Putin _____

13-36   **Editor**

Your friend Richard does not remember the Spanish rules for punctuation and capitalization. He has asked you to help him with the following e-mail that he wants to send to his Paraguayan friend Alberto. Complete his e-mail with (.), (,), (:), (¡), (!), (¿), (?), ("), ("), and the letters that are missing.

Querido Alberto(1)__

Te contesto a tu correo del pasado (2)__iércoles con los datos que necesitas para tu trabajo escrito. Te recuerdo que aunque estoy viviendo en México desde el mes de (3)__ebrero, no soy un experto en los asuntos lingüísticos y ahora solo estoy estudiando (4)__spañol, pero (5)__qué fascinante país es México para estudiar multilingüismo(6)__

Voy a tratar de responder a tus preguntas. En tu e-mail me preguntabas(7)__ (8)__ (9)__Cuántas lenguas indígenas se conocen en México(10)__ (11)__ Es una pregunta compleja porque, primero los lingüistas no están de acuerdo sobre el número de lenguas que se hablan en este país porque es difícil clasificarlas. El gobierno (12)__exicano reconoce 65 lenguas y para éstas la ley textualmente dice(13)__ (14)__Las lenguas nacionales tienen la misma validez en todos sus territorios(15)__ (16)__

Tu segunda pregunta era sobre el bilingüismo y monolingüismo en México, concretamente me preguntabas(17)__ (18)__ (19)__Son todos los (20)__exicanos que hablan una lengua indígena bilingües(21)__ (22)__Hay grupos monolingües en lenguas indígenas(23)__ (24)__Cómo es la educación bilingüe(25)__ (26)__La mayoría de los (27)__exicanos que hablan una lengua indígena son bilingües, pero hay educación bilingüe para los hablantes de las lenguas autóctonas más difundidas, ya que es muy difícil encontrar profesores bilingües. Hay todavía comunidades con un alto porcentaje de monolingüismo en lenguas indígenas, como es el caso de los amuzgos de Guerrero y Oaxaca, los tzeltales y tzotziles de los Altos de Chiapas y los tlapanecos de la Montaña de Guerrero. En el caso de los primeros, 42% de la población es monolingüe, les sigue las otras dos comunidades con 36(28)__6 % y 31(29)__5% respectivamente.

Por último también me preguntabas si estaban consideradas las lenguas de los inmigrantes. La ley no preteje la lenguas de los inmigrantes recientes, aunque te sorprenderá saber que el (30)__nglés es el idioma principal en pequeños pueblos como San Miguel de Allende, Chapala y Taxco, donde el 50% de su población es de origen (31)__stadounidense, concretamente hay 680(32)__430 personas que viven en este país, para las que el (33)__nglés es su lengua materna.

Espero que esto te ayude.

Un abrazo,

Richard

14 *gente* con personalidad

VOCABULARIO EN CONTEXTO

14-01 **Palabras relacionadas**

Ashley is studying Spanish vocabulary. Help her select the word or phrase that does not belong in each group.

1. vanidad   hipocresía   pedantería   bondad
2. envidia   egoísmo   tenacidad   estupidez
3. simpatía   envidia   dulzura   ternura
4. egoísta   maleducado   amable   testarudo
5. vanidad   generosidad   honestidad   fidelidad

14-02 **Sinónimos y antónimos**

In order to avoid repeating the same words, Rebecca needs to find some synonyms for her composition. Help her to indicate whether the words in each pair are synonyms or antonyms.

1. honesto / hipócrita   synonyms   antonyms
2. educado / maleducado   synonyms   antonyms
3. dulzura / ternura   synonyms   antonyms
4. avaro / generoso   synonyms   antonyms
5. inteligencia / estupidez   synonyms   antonyms
6. introvertido / extrovertido synonyms   antonyms
7. vicio / virtud   synonyms   antonyms

14-03 **A completar**

Sarah needs some help with her Spanish homework. Select the word or phrase that logically completes each of the following sentences.

1. Toca muy bien el piano, tiene _____ para la música.
   a. talento   b. envidia   c. ternura   d. felicidad

2. Escribió usted mal esta palabra. _____ y corríjala, escribiéndola otra vez.
   a. Medítela   b. Bórrela   c. Sopórtela   d. Anúnciela

3. Nunca deja propina (*tip*) en los restaurantes, es muy _____.
   a. despistado   b. testarudo   c. avaro   d. desordenado

4. A ese niño le gusta estar con la gente. Es muy _____.
   a. sociable   b. tranquilo   c. introvertido   d. inseguro

5. Mi profesor no se acuerda de nada. Es muy _____.
   a. avaro   b. optimista   c. progresista   d. despistado

14-04 **Definiciones**

You are writing the definitions of some vocabulary words in order to remember them for your exam. Write each word from the list next to its definition.

pedante	inseguro	roncar
coleccionar	envidia	pesimista	meditar

1. tristeza sentida por el bien o las posesiones de otra persona _____

2. una persona que no tiene confianza en sí _____

3. una persona que siempre ve el lado negativo de las cosas _____

4. la persona que siempre quiere demostrar lo que sabe _____

5. hacer ruido con la respiración cuando uno duerme _____

6. pensar con atención y cuidado _____

7. buscar cosas del mismo tipo, como sellos o monedas _____

14-05 **Cita a ciegas**

Cristina is looking for a boyfriend. She wrote to the radio program **Cita a ciegas** and sent them some information about herself. Read Cristina's information. Then, write down the information of the two young men who called the program. Which one of them do you think would be the ideal boyfriend for Cristina?

CRISTINA

PROFESIÓN: Profesora de historia en un colegio.

GUSTOS: Le encanta la cocina italiana. Le divierte ir a discotecas de vez en cuando, pero la música hip-hop le pone muy nerviosa. No soporta a los hombres que beben o fuman, ni a los maniáticos, y le dan miedo las relaciones largas. Le interesa la literatura.

COSTUMBRES: Pasa mucho tiempo en casa con sus perros y sale sobre todo los fines de semana.

AFICIONES: Tiene dos perros. Pasa las vacaciones en su apartamento de la playa. Va al gimnasio de vez en cuando.

MANÍAS: Se muerde las uñas y nunca se pone falda.

JULIO

1. PROFESIÓN: _____
2. GUSTOS: _____
3. AFICIONES: _____
4. MANÍAS: _____
   _____

MARCOS

1. PROFESIÓN: _____
2. GUSTOS: _____
3. AFICIONES: _____
   _____
4. MANÍAS: _____
   _____

14-06 **Correspondencia entre adjetivos y nombres**

Look at the following words. Write the adjectives that correspond to the nouns provided, and then the nouns that correspond to the adjectives provided. When writing nouns, be sure to include the definite article.

EJEMPLOS: ADJETIVO SUSTANTIVO

alegre la alegría

pedante *la pedantería*

ADJETIVO SUSTANTIVO

1. _____ el egoísmo

2. _____ la belleza

3. _____ la honestidad

4. _____ la bondad

sincero/a 5. _____

hipócrita 6. _____

fiel 7. _____

envidioso/a 8. _____

tierno/a 9. _____

generoso/a 10. _____

14-07 **Virtudes y defectos**

What are your three main virtues and your three main defects? Make a list of them below.

EJEMPLO: *Entre mis virtudes se encuentra la sinceridad. Soy una persona bastante sincera.*

Entre mis defectos se encuentra la avaricia. Soy una persona un poco avara.

Virtudes:

_____

_____

_____

Defectos:

_____

_____

_____

Nombre: _____   Fecha: _____

GRAMÁTICA EN CONTEXTO

VERBS LIKE *GUSTAR* (II)

14-08 **¿Cómo se sienten?**

Write six sentences or questions, combining one element from each list.

A Sofía y a María	me	dan miedo	salir solas de noche
A Ramón	*te*	cae muy mal	las películas de terror
¿A ti	le	*interesan*	*las computadoras*
Pues a mí	nos	emociona	la gente que no es sincera
A Carmen y a mí	os/les	pone nerviosas	el arte
¿A José y a ti	les	indignan	las personas poco solidarias
		preocupa	el problema del terrorismo
		divierten	Pablo

EJEMPLO: *¿A ti te interesan las computadoras?*

1. _____
2. _____
3. _____
4. _____
5. _____
6. _____

14-09 **¿Qué les gusta a tus amigos?**

What about you and people you know? Give seven sentences orally about how the following people feel, based on the words and images below.

1. A mi mejor amigo y a mí
2. A mi madre
3. A mi compañero/a
4. A mi vecino/a
5. A mis compañeros de clase
6. A mi jefe y a mí
7. A mi novio/a y a mí

EJEMPLO: *A mi mejor amigo le dan miedo las inyecciones.*

14-10 ¿De que hablan?

Listen to the following brief dialogues. What are they talking about? Select the correct answer for each.

1. a. las arañas
   b. una película

2. a. un examen
   b. los embotellamientos

3. a. una persona
   b. un libro

4. a. limpiar la casa
   b. las computadoras

5. a. unos niños
   b. un programa de televisión

6. a. las novelas policíacas
   b. la política

14-11 Hablando de cosas que me gustan y me disgustan

Talk about things you like and things you do not like. Give eight sentences orally using one element from each list to state your opinions. Be sure not to repeat expressions.

dar risa	caer bien/mal	los extraterrestres	el ballet
dar pena	emocionar	estar enfermo/a	dar propinas
poner nervioso/a	no soportar	los dentistas	comer carne
indignar	divertir	viajar en avión	el fútbol
preocupar	*molestar*	bailar salsa	*las personas egoístas*
dar igual		los bebés	

EJEMPLO: *Me molestan las personas egoístas.*

1. …
2. …
3. …
4. …
5. …
6. …
7. …
8. …

14-12 ¿Cuáles son tus animales favoritos?

What are your three favorite animals? Explain why orally, mentioning specific characteristics, as in the example.

EJEMPLO: *Me gustan los perros porque son muy fieles y leales.*

1. …
2. …
3. …

14-13 ¿Cómo responden?

You will hear some opinions being expressed. In each case, which of the following responses makes sense? Select the appropriate answer.

1. a. A mí también, especialmente cuando estoy viendo la televisión en casa.

   b. Yo también, porque no tengo motocicleta.

2. a. A mí sí, me parece que no es tan horrible.

   b. Yo tampoco y, además… ¡es carísimo!

3. a. Yo tampoco, me cae muy mal.

   b. Yo también: es muy agradable.

4. a. Pues a mí la verdad es que me encantan, sobre todo la Navidad.

   b. A mí no, son muy pesadas.

5. a. Yo sí, especialmente si está lloviendo.

   b. Pues a mí no porque de noche hay menos tráfico.

6. a. A mí también. Creo que es el mejor género de cine.

   b. A mí tampoco. ¡Es un género que aborrezco!

THE FUTURE TENSE: FORM AND USES

14-14 ¿Qué pasará?

Help your classmate to complete each sentence with the future tense form of the verb in parentheses.

EJEMPLO: Él *estudiará* en la biblioteca. (estudiar)

1. Tú _____ la ropa a la tintorería. (llevar)

2. Ellos _____ una entrega. (recibir)

3. Nosotros _____ al almacén de muebles. (ir)

4. Ella _____ de voluntaria en la escuela. (trabajar)

5. Ustedes _____ productos de limpieza. (comprar)

6. Yo _____ a un concierto. (asistir)

7. Usted _____ una película policíaca. (ver)

8. Él _____ el servicio a domicilio. (pedir)

14-15 **Un día en el campo**

Find out what these people will do when they spend a day in the country by completing each sentence with the correct future tense form of the verb in parentheses.

EJEMPLO: Pepe *tomará* el sol. (tomar)

1. Ustedes _____ el paisaje. (mirar)
2. Rosaura _____ un paseo. (dar)
3. Nosotros _____ al fútbol. (jugar)
4. Yo _____ en bicicleta. (montar)
5. Tú _____ al lago. (ir)
6. Las niñas _____ flores. (recoger)
7. Leo y María _____ al aire libre. (comer)
8. Raúl _____ en el río. (nadar)

14-16 **El futuro**

Imagine the things that you and your friends will do in the next ten years. Complete each sentence with the correct future tense form of the verbs in parentheses.

EJEMPLO: Paco *recibirá* una oferta de trabajo. (recibir)

1. Nosotros _____ de la universidad. (graduarse)
2. Ustedes _____ mucho dinero. (ganar)
3. Yo _____ un buen jefe. (ser)
4. Julio _____ algo muy importante. (inventar)
5. Raquel y Guillermo _____. (casarse)
6. Tú _____ el medio ambiente. (mejorar)
7. Usted _____ ocupadísimo con su trabajo. (estar)
8. Yo _____ varios países. (conocer)

14-17 **Lo que será**

Help your classmate Sean to select the correct verb for each sentence.

1. Ustedes _____ a la ferretería.
   a. iréis   b. irán   c. irá   d. iré
2. Octavio _____ una decisión para la semana que viene.
   a. tomaré   b. tomarás   c. tomará   d. tomarán
3. Creemos que se _____ la resolución.
   a. aprobarás   b. aprobaréis   c. aprobaremos d. aprobará
4. Estoy seguro que ellos _____ amables contigo como siempre.
   a. serán   b. será   c. seréis   d. serás
5. Nosotros le _____ ánimo.
   a. daréis   b. darán   c. daremos   d. darás

6. Ustedes _____ un informe sobre las ciudades industrializadas.

   a. escribirán   b. escribiremos   c. escribiré   d. escribiréis

7. Yo _____ los métodos más eficientes.

   a. buscaré   b. buscará   c. buscaremos   d. buscarás

8. Usted no les _____ nunca.

   a. convencerán   b. convencerá   c. convenceréis   d. convenceré

14-18 **¿Qué harán?**

Tell what these people will do using the correct future tense form of the verbs in parentheses.

EJEMPLO: Nosotros *haremos* una excursión. (hacer)

1. Usted _____ que mudarse. (tener)
2. Yo _____ las cosas fáciles. (poner)
3. Ellas _____ para su pueblo. (salir)
4. Tú _____ tu dormitorio. (rehacer)
5. Ustedes _____ a vernos. (venir)
6. Ellos _____ enseñarnos su nueva inmobiliaria. (querer)
7. Nosotros te lo _____ todo. (decir)
8. Él _____ los trámites. (hacer)

14-19 **¿Cuándo?**

Help your friend Molly to complete the following exchanges with the future tense form of the verb in each question.

EJEMPLO: —¿Pudiste verlos anoche?

   —No, *podré* verlos mañana por la tarde.

1. —¿Ellos hicieron el reparto anteayer?

   —No, lo _____ pasado mañana.

2. —¿Vinieron la semana pasada?

   —No, _____ la semana entrante.

3. —¿Saliste del país en mayo?

   —No, _____ en septiembre.

4. —¿Hubo una comida en el hotel anoche?

   —No, _____ una comida allí el domingo.

5. —¿La reunión tuvo lugar esta semana?

   —No, _____ lugar el mes que viene.

6. —¿Ustedes quisieron tomar sus vacaciones en el verano?

   —No, _____ tomarlas en el invierno.

7. —¿Usted pudo arreglar las facilidades de pago el lunes?

   —No, _____ arreglarlas el jueves.

8. —¿Él puso los papeles en orden ayer?

   —No, los _____ en orden lo antes posible.

14-20   **Haciendo planes**

Select the correct verb to complete each of these statements about future plans.

1. Nosotros _____ que estar a las siete en punto en la empresa.
   a. tendremos   b. tendrán   c. tendré   d. tendréis

2. Ustedes _____ la noticia muy pronto.
   a. sabré   b. sabrá   c. sabréis   d. sabrán

3. Los consumidores _____ comprar estas marcas buenas.
   a. querrá   b. querrán   c. querréis   d. querré

4. Tú _____ los aparatos viejos en el garaje.
   a. pondrá   b. pondrás   c. pondréis   d. pondremos

5. Él _____ tomar una decisión para mañana.
   a. podrá   b. podrás   c. podremos   d. podrán

6. ¿A qué hora _____ los invitados?
   a. vendréis   b. vendrás   c. vendrán   d. vendríais

7. _____ muchos descuentos en las tiendas todo el mes.
   a. Habré   b. Habrán   c. Habrá   d. Habremos

8. ¿Ustedes _____ con nosotros el sábado?
   a. saldremos   b. saldrá   c. saldréis   d. saldrán

14-21   **Ellos también**

State the conditions under which the following events will happen. Use the present indicative form of the verb in parentheses in the first part of the sentence and the future tense form of that verb in the second.

EJEMPLO: Si tú *vas*, yo *iré* también. (ir)

1. Si usted _____ el viernes, yo _____ también. (salir)

2. Si ustedes se lo _____ a Paula, nosotros se lo _____ a Alfredo. (decir)

3. Si Alonso _____ el viaje, sus hermanos lo _____ también. (hacer)

4. Si ustedes _____ confianza, ella la _____ también. (tener)

5. Si tú te _____ los guantes, yo me los _____ también. (poner)

6. Si ellos _____ aprobar la resolución, ustedes la _____ aprobar también. (poder)

7. Si nosotros _____ qué día es la excursión, tú lo _____ también. (saber)

8. Si yo _____, usted _____ también. (venir)

9. Si Marta _____ una decisión, ellas _____ una también. (tomar)

Nombre: _____   Fecha: _____

14-22 ¡Tantas cosas que hacer!

Complete the following sentences with the correct form of **hacer** to describe what people will do in the future.

1. Tú y ella/Ustedes _____ la cena.
2. Nosotros _____ un viaje de negocios.
3. Usted _____ mercadeo.
4. Yo _____ ejercicio.
5. Ellos _____ yoga.
6. Tú _____ una excursión.
7. Elena _____ las maletas.
8. Ustedes _____ fotos.
9. Raúl _____ preguntas.
10. Tú y yo _____ esquemas.

THE CONDITIONAL TENSE: FORM AND USES

14-23 Estudiarían mucho

Use the conditional tense form of the verbs in parentheses to say what these people would do in school.

EJEMPLO: Paco *borraría* la pizarra. (borrar)

1. Yo _____ por Internet. (navegar)
2. Usted _____ en público. (hablar)
3. Juan y Carmen _____ por la cantidad de trabajo. (angustiarse)
4. Beti y yo _____ cuatro lenguas extranjeras. (aprender)
5. Tú _____ un informe sobre la cultura paraguaya. (escribir)
6. Ustedes _____ libros sobre la lengua guaraní. (leer)
7. Felipe _____ más al gimnasio. (ir)
8. Ellas no _____ errores. (cometer)

14-24 **En este caso**

Complete the following sentences with the correct conditional form of the verbs given.

EJEMPLO: Si tiene fiebre, yo no le *daría* (dar) un antibiótico hasta estar seguro que no es alérgico.

1. Yo le _____ (decir) algo para consolarle, pero no tenemos nada en común.

2. Nadie _____ (querer) ver las arañas en el zoológico.

3. Si terminamos el trabajo temprano, nosotros _____ (salir) a comer a las ocho.

4. Prefiero que no conozcan a mi compañero de cuarto, ustedes no _____ (poder) soportarlo.

5. Si les parece bien después de la visita, yo _____ (venir) con ustedes al hotel.

6. Si vamos a Perú, ¿ustedes _____ (hacer) una excursión a Machu Picchu con nosotros?

14-25 **¿Qué harían estos amigos?**

Tell what these people would do this weekend if they had the time, completing each sentence with the correct form of the conditional.

EJEMPLO: Ustedes *jugarían* a los bolos (*bowling*). (jugar)

1. Pepe _____ con su amigo Paco. (reunirse)

2. Nosotros _____ la ciudad a pie. (recorrer)

3. Tú _____ tomando una copa. (divertirse)

4. Raquel y Sara _____ con nosotros a la reunión. (venir)

5. Yo _____ ir a una pinacoteca. (querer)

6. Ustedes _____ una excursión al campo. (hacer)

7. Ustedes _____ a cenar. (salir)

8. Usted _____ un plan. (proponer)

14-26 **¿Qué les gustaría hacer?**

What would the following people do to help their friends plan the weekend? Complete each sentence with the correct conditional form of the verb provided.

EJEMPLO: ¿Adónde les *gustaría* ir este fin de semana? (gustar)

1. Yo _____ una opinión. (dar)

2. Tú _____ un deseo. (expresar)

3. Juana _____ las entradas. (comprar)

4. Arturo y yo _____ un plan. (proponer)

5. Ustedes _____ con todos nosotros. (reunirse)

6. Usted _____ para salir. (prepararse)

7. Ustedes _____ el plan. (cambiar)

8. Alonso y Cristina _____ una cita. (hacer)

14-27 **Esto es lo que harían**

Complete the sentences telling what the following people would do in a hypothetical situation by selecting the correct verb form.

1. Yo _____ la iniciativa en un caso de emergencia.
   a. tomaría   b. tomarían   c. tomarías   d. tomaríamos

2. Si nos mintiera nosotros nos _____ cuenta.
   a. daría   b. daríais   c. daríamos   d. darían

3. ¿Tú _____ una excursión al lago?
   a. haría   b. haríais   c. harían   d. harías

4. Cristóbal y Carlota _____ al patio de tango.
   a. vendríais   b. vendrían   c. vendríamos   d. vendrías

5. Usted _____ estudiar la coreografía.
   a. querrías   b. querría   c. querrían   d. querríais

6. Nicolás _____ ayudarte.
   a. podría   b. podrías   c. podrían   d. podríamos

7. Ustedes _____ una excusa.
   a. daría   b. daríais   c. daríamos   d. darían

Nombre: _____ Fecha: _____

14-28 **Actividades**

Who would make the following statements? For each sentence, select the correct pronoun based on the verb form given in the conditional.

1. Asistiría a un concierto.
   a. yo   b. tú   c. nosotros   d. ustedes

2. Bailaríamos en un patio de tango.
   a. yo   b. tú   c. nosotros   d. ustedes

3. Harías un viaje.
   a. yo   b. tú   c. nosotros   d. ustedes

4. Iría a un museo.
   a. yo   b. tú   c. nosotros   d. ustedes

5. Jugarían a los bolos.
   a. yo   b. tú   c. nosotros   d. ustedes

6. Patinarías.
   a. yo   b. tú   c. nosotros   d. ustedes

7. Nadaríamos en el lago.
   a. yo   b. tú   c. nosotros   d. ustedes

8. Saldría a cenar.
   a. yo   b. tú   c. nosotros   d. ustedes

9. Se pasearían por el parque.
   a. yo   b. tú   c. nosotros   d. ustedes

10. Tomaríamos una copa.
    a. yo   b. tú   c. nosotros   d. ustedes

11. Vendrían a casa de los amigos.
    a. yo   b. tú   c. nosotros   d. ustedes

12. Verías una obra de teatro.
    a. yo   b. tú   c. nosotros   d. ustedes

14-29 **¿Qué les gustaría hacer con estos famosos?**

Do you know these celebrities? Listen to these five people as they talk about what they would do with them. For each statement you hear, answer the following questions: **¿Qué haría?¿Con quién?¿Por qué?**

Enrique Iglesias   Nelson Mandela   Marcelo Ríos   *Paul McCartney*   Nicole Kidman   Shakira

EJEMPLO: You hear: Yo iría de gira por todo el mundo con Paul McCartney. Me encanta su música.

You write: *Iría de gira con Paul McCartney porque le encanta su música.*

1. _____
2. _____
3. _____
4. _____
5. _____

14-30 **¿Qué te gustaría hacer a ti con estos famosos?**

What activities would you like to do with these celebrities? Write six sentences in the conditional, giving your preferences.

EJEMPLO: *A mí me encantaría bailar y cantar con Shakira porque es mi cantante latina favorita.*

| Enrique Iglesias | Nelson Mandela | Marcelo Ríos | Paul McCartney | Nicole Kidman | Shakira |

1. _____

2. _____

3. _____

4. _____

5. _____

6. _____

14-31 **¿Qué cosas haría con estos famosos?**

With which of the following six celebrities would you do the following? With which of them would you NOT? Explain why.

| Enrique Iglesias | Nelson Mandela | Marcelo Ríos | Paul McCartney | Nicole Kidman | Shakira |

EJEMPLO: trabajar

Yo trabajaría con Nicole Kidman porque me gustaría ser actriz.

Yo no trabajaría con Enrique Iglesias porque no me gusta su música.

1. viajar a una isla desierta

_____

_____

2. casarse

_____

_____

3. salir a cenar una noche

_____

_____

4. ir de compras

_____

_____

5. hacer una película

_____

_____

14-32 **Problemas de mi ciudad**

What problems does your city or town have? Write five things that you would change in order to improve the life of the community.

EJEMPLO: *Mejoraría el sistema de transportes.*

1. _____
2. _____
3. _____
4. _____
5. _____

DIRECT AND INDIRECT QUESTIONS

14-33 **Preguntas**

Help your classmate Emma ask these questions by filling in the interrogative word that logically completes each one.

1. —¿_____ idioma estudias?

2. —¿_____ sale el avión?

   —A las once y media.

3. —¿_____ trabaja Amalia?

   —En Asunción.

4. —¿_____ es el defecto de este sistema?

5. —¿_____ vive tu hermano?

   —Con mi primo Jaime.

6. —¿_____ se van tus invitados?

   —Mañana creo.

7. —¿_____ es el novio de Sara?

   —Muy egoísta.

14-34 **¿Cómo preguntas?**

Select the question that would logically precede each of the answers given below.

EJEMPLO: Unos zapatos rojos.

   a. ¿Qué?

1. Porque quiero aprender.

   a. ¿Qué? b. ¿Cuál? c. ¿Con quién? d. ¿Desde dónde? e. ¿Por qué? f. ¿Desde cuándo?

2. Desde hace dos horas.

   a. ¿Qué? b. ¿Cuál? c. ¿Con quién? d. ¿Desde dónde? e. ¿Por qué? f. ¿Desde cuándo?

3. Una cerveza.

   a. ¿Qué? b. ¿Cuál? c. ¿Con quién? d. ¿Desde dónde? e. ¿Por qué? f. ¿Desde cuándo?

4. La roja, por favor.

   a. ¿Qué? b. ¿Cuál? c. ¿Con quién? d. ¿Desde dónde? e. ¿Por qué? f. ¿Desde cuándo?

5. Con un amigo, creo.

   a. ¿Qué? b. ¿Cuál? c. ¿Con quién? d. ¿Desde dónde? e. ¿Por qué? f. ¿Desde cuándo?

6. Desde la mañana.

   a. ¿Qué? b. ¿Cuál? c. ¿Con quién? d. ¿Desde dónde? e. ¿Por qué? f. ¿Desde cuándo?

7. Por amor.

   a. ¿Qué? b. ¿Cuál? c. ¿Con quién? d. ¿Desde dónde? e. ¿Por qué? f. ¿Desde cuándo?

8. Desde una gasolinera.

   a. ¿Qué? b. ¿Cuál? c. ¿Con quién? d. ¿Desde dónde? e. ¿Por qué? f. ¿Desde cuándo?

9. Desde aquí, ¿no?

   a. ¿Qué? b. ¿Cuál? c. ¿Con quién? d. ¿Desde dónde? e. ¿Por qué? f. ¿Desde cuándo?

10. Con Luis y Cristina.

   a. ¿Qué? b. ¿Cuál? c. ¿Con quién? d. ¿Desde dónde? e. ¿Por qué? f. ¿Desde cuándo?

11. La que a ti no te gusta.

   a. ¿Qué? b. ¿Cuál? c. ¿Con quién? d. ¿Desde dónde? e. ¿Por qué? f. ¿Desde cuándo?

12. Porque no lo sé.

   a. ¿Qué? b. ¿Cuál? c. ¿Con quién? d. ¿Desde dónde? e. ¿Por qué? f. ¿Desde cuándo?

14-35 **¿Cuál es la pregunta?**

Which questions would you ask to get the following answers? Say orally the question that would logically have prompted each answer you hear.

EJEMPLO: You hear: Desde hace un semestre estudio en esta universidad.

   You say: *¿Desde cuándo estudias en esta universidad?*

1. ...

2. ...

3. ...

4. ...

5. ...

6. ...

7. ...

14-36 **Entrevista a Beatriz Pereda**

The questions are missing from the following interview with the actress Beatriz Pereda. Read the answers that are given below, and write the questions that would logically have been asked.

1. —_____
—Pues este verano hago una película en Italia y después trabajaré en una telenovela en Venezuela.

2. —_____
—A los quince años, en una obra de teatro en el colegio.

3. —_____
—¡Uf! Es muy difícil contestar a esa pregunta. Supongo que sí, pero no lo sé.

4. —_____
—El verde. Siempre me ha gustado ese color.

5. —_____
—Con muchos, por ejemplo, con Alejandro Arrieta: vi su última película y me pareció muy buena.

6. —_____
—El pop centroamericano de los últimos años y algunos grupos clásicos como Supertramp. Y el *blues*, me encanta escuchar *blues*.

7. —_____
—Pues ropa cómoda, *jeans* y camisetas de algodón.

8. —_____
—Con mi mamá, siempre con mi mamá, que me acompaña a todas partes.

9. —_____
—Mira, lo siento, pero a esa pregunta prefiero no contestar.

14-37 **Elementos que faltan**

Help your classmate Jacob ask indirect questions. Complete the following sentences (all containing indirect questions) with the equivalent of the English word and the conditional form of the verb in parentheses.

EJEMPLO: No me dijeron *qué harían* ellos. (*what*/hacer)

1. Me gustaría saber _____ nuestros amigos. (*when*/venir)
2. Me pregunto _____ ella _____ tal cosa. (*why*/decir)
3. Me gustaría saber _____ tu hijo. (*where*/estudiar)
4. Yo no tenía idea _____ mi hijo. (*with whom*/casarse)
5. Ella me preguntó _____ yo la _____. (*whether*/acompañar)
6. No sabíamos _____ la gente. (*what*/pensar)
7. Tú no sabías _____ tus padres _____. (*whether*/salir)
8. Ellos no me preguntaron _____ yo _____. (*when*/irse)

14-38 **Un viejo amigo**

It has been two years since you last saw a good friend of yours. All you know is that s/he had a boyfriend/girlfriend during that time, but they ended up breaking up. What questions can you ask your friend to find out more about that relationship? The following are some ideas. Ask six more questions orally, using interrogative words.

EJEMPLO: *¿Cómo se llamaba tu novio?*

1. ....
2. ....
3. ....
4. ....
5. ....
6. ....

INTERACCIONES

14-39 **No se ponen de acuerdo**

Listen to a conversation between two students who have to write an essay about the vices in our world nowadays. Of the defects that they discuss (**egoísmo, avaricia, falta de solidaridad, intolerancia, ignorancia, carácter violento**), which ones do they disagree or strongly disagree on? Make two lists below.

1. They disagree:

   _____

   _____

2. They strongly disagree:

   _____

   _____

14-40 **No estoy de acuerdo**

Now listen to the following statements and give your opinions about the major defects in our society orally, using expressions of personal disagreement. Follow the example given, and be sure to use a different expression in each of your responses.

EJEMPLO: You hear: El mayor defecto es la falta de solidaridad.

   You say: *No, creo que te equivocas.*

1. ...
2. ...
3. ...
4. ...

14-41 **¿Qué opinas?**

Now listen to these opinions. How would you react to each one? Use the expressions of agreement or disagreement that you have learned in the textbook chapter, and give your responses orally.

EJEMPLO: You hear: Me molestan los perros, son asquerosos, dejan pelos y la baba (*drool*) por todos sitios.

   You say: *No lo veo así, con un perro uno nunca se siente solo.*

1. ...
2. ...
3. ...
4. ...

NUESTRA GENTE

GENTE QUE LEE

 El Pop

Read the following passage about **El Pop** and then answer the questions below.

El Pop

El grupo musical El Pop produce un rock en castellano de corte urbano, melódico y accesible desde la ciudad de San Pedro Sula, Honduras, Centroamérica, cuna y sede de sus operaciones. El nombre del grupo tiene raíces en el español y la tradición maya, ya que pop es el primer mes del calendario maya y la contracción del castellano "popular". El grupo constituye una tercera generación de <u>rockeros</u> hondureños **comprometidos** y arriesgados, deseosos de asumir un compromiso con su momento <u>histórico</u> y también con su rica tradición musical y literaria.

La trayectoria musical de El Pop comienza en octubre de 1983, tras meses de ensayos amalgaman un sonido claramente influenciado por el rock clásico de los años sesenta, la música caribeña y el bossa nova e impregnado de esa dinámica pop típica de la nueva ola <u>ochentera</u>. Cantan exclusivamente en castellano, tendencia que marcó un cambio radical dentro del rock hondureño. Más tarde, en 1992, lanzan su disco. "Estado de crisis", y el single "Luna hiena" subió al primer lugar de <u>popularidad</u> a nivel nacional, permaneciendo en las listas por varios años. Por primera vez en la historia un grupo nacional de rock alcanzó la cima de los *hit parades* con una canción propia. En 1993, <u>arranca</u> el CrisisTour, la <u>gira</u> más extensa realizada por un grupo hondureño de rock: 34 actuaciones en total incluyendo presentaciones en los vecinos Nicaragua y Costa Rica. Luego se suceden importantes conciertos masivos. Finalmente, en el 2002, su canción "Abandonados en la nada" logra colocarse en el número 10 de la lista de rock en español de Soundclick.com, reconocido portal de rock independiente. El Pop actualmente prepara la producción de un CD que reúne todos sus éxitos y alguna canción nueva. En conclusión, en sus veinte años de trayectoria El Pop ha sido la <u>punta de lanza</u> para abrir los medios de comunicación masiva al rock nacional y se ha establecido como uno de los grupos centroamericanos de mayor importancia.

El rock que produce El Pop es melódico y rico en armonías. Las influencias dominantes son muy variadas y eclécticas y tienen su origen en el rock anglosajón; por ejemplo The Beatles, Pink Floyd, The Cure, The Police, U2, Bob Marley; y también en la música latinoamericana, como Luis Alberto Spinetta, Silvio Rodríguez y la nueva trova cubana, Jarabe de Palo, Sangre Asteka y Serrat. "Somos soñadores e idealistas, pero también comprometidos. Definimos nuestra música como vital, consciente y dinámica, ecléctica si se quiere; aborda temáticas trascendentes para el individuo y la sociedad latinoamericana en sí, con honestidad, <u>humanidad</u>, sensibilidad y dando un tratamiento poético a los textos. En general nuestra música es comprometida y solidaria. No nos interesa el cliché y apostamos por el riesgo constante y la experimentación".

1. Mira el título del artículo. Lee la primera frase temática de cada uno de los tres párrafos.

   ¿De que crees que trata este texto?

   _____

2. El primer párrafo contiene mas de 30 palabras. ¿Cuántas de ellas son cognados?

   _____

3. Según el contexto, ¿qué significan la palabra subrayada **gira** y la expresión **punta de lanza**?

_____

_____

4. Busca en el diccionario las palabras en negrita en el texto. Identifica su categoría gramatical, entrada específica y el significado adecuado según el contexto.

_____

_____

_____

5. Explica cómo se formaron y qué significan las palabras rockeros, histórico, ochentera, popularidad y humanidad. ¿Aprendiste afijos nuevos? ¿Cuáles?

_____

_____

6. ¿De dónde se deriva el nombre de este grupo de rock?

_____

7. ¿Qué título tiene la canción más popular en Honduras en 1992?

_____

14-43 **¿Comprendes?**

Based on the passage about El Pop, select the correct answer to each of the following questions.

1. Mira el título del artículo. Lee la primera frase temática de cada uno de los tres párrafos.

   ¿De que crees que trata este texto?

   a. Los grupos de pop de Centroamérica, actuaciones e influencias.

   b. El grupo de rock hondureño, El Pop, su historia, influencias y características.

   c. Los grupos de pop que cantan en español en Honduras, su historia y características.

   d. El grupo, El Pop, la historia del rock en Latinoamérica y sus influencias.

2. Todas estas palabras aparecen en el primer párrafo; selecciona la que no es un cognado.

   a. produce   b. urbano   c. melódico   d. accesible   e. comprometidos

   f. operaciones   g. calendario   h. generación   i. tradición

3. Según el contexto, ¿qué significa la palabra **gira**?

   a. tour   b. to spin   c. to draw   d. to turn

4. Identifica la categoría gramatical de la entrada específica de **comprometidos**. De los significados que aparecen en el diccionario, ¿cuál es el más adecuado?

   a. to compromise   b. to promise   c. committed   d. awkward

5. ¿De dónde deriva el nombre de este grupo de rock?

   a. De la palabra inglesa *pop*.

   b. De la palabra española popular.

   c. Del nombre del primer mes del calendario maya.

   d. De la palabra española popular y del nombre del primer mes del calendario maya.

6. ¿Cuál era el título de la canción más popular en Honduras en 1992?

   a. "Estado de crisis"

   b. "Luna hiena"

   c. "Abandonados en la nada"

7. El nuevo CD de El Pop….

   a. es el número 10 de la lista de Soundclick.com.

   b. tiene canciones nuevas y antiguas.

   c. es su disco de mayor importancia.

GENTE QUE ESCRIBE

14-44 **Uso del diccionario**

You are writing about what you have eaten, and when you describe the salad dressing you want to say it was very **heavy**, so you look up this word. Answer the questions below based on the following dictionary definition.

heavy adj. (teat.) villano *m*; adv. con lentitud; a. (líquido) espeso, (tráfico) denso; (olor) fuerte; (aire) sofocante; (comida) pesada.

1. Are you looking for a noun, a verb, adjective, or adverb?

   _____

2. What do these abbreviations (n., adj., adv.) mean?

   _____

3. Which word would you choose for **heavy**?

   _____

4. How would you translate the word heavy in this sentence?
   He came late because the traffic was very **heavy**.

   _____

5. How would you translate the word heavy in this sentence?
   Because of the mud, the river's water is very **heavy**.

   _____

6. How would you translate the word heavy in this sentence?
   In the school plays he always loved to be the **heavy**.

   _____

14-45 **Identifica los conectores y su propósito**

Read the passage about El Pop again, and this time, give an example of the various connectors that appear in the text based on the purposes given.

1. Organizes information in a sequence _____

2. Expresses cause or effect _____

3. Introduces examples _____

4. Introduces conclusions _____

5. Sequences events _____

6. Adds information _____

15 gente que se divierte

Nombre: _____   Fecha: _____

VOCABULARIO EN CONTEXTO

 Palabras relacionadas

Help your classmate Allison indicate the word or expression in each group that does not belong.

1. emocionante   nocturno   entretenido   conmovedor

2. espectáculo   concierto   exposición   cartelera

3. amanecer   salir   asistir   acudir

4. canal   serie   telenovela   taquilla

5. quedar con   planear   concertar una cita   arrepentirse

 Sinónimos y antónimos

Indicate whether the words in each pair are synonyms or antonyms.

1. asistir / acudir   synonyms   antonyms

2. quedar / concertar una cita   synonyms   antonyms

3. entretenido / pesado   synonyms   antonyms

4. nocturno / diurno   synonyms   antonyms

5. danza / baile   synonyms   antonyms

15-03 A completar

Your friend Kate just started studying this lesson. Help her select the logical completion of each sentence.

1. Si te interesan las películas, debes consultar _____.
   a. la retransmisión   b. el concurso   c. la cartelera   d. el argumento

2. Ella no sabe lo que pasa en el mundo porque nunca ve _____.
   a. el telediario   b. el partido   c. la exposición   d. la telenovela

3. Cuando nos reunimos mis amigos y yo, quedamos en la _____ que está en la plaza.
   a. entrada   b. taberna   c. serie   d. protagonista

4. _____ con mi novia a las diez.
   a. Asistí   b. Agradecí   c. Sorprendí   d. Quedé

5. Nunca he ido a _____. Me parece un espéctaculo cruel.
   a. un parque de atracciones   b. un teatro   c. una plaza de toros
   d. una exposición

15-04 Definiciones

Help your friend Robert learn new Spanish vocabulary by writing each word next to its definition.

documental	cita	entretenido	partido
entrada	guión	temporada	

1. juego de fútbol o de otro deporte entre dos equipos: _____

2. reunión entre dos o más personas concertada previamente: _____

3. texto de una película u obra de teatro: _____

4. película informativa: _____

5. tiempo durante el cual algo tiene lugar habitualmente: _____

6. chistoso, divertido, de humor festivo: _____

7. billete que da el derecho de asistir a un espectáculo o partido: _____

15-05 Categorías

Read each of the following categories, and select all the words that logically belong in it.

1. **televisión**
   - a. la banda sonora
   - b. el canal
   - c. el compositor
   - d. el concierto
   - e. el telediario
   - f. la serie
   - g. el cortometraje
   - h. las entradas
   - i. la exposición
   - j. la retransmisión
   - k. la danza
   - l. la taquilla
   - m. el cuadro

2. **cine**
   - a. la banda sonora
   - b. el canal
   - c. el compositor
   - d. el concierto
   - e. el telediario
   - f. la serie
   - g. el cortometraje
   - h. las entradas
   - i. la exposición
   - j. la retransmisión
   - k. la danza
   - l. la taquilla
   - m. el cuadro

3. **arte**
   - a. la banda sonora
   - b. el canal
   - c. el compositor
   - d. el concierto
   - e. el telediario
   - f. la serie
   - g. el cortometraje
   - h. las entradas
   - i. la exposición
   - j. la retransmisión
   - k. la danza
   - l. la taquilla
   - m. el cuadro

4. **música**
   - a. la banda sonora
   - b. el canal
   - c. el compositor
   - d. el concierto
   - e. el telediario
   - f. la serie
   - g. el cortometraje
   - h. las entradas
   - i. la exposición
   - j. la retransmisión
   - k. la danza
   - l. la taquilla
   - m. el cuadro

15-06 **Adjetivos**

Increase your Spanish vocabulary by giving the adjective associated with each of these nouns and verbs.

EJEMPLO: noche   *nocturno/a*

1. genio   _____
2. conmover   _____
3. encantar   _____
4. emocionar _____
5. día   _____
6. animarse   _____

15-07 **Programa de actividades culturales y deportivas**

A Spanish magazine recommends the following four activities for this month. Read the following stories and select the correct title for each one.

   a. Feria del libro

   b. Maratón de teatro

   c. Cine de mujeres

   d. Partido de fútbol

1._____

Barcelona presenta una nueva edición de la Muestra Internacional de Cine de Mujeres que, durante una semana, exhibirá películas de directoras femeninas. Películas que, pese a su calidad, no ha sido posible estrenar por diferentes motivos. Variedad, creatividad y sorpresas en la Filmoteca.

2._____

El Mercat de les Flors de Barcelona se convierte por cuarta vez en el gran escaparate de la joven creación escénica. Durante 24 horas seguidas, todos los rincones del recinto se transforman en escenarios. Un acontecimiento único en Europa que acoge cada año a miles de asistentes que desean ver las representaciones más creativas de todo tipo de compañías.

3._____

Madrid es este mes la capital de la literatura española. En el Parque del Retiro, librerías, editoriales y asociaciones de escritores acuden a la cita anual con el público. Una ocasión ideal para conocer las novedades y comprar un ejemplar con dedicatoria del autor incluida. Visita obligada para los coleccionistas de autógrafos.

4._____

El único deporte capaz de provocar guerras televisivas reúne al Barcelona y al Real Madrid en la gran final de esta competición, celebrada con algo de retraso tras una liga eterna. La presencia de la familia real añade espectáculo al acontecimiento.

15-08 Géneros cinematográficos

Complete each of these sentences with the name of the missing movie genre.

1. Me gustan muchísimo las películas de _____, sobre todo cuando van de viajes espaciales, se encuentran con extraterrestres y cosas así.

2. Vuelve a estar de moda el cine de _____. Películas llenas de persecuciones, tiroteos y escenas espectaculares.

3. Pedro dice que las películas del _____ son el cine más puro, pero a mí, la verdad, las historias de indios y vaqueros me aburren.

4. Los niños no deberían ver películas de _____ porque luego tienen pesadillas.

5. ¿*L.A. Confidential*? Es una película _____ muy buena. Una historia de gángsters y policías corruptos muy bien hecha.

15-09 Verbos

Write the verb that is formed from each of the following nouns.

1. plan _____

2. excusa _____

3. reunión _____

4. salida _____

5. sorpresa _____

GRAMÁTICA EN CONTEXTO

THE PRESENT SUBJUNCTIVE

 Conjugaciones del presente de subjuntivo

Complete the chart with the missing forms of the present subjunctive. Can you think of a rule that can help you remember how to form this tense?

ESTUDIAR

INDICATIVO	SUBJUNTIVO
estudio	estudie
estudias	1. _____
estudia	estudie
estudiamos	2. _____
estudiáis	3. _____
estudian	estudien

LEER

INDICATIVO	SUBJUNTIVO
leo	4. _____
lees	leas
lee	5. _____
leemos	leamos
leéis	6. _____
leen	7. _____

ESCRIBIR

INDICATIVO	SUBJUNTIVO
escribo	escriba
escribes	escribas
escribe	8. _____
escribimos	9. _____
escribís	escribáis
escriben	10. _____

TENER

INDICATIVO	SUBJUNTIVO
tengo	11. _____
tienes	tengas
tiene	tenga
tenemos	12. _____
tenéis	tengáis
tienen	13. _____

PODER

INDICATIVO	SUBJUNTIVO
puedo	pueda
puedes	puedas
puede	14. _____
podemos	15. _____
podéis	16. _____
pueden	puedan

QUERER

INDICATIVO	SUBJUNTIVO
quiero	17. _____
quieres	18. _____
quiere	quiera
queremos	queramos
queréis	19. _____
quiern	quieran

USE OF PRESENT SUBJUNCTIVE TO STATE YOUR OPINION

15–11 **El horóscopo**

Imagine that this is your future, according to the horoscope in a magazine. Which of the following things are impossible, in your opinion? Tell which of the predictions you don't believe, and remember to justify your answers.

EJEMPLO: *No creo que me aumenten el sueldo; ya me lo aumentaron el mes pasado.*

ESTE MES...

TRABAJO

◆ Tendrá problemas en el trabajo con una de sus jefas. Su carácter impulsivo le hará hablar demasiado. Pero, sin embargo, le aumentarán el sueldo y le mandarán a una delegación de su empresa en otra ciudad. Además, tendrá que hacer un largo viaje de trabajo a un país de habla española.

SALUD

◆ Fumará demasiado y comerá muchas golosinas porque estará muy nervioso. Sin embargo, como siempre, dormirá bien.
◆ Seguirá teniendo dolor de espalda y dolor de cabeza.
◆ Dejará de tener problemas digestivos.

FAMILIA Y RELACIONES

◆ Se enfadará con su suegra.
◆ Alguien le devolverá un dinero que le debe.
◆ Reencontrará a su mejor amiga de la infancia.
◆ Su hija le visitará.
◆ Tendrá que visitar, por un asunto de familia, a un cuñado que vive en el extranjero.

_____
_____
_____
_____
_____
_____
_____
_____
_____

USE OF PRESENT SUBJUNCTIVE TO STATE PROBABILITY OR DOUBT

15-12 **¿Cómo ves el futuro?**

How do you see your future? Do you think that the following things will happen to you? Use the expressions of probability given in the first list and the expressions of time in the second to adapt the sentences to your own life.

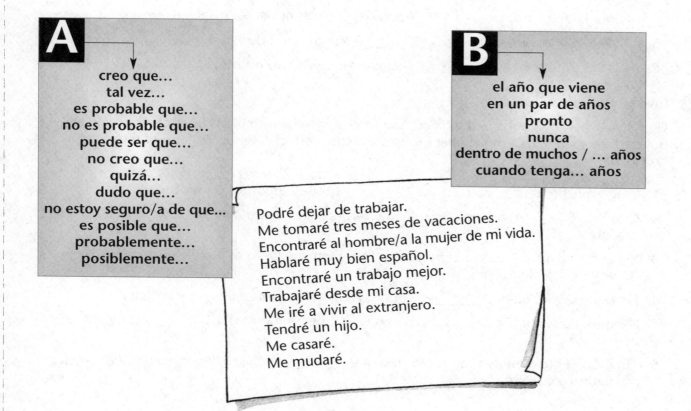

A

creo que…
tal vez…
es probable que…
no es probable que…
puede ser que…
no creo que…
quizá…
dudo que…
no estoy seguro/a de que…
es posible que…
probablemente…
posiblemente…

B

el año que viene
en un par de años
pronto
nunca
dentro de muchos / … años
cuando tenga… años

Podré dejar de trabajar.
Me tomaré tres meses de vacaciones.
Encontraré al hombre/a la mujer de mi vida.
Hablaré muy bien español.
Encontraré un trabajo mejor.
Trabajaré desde mi casa.
Me iré a vivir al extranjero.
Tendré un hijo.
Me casaré.
Me mudaré.

EJEMPLO: *Es probable que en un par de años me canse de estudiar español.*

1. 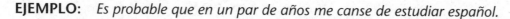 _____
2. _____
3. _____
4. _____
5. _____
6. _____
7. _____
8. _____
9. _____
10. _____

Nombre: _____   Fecha: _____

 15-13 **Viaje de Inés a los Pirineos**

Your friend Inés is going to Madrid over the next winter vacation. Complete the sentences about what she thinks is going to happen by using the correct subjunctive form of the verbs provided.

1. Dudo que _____ (arrepentirse) de ir en el último momento.

2. Es posible que mis padres _____ (celebrar) en Madrid sus bodas de plata.

3. No estoy segura de que mis hijos _____ (quedarse) aquí, querrán venir con nosotros.

4. Es posible que nosotros _____ (reunirse) con mis tíos en su casa de El Escorial.

5. No creo que mi prima Angélica _____ (sorprenderse) de verme.

6. ¡Hasta es posible que tú _____ (animarse) a venir con nosotros!

15-14 **Invitaciones para Elisa**

Elisa is your new colleague in the office. She receives several invitations from other coworkers, but declines them all. Complete her excuses with the correct subjunctive form of the verbs provided.

1. Tengo mucho trabajo, no creo que _____ (poder) asistir al concierto.

2. Quizá _____ (ir) a tomar un café mas tarde, ahora tengo que contestar unas llamadas urgentes.

3. Me gustaría mucho quedar contigo este fin de semana, pero es posible que _____ (tener) un viaje de trabajo.

4. No estoy segura de que _____ (querer) ir a ver esa película, es muy violenta.

5. Me gustaría salir a tomar unas copas con el jefe, pero no creo que _____ (ser) una persona divertida.

6. ¿Trabajar el próximo domingo? No creo que _____ (venir) a la oficina, porque vienen mis padres a visitarme.

15–15   Cafés en Madrid

Your friends are inviting you to various places in Madrid. Listen to their invitations and state your opinion of the place or the proposal. Give your responses orally.

de 19 h. a 3 mad. V, S y vísp. hasta 3.30 mad. D de 18 h. a 2.30 mad.

● **El Bosque Animado.** San Marcos, 8 (Chueca). Tel. 91 523 34 89. Bar de copas. Hor. todos los días de 13 h. a mad. D cerr.

● **The Bourbon Cafe.** Carrera de San Jerónimo, 5. (Sol). Tel. 91 522 03 02. Café-restaurante con espectáculo. Hor. todos lo días de 13 a 5.30 mad. V y S hasta 6 mad. *Actuaciones en vivo de jazz y country.*

● **Buddha del Mar.** Ctra. de la Coruña, Km. 8,700. Tel. 91 357 29 07-08 y 677 561 193. Discoteca. Hor. todos los días de 23 h. a mad. D cerr.

● **La Buga del Lobo.** Argumosa, 11 (Lavapiés). Tel. 91 467 61 51. Taberna. Hor. todos los días de 10 h. a 1.30 mad. L cerr.

● **El Búho Real.** Regueros, 5 (Alonso Martínez). Tel. 91 319 10 88. Bar de copas con actuación. Todos los días de 19 h. a mad.

● **En Busca del Tiempo.** Barcelona, 4 (Sol). Tel. 91 521 98 01. Bar de copas y tapas. Hor. todos los días de 11 h. a 2 mad. De J a S de 11 a 4 mad.

● **El Buscón.** Victoria, 5 (Sol). Tel. 91 522 54 12. Taberna-bar de copas con actuación. Hor. todos los días de 12.30 a 1.30 mad. De J a S hasta 3.30 mad. M mañana cerr.

● **But.** Barceló, 11 (Tribunal). Tel. 91 448 06 98. Discoteca. Hor. L, M y J de 22.30 h. a 3 mad. V y S de 23.30 h. a 6 mad. y D de 19 h. a 3 mad. X V, S y D: **Bailes de Salón.** J: **Opera House.** S **Light** de 18 a 22.30 h. *Niños de entre 14 a 18 años.* D **Heaven** de 0.30 a mad.

● **Café Comercial.** Gta. de Bilbao, 7 (Bilbao). Tel. 91 521 56 55. Café - Cibercafé. Hor. todos los días de 7.30 h. a 1 mad. V y S de 8.30 h. a 2 mad. D de 10 h. a 1 mad.

● **Café del Cosaco.** Alfonso VI, 4 (La Latina). Tel. 91 365 27 18. Café-concierto. Hor. todos los días de 21 h. a mad.

● **Café en Vivo El Despertar.** Torrecilla del Leal, 18 (Antón Martín). Tel. 91 530 80 95. Café-Jazz años 30. Hor. todos los días de 19 a mad. M cerr. *Actuaciones en vivo.*

● **Café Español.** Príncipe, 25 (Sevilla). Tel. 91 420 17 55. Cafés y cócteles. Hor. de todos los días de 12 h. a 1 mad. V y S hasta 3 mad.

● **Café Gijón.** Pº de Recoletos, 21 (Banco de España). Tel. 91 521 54 25. Café. Todos los días de 7.30 h. a 1.30 mad. V y S hasta 2 mad.

● **Café Manuela.** San Vicente Ferrer, 29 (Tribunal). Tel. 91 531 70 37. Café. Hor. todos los días de 18 h. a 2 mad. V, S y D de 16 a 2.30 mad.

● **Café del Mercado.** Puerta de Toledo, s/n (Mercado Puerta de Toledo). Bar de copas. Todos los días de 11 a 24 h. J, V y S hasta 2 mad. D cerr.

● **Café Moderno.** Pl. de las Comendadoras, 1. (Pl. de España). Tel. 91 522 48 35. Café con actuación. Hor. todos los días de 15 h. a 2 mad. Fines de semana hasta 3 mad.

● **Café del Nuncio.** Nuncio, 12 y Segovia, 9 (La Latina). Tel. 91 366 08 53. Café. Hor. todos los días de 12 h. a 2 mad. V y S hasta 3 mad.

● **Café de Oriente.** Pl. de Oriente, 2 (Ópera). Tel. 91 541 39 74. Café. Hor. todos los días de 8.30 h. a 1.30 mad. V y S hasta 2.30 mad.

● **Café La Palma.** La Palma, 62 (Noviciado). Tel. 91 522 50 31. Bar de copas con actuación. Hor. todos los días de 16 h. a 3.30 mad. M, 21 h.: *cuentacuentos.*

● **Café de París.** Santa Teresa, 12 (Alonso Martínez). Bar de copas. Hor. todos los días de 19 h. a 3 mad.

● **Café del Real.** Pl. de Isabel II, 2 (Ópera). Tel. 91 547 21 24. Café. Hor. todos los días de 9 a 1 mad. V y S de 10 h. a 3 mad. D de 10 a 24 h.

EJEMPLO: You hear: Me apetece ir a un sitio tranquilo y espiritual. ¿Por qué no vamos a Buddha del Mar?

You say: *No creo que sea un sitio tranquilo. Me parece que es una discoteca.*

1. ...

2. ...

3. ...

4. ...

5. ...

15-16 **¿Qué planes tienes para este fin de semana?**

What is the probability that you will do the following things this weekend? Use the expressions in the word bank to state your answers, and give your responses orally.

creo que…	tal vez…	es probable que…
no es probable que…	puede ser que…	no creo que…
quizá…	no estoy seguro/a de que…	es posible que…
probablemente…	posiblemente…	

- *cocinar para amigos*

- ir a exposiciones de arte

- ir a los toros

- ir al fútbol

- ir a la ópera

- ir a ver un espectáculo de ballet

- pasear por la playa

- visitar a mis padres

- ver las noticias de la tele

- nadar

- jugar a las cartas

EJEMPLO: You say: *No creo que cocine para amigos este fin de semana.*

TALKING ABOUT ARTS AND ENTERTAINMENT

15-17 **¿Qué les gusta hacer?**

Listen to five people talk about what they like to do and then complete the following sentences with your own habits and preferences.

1. Yo siempre que hay un/una _____ voy a verlo/a. No me pierdo ninguno/a.

2. A mí lo que realmente me gusta es _____.

3. Una cosa que no me pierdo nunca es _____.

4. Los sábados por la noche no hay nada como _____.

5. A mí la música que de verdad me gusta es _____.

Nombre: _____ Fecha: _____

15-18 ¿De qué estan hablando?

 Listen to the following brief dialogues. Then write the number of the conversation next to the event that is being described.

1. un concierto de rock _____

2. una película _____

3. un restaurante _____

4. un concierto de música clásica _____

5. una fiesta _____

6. una discoteca _____

7. un museo _____

8. un partido de fútbol _____

15-19 ¿Qué entiendes?

 Listen to the following brief conversations again, and write down the words (only the nouns) that helped you understand what were they talking about.

1. _____

2. _____

3. _____

4. _____

5. _____

6. _____

7. _____

8. _____

15-20 ¿Lo pasaron bien?

 Listen to the following short dialogues one last time. Did each of these people have fun? Write complete sentences telling why or why not.

1. El primero _____

2. El segundo _____

3. El tercero _____

4. El cuarto _____

5. El quinto _____

6. El sexto _____

7. El séptimo _____

8. El octavo _____

15–21 **El rey de las discotecas**

Six people are giving their opinion about the movie *El rey de las discotecas*. Listen and write down their general opinions. Then, jot down the key words that helped you decide if the opinions were positive or negative.

Opiniones positivas _____

Opiniones negativas _____

Palabras importantes _____

15–22 **Mi programa favorito**

You probably have a favorite movie, play, or TV program. Talk about it in detail orally, and be sure to include the director, title, genre, characters, plot, and what you like most about it.

15–23 **Estoy de acuerdo**

Agree with your friend's opinions given below by using the absolute superlative (**-ísimo/a**) form of the adjective.

EJEMPLO: —La película es buena, ¿verdad?

            —Sí, *buenísima*.

1. —Esas lecturas son interesantes, ¿verdad?

   —Sí, _____.

2. —Esa comedia es divertida, ¿verdad?

   —Sí, _____.

3. —El partido fue aburrido, ¿verdad?

   —Sí, _____.

4. —La feria es animada, ¿verdad?

   —Sí, _____.

5. —El paseo fue lindo, ¿verdad?

   —Sí, _____.

6. —La clase es pesada, ¿verdad?

   —Sí, _____.

7. —Esta telenovela es entretenida, ¿verdad?

   —Sí, _____.

PLANNING AND AGREEING ON ACTIVITIES

15–24 **Planeando actividades para hacer en los Pirineos**

The following is some information about what you can do in the Pirineos of Navarra and Huesca. Propose ten things to your friend that can be done in that area, and give your answers orally.

EJEMPLO: *¿Por qué no vamos a montar a caballo?*

1. ...

2. ...

3. ...

4. ...

5. ...

6. ...

7. ...

8. ...

9. ...

10. ....

15-25 **¿Porque no quedamos?**

Two people are talking on the phone; they want to meet this afternoon to go to the movies.
Read the pieces of dialogue given in the speech bubbles, and write each line of their
conversation in the correct order.

1. _____
2. _____
3. _____
4. _____
5. _____
6. _____
7. _____
8. _____
9. _____
10. _____
11. _____

15-26 **Da una excusa**

Listen to the following proposals and give an excuse orally to decline each invitation.

EJEMPLO: You hear: ¿Qué te parece si vamos a la corrida de toros en Las Ventas este domingo? Tengo entradas.

You say: *Me gustaría salir contigo este domingo, pero es que las corridas de toros me parecen un espectáculo cruel.*

1. …

2. …

3. …

4. …

5. …

15-27 **¿Dónde y a qué hora es?**

The following people are talking about the times and places of some events. Complete the sentences with **es, está,** or **hay**.

1. El concierto _____ en el Teatro Olimpia a las diez.

2. La Plaza de Toros _____ muy cerca de mi casa.

3. Creo que la fiesta _____ en casa de María Ángeles. Lo que no recuerdo es en qué calle _____.

4. _____ un concierto muy bueno mañana en el Auditorio Nacional. ¿Te apetece ir conmigo?

5. La película _____ a las cuatro en el cine Rex.

6. Me han dicho que _____ una corrida de toros estupenda el jueves.

7. Hemos quedado en mi casa, que _____ aquí al lado, para tomar un café.

8. • ¿Sabes dónde _____ la exposición de Tapies?

   ○ Sí, en la Galería Rocambole, que _____ en la calle Almirante.

INTERACCIONES

15–28 ¿Qué quieren decir?

After listening to each of the following sentences, select the option that best describes its meaning or function.

EJEMPLO: You hear: Se te ve muy cansado porque estas durmiendo muy poco. Deberías dormir al menos ocho horas al día.

You select: *a. Giving advice or a suggestion.*

1. a. Giving advice or a suggestion.
   b. Giving an opinion.
   c. Expressing wishes.
   d. Making petitions or a request.
   e. Making a proposal.
2. a. Giving advice or a suggestion.
   b. Giving an opinion.
   c. Expressing wishes.
   d. Making petitions or a request.
   e. Making a proposal.
3. a. Giving advice or a suggestion.
   b. Giving an opinion.
   c. Expressing wishes.
   d. Making petitions or a request.
   e. Making a proposal.
4. a. Giving advice or a suggestion.
   b. Giving an opinion.
   c. Expressing wishes.
   d. Making petitions or a request.
   e. Making a proposal.

5. a. Giving advice or a suggestion.
   b. Giving an opinion.
   c. Expressing wishes.
   d. Making petitions or a request.
   e. Making a proposal.
6. a. Giving advice or a suggestion.
   b. Giving an opinion.
   c. Expressing wishes.
   d. Making petitions or a request.
   e. Making a proposal.
7. a. Giving advice or a suggestion.
   b. Giving an opinion.
   c. Expressing wishes.
   d. Making petitions or a request.
   e. Making a proposal.

15–29 ¿Qué respondes?

Listen to each of the following statements or questions. For each one, give an answer orally following the prompts provided, as in the example.

EJEMPLO: You hear: No sé que hacer este fin de semana.
Make a proposal.
You say: *¿Te gustaría venir a la playa conmigo?*

1. Give advice or a suggestion.
2. Give an opinion.
3. Express a wish.

4. Make a petition or request.
5. Make a proposal.

15–30 Recomendaciones

You have a new roommate from Spain. He wants you to give him some recommendations for an affordable restaurant, a clothing store, a place to go out for a drink, a good supermarket, and the best museum in town. Give your answers to him orally.

EJEMPLO: *Si quieres comer comida española, yo iría a El Jaleo, las tapas son buenísimas.*

Nombre: _____   Fecha: _____

NUESTRA GENTE

GENTE QUE LEE

15-31 **El flamenco ya es Patrimonio de la Humanidad**

Read the following passage and then answer the questions below.

Andalucía y toda España celebraron en 2010 la noticia: el flamenco fue elegido Patrimonio Cultural Inmaterial de la Humanidad por la UNESCO. La Organización de las Naciones Unidas para la Educación, la Ciencia y la Cultura lo ha incluido en la lista de manifestaciones que forman parte del Patrimonio de la Humanidad. En 2005 la UNESCO rechazó la propuesta de España pero cinco años más tarde, en Nairobi (Kenia) decidió <u>incluirlo</u> en su lista. La comisión de la UNESCO reunida en Nairobi consideró 47 propuestas procedentes de distintos países.

UNESCO define el **patrimonio** oral e inmaterial como "el conjunto de creaciones basadas en la tradición de una comunidad cultural expresada por un grupo o por individuos y que responden a las expectativas de una comunidad porque reflejan su identidad cultural y social". Lengua, literatura, música y danza, juegos y deportes, tradiciones culinarias, los rituales y mitologías, conocimientos y usos relacionados con el universo, los conocimientos técnicos relacionados con la artesanía y los espacios culturales son muchas de las formas de patrimonio inmaterial. La lista comenzó en 2001 con un conjunto de 19 obras a la que luego se añadieron otras 28 en 2003. El 25 de noviembre de 2005 se emitió una lista agregando otras 43 obras. El 4 de noviembre de 2008, en la reunión de la UNESCO en Estambul, se creó la Lista Representativa del Patrimonio Cultural Inmaterial de la Humanidad, que estaba integrada por los 90 elementos que la UNESCO proclamó obras maestras del **patrimonio** oral e intangible en 2001, 2003 y 2005.

España presentó en 2010 cinco candidaturas a Patrimonio Cultural Inmaterial de la Humanidad. Tres fueron presentadas en exclusiva por España (el flamenco, el canto de la Sibila de Mallorca y los *castells* catalanes) y dos compartidas con varios países (la dieta mediterránea, junto a Grecia, Italia y Marruecos, y la cetrería, junto a los Emiratos Árabes Unidos, Bélgica, República Checa, Francia, Corea, Mongolia, Marruecos, Qatar, Arabia Saudita y Siria). Más de dos millones de andaluces se sumaron a la iniciativa a través de sus ayuntamientos y más de 30.000 personas de 60 países se adhirieron a través de Internet. <u>Además</u> de esto, cientos de organizaciones y artistas habían escrito cartas de apoyo.

En el documento presentado a la UNESCO se recalcó que el flamenco era una expresión artística producto del cante, la danza y la música y que es la más significativa y representativa manifestación del **patrimonio** cultural inmaterial del sur de España, representando una aportación única de la cultura española en el mundo. <u>También</u> incidió en sus funciones sociales: el flamenco da identidad a comunidades, grupos y personas; aporta ritos y ceremonias de la vida social y privada; y crea un vocabulario y corpus de expresiones.

1. Mira el título y las frases temáticas de cada párrafo. ¿De qué crees que trata este texto?
    _____

2. Busca la palabra en negrita **patrimonio** en el diccionario. ¿Cuántos significados tiene? ¿Cuál es adecuado en este contexto?
    _____

3. ¿A qué se refiere el pronombre **lo** en la palabra <u>incluirlo</u>?
    _____

4. ¿Qué función tienen los conectores <u>Además</u> y <u>También</u>?

_____

5. Busca en el texto (*scan*) cuántas obras maestras eran Patrimonio Oral de la Humanidad en 2008.

_____

6. ¿Cuántas personas apoyaron, a través de Internet, la candidatura de España para incluir al flamenco dentro del Patrimonio Oral de la Humanidad?

_____

7. ¿Qué tipos de creaciones se consideran patrimonio oral e inmaterial de la humanidad?

_____

8. Según la UNESCO, ¿cuáles son las razones por las que el flamenco ha sido declarado Patrimonio Oral e Inmaterial de la Humanidad?

_____

 ¿Comprendes?

Based on the reading passage about flamenco, select the correct answer to each of the following questions.

1. Mira el título y las frases temáticas de cada párrafo. ¿De que crees que trata este texto?
   a. El flamenco ha recibido un premio de la UNESCO.
   b. El patrimonio oral e inmaterial declarado por la UNESCO.
   c. El flamenco fue declarado Patrimonio Oral de la Humanidad.

2. De los significados de la palabra *patrimonio* que se encuentran en el diccionario, ¿cuál es adecuado en este contexto?
   a. heritage   b. wealth   c. stockholders   d. assets

3. ¿A qué se refiere el pronombre **lo** en la palabra <u>incluirlo</u>?
   a. propuesta   b. flamenco   c. patrimonio

4. ¿Qué función tienen los conectores <u>Además</u> y <u>También</u>?
   a. secuenciar   b. resumir   c. añadir

5. Busca en el texto (*scan*), ¿cuántas obras maestras eran Patrimonio Oral de la Humanidad en 2008?
   a. 19   b. 90   c. 28

6. ¿Cuántas personas apoyaron, a través de Internet, la candidatura de España para incluir al flamenco dentro del patrimonio oral de la humanidad?
   a. dos millones   b. 30.000   c. 60

GENTE QUE ESCRIBE

15-33 **Uso de conectores**

Follow the directions with each pair of sentences below. Use connectors for adding, sequencing or summarizing the ideas.

EJEMPLO: Join these sentences.

a. Córdoba tiene un esplendoroso pasado.

b. Córdoba es una ciudad moderna, gracias a la multitud de eventos culturales que organiza.

Córdoba tiene un esplendoroso pasado, <u>también</u> es una ciudad moderna, gracias a la multitud de eventos culturales que organiza.

1. Join these sentences.
   a. Bilbao es sede de grandes conciertos de música ligera, pop y rock, y actuaciones en sus salas de música en vivo.
   b. Bilbao tiene la Muestra de Cine Fantástico y el Festival Internacional de Cine y Cortometraje.

   _____

   _____

2. Sequence these sentences.
   a. Bilbao es una ciudad con una gran oferta cultural.
   b. Bilbao tiene el mundialmente famoso Museo Guggenheim.
   c. Bilbao es sede de grandes conciertos de música ligera, pop y rock, y actuaciones en sus salas de música en vivo.
   d. Bilbao tiene la Muestra de Cine Fantástico y el Festival Internacional de Cine y Cortometraje.

   _____

   _____

   _____

3. Join these two sentences, and include a connector in the second one that summarizes what the first sentence says.
   a. Barcelona tiene organizada una amplia agenda de festivales de cine, teatro, música y arte, entre ellos se encuentran El BAM (Barcelona Acción Musical), Sonar (Festival Internacional de Música Avanzada y Arte Multimedia) y el ¡BAC! (Barcelona de Arte Contemporáneo). Además tiene fiestas tradicionales como las de la Mercé o modernas como el Festival de Verano del Grec.
   b. En cualquier momento del año el visitante encontrará una fiesta o un festival de música, cine o teatro al que acudir.

   _____

   _____

15-34 **Evaluación de contenido y organización de un texto**

After reading this passage that describes the cultural and entertainment offered for young people in the city of Córdoba, answer the following questions.

Cordoba une el pasado con la modernidad. Sin olvidar su esplendoroso pasado, Córdoba es una ciudad moderna, sinónimo de arte, cultura y ocio, gracias a la multitud de eventos culturales que organiza a lo largo del año como festivales flamencos, conciertos y ballet.

Estas actividades se complementan con una animada vida nocturna. Para empezar, al atardecer, una de las principales costumbres es sentarse en las terrazas y heladerías o dar una vuelta por las tascas y tabernas de mayor tradición. Después, cuando llega la noche, abren sus puertas las discotecas, pubs y locales de moda, en los que se puede disfrutar de la música y del baile hasta altas horas de la madrugada. Asimismo, la ciudad dispone de grandes centros de ocio, con comercios, restaurantes y multicines.

Igualmente hay una atractiva oferta de festivales que abarcan diferentes campos artísticos: música, teatro y cine. En primer lugar están los festivales musicales, como es el caso de Pop-Zoblanco, festival veraniego abierto a las jóvenes promesas del pop y rock. También el *dance*, el *chillout* y otras tendencias musicales ocupan un lugar de privilegio en Asituna Rock, que se celebra a mediados de julio. En segundo lugar están los festivales de teatro que tienen un indudable atractivo como la Feria de Teatro en el Sur y Sensxperiment, con las últimas tendencias de arte multimedia y experimental. Por último, en el 2004 se inauguró Ciudad Al Mansur, parque temático y cultural que recrea el antiguo esplendor de la Córdoba musulmana. En conclusión Córdoba es una ciudad alegre y vital que conecta fácilmente con los más jóvenes.

1. Who is this text written for and what is its purpose?

   _____

2. How are the paragraphs organized?

   _____

3. What are the topic sentences?

   _____

4. How do the paragraphs achieve coherence? Give specific examples.

   _____

5. What are the specific elements in the sentences and between the sentences that help to achieve cohesion?

   _____

16 *gente* innovadora

Nombre: _____   Fecha: _____

VOCABULARIO EN CONTEXTO

 Palabras relacionadas

Select the word in each group that does not belong.

1. oro	cartón	plata	cobre
2. averiarse	patentar	romperse	estropearse
3. escáner	impresora	enlace	ordenador
4. lana	seda	algodón	madera
5. electricidad	enchufe	batería	vacuna
6. móvil	pantalla	ratón	teclado

 Sinónimos y antónimos

Indicate whether the words in each pair are synonyms or antonyms.

1. apagar / prender

   synonyms   antonyms

2. lento / rápido

   synonyms   antonyms

3. enchufar / desenchufar

   synonyms   antonyms

4. averiarse / malograrse

   synonyms   antonyms

5. bajar / subir

   synonyms   antonyms

6. prender / encender

   synonyms   antonyms

7. ligero / pesado

   synonyms   antonyms

16–03 **A completar**

Select the logical completion for each sentence.

1. Puedo trabajar fuera de la oficina porque me he comprado _____.
   a. una vacuna   b. un enlace   c. una red   d. una computadora portátil

2. Debido a mis problemas de espalda, el médico me ha prohibido cargar mucho peso, así que voy a necesitar una computadora portátil que sea muy _____.
   a. complicada   b. ligera   c. pesada   d. lenta

3. Esta cámara digital me parece muy cara. Creo que puedes conseguir una _____ en otra tienda.
   a. más económica   b. rota   c. más pesada   d. eléctrica

4. _____ la luz. Quiero dormir.
   a. Digitaliza   b. Averigua   c. Avisa   d. Apaga

5. No puedo imprimir el informe porque la impresora no _____.
   a. se rompe   b. patenta   c. funciona   d. arregla

16–04 **Definiciones**

Match each of the following words to its definition.

enchufe	inalámbrico	importado	madera

1. material de construcción derivado de los árboles: _____

2. aparato para establecer una conexión eléctrica: _____

3. conectado a un sistema de comunicación sin cables ni enchufes: _____

4. se dice de un producto traído de otro país: _____

16–05 **Asociaciones con verbos**

Write the verb associated with each of these nouns.

1. el invento   _____

2. el aviso   _____

3. el descubrimiento   _____

4. el enchufe   _____

16–06 **Asociaciones con adjetivos**

Write the adjective associated with each of these verbs. Be sure to use the masculine form.

1. complicar   _____

2. importar   _____

3. romper   _____

4. digitalizar   _____

16–07   **Asociaciones con sustantivos**

Write the noun associated with each of these verbs.

1. archivar   el _____

2. fotocopiar   la _____

3. imprimir   la _____

4. memorizar   la _____

16–08   **¿De que hablan?**

Listen to the following sentences that contain pauses. What objects are they talking about? Write the correct word to complete each one.

1. _____

2. _____

3. _____

4. _____

5. _____

16–09   **Campos semánticos**

Select all the words that are associated with the computer.

ratón	plata	móvil	navegador
archivo	vacuna	teclado	fotocopiadora

GRAMÁTICA EN CONTEXTO

DESCRIBING OBJECTS

16–10 **Algo que usas a diario**

 Think about an object that you use every day. Then answer each of the questions you hear referring to that object. Be sure to give your answers orally.

1. ...
2. ...
3. ...
4. ...
5. ...

6. ...
7. ...
8. ...
9. ...
10. ...

16–11 **Adivinanza**

You are playing a game with your classmate and ask him/her to guess an object that you are thinking of. Choose an object and describe it orally without saying exactly what it is. Include in your description the shape, material, parts and components, purpose, properties and operation.

16–12 **Mis primeras cosas**

Do you remember what your first bike was like? Who bought it for you? How about the following things? Give your answers orally, describing each object.

EJEMPLO: bicicleta

Mi primera bici tenía cuatro ruedas, era verde y azul. Me la compró mi papá a los seis años.

1. reloj
2. computadora
3. instrumento musical

4. muñeca
5. libro de español
6. mascota

16–13 **¿Con qué mano?**

Which hand do you prefer to use each of these objects with? Give your answers orally, as in the example.

EJEMPLO: la raqueta de tenis

La raqueta la agarro con la izquierda.

1. el peine
2. el lápiz de labios
3. el teléfono móvil
4. las herramientas de bricolaje

5. las llaves de la casa
6. las tijeras
7. los pinceles
8. los palos de golf

16–14 ¿Cómo se pregunta?

Listen to each of the answers given, and provide an appropriate question for each one orally using the question words below.

| ¿Con qué… ? | ¿De qué… ? | ¿Qué… ? | ¿Cómo… ? | ¿Dónde… ? |

EJEMPLO: You hear: De cuero y tela.

You say: *¿De qué está hecho este bolso?* OR *¿De qué es esta cartera?*

1. …
2. …
3. …
4. …

5. …
6. …
7. …

16–15 ¿Qué objetos pueden ser?

Listen to the following dialogues and take notes. What objects are they talking about? You may write more than one for each dialogue. The gender and number of the adjectives can help you.

OBJETO 1: _____

OBJETO 2: _____

OBJETO 3: _____

16–16 Descríbelos

Describe each of the following things without using the words in parentheses. Be sure to write complete sentences.

1. playa (sol / turismo / vacaciones / costa)

_____

2. tortilla (huevo / comer / patatas / plato)

_____

3. llave (puerta / abrir / cerrar / cerradura)

_____

4. lluvia (llover / agua / cielo / nube)

_____

5. despertador (despertarse / reloj / radio / hora)

_____

Nombre: _____ Fecha: _____

16-17 **Funciones y metas**

Complete the following sentences with **con** or **para**.

1. Esta máquina no sirve _____ nada.

2. La calefacción de aquella casa funciona _____ energía solar.

3. Es un teléfono celular _____ el que se puede conectar a Internet.

4. Esta computadora es útil _____ un estudiante universitario.

5. ¿ _____ qué sirve este aparato?

6. Leo el manual _____ saber cómo funciona el reproductor de DVD.

7. Compré un teléfono _____ contestador.

8. Es un aparato _____ el que puedes abrir latas.

IMPERSONAL *SE*

16-18 **¿Para que se usa?**

How many of these new technologies do you know? Choose six of the following technologies and tell orally how each one is used.

EJEMPLO: *Firefox se usa para navegar en la red gratis.*

Wikipedia	Facebook	iTunes	Napster	banca en línea
Twitter	iPod	Google	blogs	consola de videojuegos
YouTube	Podcast	Wi-fi	televisión de alta definición	

16-19 **¿Cómo se usa la lavadora?**

Complete these instructions for using a washing machine by using the impersonal **se** with the verbs in parentheses.

Antes de poner en marcha la lavadora y para obtener mejores resultados (1) _____ (preparar) la ropa. Por ejemplo, (2) _____ (vaciar) los bolsillos, (3) _____ (atar) los cordones y (4) _____ (tratar) las manchas. Después, (5) _____ (separar) las prendas que están muy sucias de las que están poco sucias, también las de colores oscuros de las de colores claros.

(6) _____ (introducir) las prendas de ropa en la lavadora y (7) _____ (elegir) la opción de carga adecuada. (8) _____ (añadir) el detergente y el suavizante en los compartimentos designados para éstos. (9) _____ (pulsar) el botón para encender la lavadora, (10) _____ (seleccionar) la temperatura del agua y el programa y (11) _____ (esperar) a que termine el ciclo para sacar la ropa.

Nombre: _____   Fecha: _____

16-20 **¿Cómo se usa una cafetera?**

Have you ever used a coffee maker or other machine to make coffee? Explain step by step how it works, using the impersonal **se**.

_____

_____

_____

_____

16-21 **¿Para qué sirven estos objetos?**

You are playing a guessing game with some friends from your Spanish class. Prepare a description of three of the objects you see pictured below, and be sure that your descriptions include the purpose, the operation, and the properties of each object.

EJEMPLO: *Es un aparato que se usa para tostar el pan. Se enchufa a la corriente. Se baja una palanca para introducir el pan. No se puede usar cerca de lugares húmedos. No se pueden introducir objetos metálicos para sacar el pan.*

1. _____

_____

2. _____

_____

3. _____

_____

DIRECT AND INDIRECT OBJECT PRONOUNS

16–22   **Objetos directos**

Read the following brief dialogues and select the direct object pronouns that you see. If there is no direct object in the dialogue, select **No hay**.

1. • ¿Viste a los niños?
    ○ No, hoy no los he visto.
    a. **los** niños
    b. **los** he visto
    c. No hay.

2. • ¿Viste a los niños?
    ○ A Laura la he visto en el jardín, a Pablo no.
    a. **los** niños
    b. **la** he visto
    c. No hay.

3. • ¿Viste a los niños?
    ○ He visto a Laura en el jardín.
    a. **los** niños
    b. No hay.

4. • ¿Dónde pongo las maletas?
    ○ Las podés poner en mi cuarto.
    a. **las** podés poner
    b. **las** maletas
    c. No hay.

5. • ¿Llevabas abrigo anoche?
    ○ ¿Abrigo? No, no lo llevaba.
    a. **lo** llevaba
    b. No hay.

6. • Y las maletas, ¿dónde las pongo?
    ○ Ahí, con las cajas.
    a. **las** pongo
    b. **las** cajas
    c. No hay.

7. • ¿Ya vino el técnico?
    ○ Sí, arregló la lavadora y se llevó el televisor.
    a. **el** técnico
    b. No hay.
    c. **la** lavadora

8. • ¿Ya vino el técnico?
    ○ Sí, la lavadora la arregló pero se llevó el televisor.
    a. **la** arregló
    b. No hay.

9. • ¿Tienes carro?
    ○ Carro no tengo. La moto la he estacionado en el estacionamiento subterráneo.
    a. **la** he estacionado
    b. No hay.

16–23 **Uso del objeto directo**

Select **sí** or **no** to explain when we use the direct object pronoun in Spanish.

USAMOS EL PRONOMBRE EN . . .

1. frases con OD después del verbo
   a. sí
   b. no

2. frases con OD antes del verbo (OD determinado)
   a. sí
   b. no

3. frases con OD antes del verbo (OD no determinado)
   a. sí
   b. no

4. frases sin verbo
   a. sí
   b. no

16–24 **Mis cosas preferidas**

You probably have some things at home that are very special and important to you. Where do you keep them? Who gave them to you? Did you buy them yourself? Give your answers about each of the following items orally, and be sure to use the correct object pronouns.

EJEMPLO: tus libros

Mis libros preferidos los tengo en una estantería, al lado de la cama.

Casi todos me los compré yo o me los regaló mi madre.

1. tu libro preferido

2. tu cuadro preferido

3. tu bolígrafo preferido

4. tu joya preferida

5. tu pijama preferido

6. tus pantuflas más cómodas

7. tu perfume preferido

8. tu foto preferida

9. tu sillón preferido

Nombre: _____ Fecha: _____

16-25 **¿Qué es?**

Listen to these Uruguayan friends that are playing at guessing some objects. Write down the information that they use to describe each one.

EJEMPLO: El pañuelo *lo puedes llevar en la cabeza.*

La hoja de papel *la usan muchas personas.*

1. El pañuelo _____.

2. La hoja de papel _____.

SUBJUNCTIVE VERSUS INDICATIVE IN RELATIVE CLAUSES

16-26 **¿Qué clase de empleado necesitan?**

Complete the following sentences with the subjunctive form of the verbs in parentheses to describe the kinds of employees a company is looking for.

EJEMPLO: Buscan un empleado que *sea* inteligente. (ser)

1. Buscan un empleado que _____ usar la computadora. (poder)

2. Buscan un empleado que _____ a todas las reuniones. (ir)

3. Buscan empleados que _____ trabajadores. (ser)

4. Buscan empleados que _____ inglés. (saber)

5. Buscan empleados que _____ trabajar en grupo. (poder)

6. Buscan empleados que _____ a la oficina a las ocho. (venir)

7. Buscan un empleado que _____ interés en el trabajo. (tener)

8. Buscan un empleado que _____ cortés. (ser)

16-27 **¿Qué busca la gente?**

Use the present subjunctive form of the verbs in parentheses to describe the things these people are looking for.

EJEMPLO: Tengo un coche que *tiene* una maletera muy pequeña; para mis viajes busco un coche con una maletera que *sea* más grande.

1. Aurora vive en una casa que _____ (tener) dos habitaciones, pero con dos niños ahora busca una casa que _____ tres habitaciones. (tener)

2. A Roberto y David les gustan mucho sus compañeros que _____ (ser) muy deportistas, pero buscan uno que _____ una excursión con ellos. (hacer)

3. Rosana y Lucho tienen un apartamento por el que _____ (pagar) un alquiler muy alto, por eso buscan uno que no _____ mucho dinero. (costar)

4. Gonzalo tiene muchos amigos que _____ (hacer) deporte los fines de semana, pero busca a alguien que _____ al teatro con él. (ir)

5. Tengo una computadora vieja que _____ (ser) lentísima, por eso busco una computadora portátil de segunda mano que _____ rápida. (ser)

6. Lola tiene un disfraz de bruja para Halloween que _____ (estar) muy visto, pero busca un disfraz que _____ furor. (causar)

7. El plomero que _____ (venir) a la casa nunca puede hacer una buena reparación, así que busco uno que _____ reparar el baño. (poder)

8. Luisito va a un profesor de piano que _____ (estar) muy lejos de su casa, por eso su madre busca uno que _____ más cerca de su casa. (estar)

16–28 Diálogos

Indicative or subjunctive? Decide which verb form is needed by reading the dialogues and paying attention to the relative clauses. Then complete each sentence with the correct form of the verb in parentheses.

1. ● No te lo vas a creer pero parece que han inventado un aparato que (poder) _____ leer el pensamiento.
   ○ No, no me lo creo, claro, porque no hay nada que (leer) _____ el pensamiento.

2. ● Me prestas… esa cosa que (servir) _____ para quitar las manchas de la ropa…
   ○ ¿El quitamanchas?

3. ● Vengo de la oficina de intercambio, pero no hay nadie que (querer) _____ hacer intercambio español-inglés.
   ○ Vaya, lo siento, otros años siempre hay gente que (estar) _____ interesada en practicar.

4. ● Tengo muchos problemas de dinero. No sé qué voy a hacer.
   ○ Lo siento, te ayudaré en todo lo que (poder) _____.

16–29 ¿Cuál es la diferencia?

Can you explain the difference between the sentences a and b in each pair? In which contexts can you imagine each sentence?

a. ¿Conocen a una actriz rubia que **toca** el piano?

b. ¿Conocen a una actriz rubia que **toque** el piano?

a. Quiero trabajar con una persona que **tiene** muchísima experiencia.

b. Quiero trabajar con una persona que **tenga** muchísima experiencia.

a. Necesito un libro que **trata** de la Guerra Fría.

b. Necesito un libro que **trate** de la Guerra Fría.

a. Estoy buscando a un profesor que **da** clases de portugués.

b. Estoy buscando a un profesor que **dé** clases de portugués.

_____

_____

RELATIVE CLAUSES WITH PREPOSITIONS

16–30 **Descripciones**

Complete the following descriptions with the correct prepositions and articles.

EJEMPLO: Teléfono: es una máquina *con la* que puedes comunicarte con otras personas.

1. Percha: es un objeto _____ que puedes colgar ropa, normalmente es de plástico o de madera y está en los armarios.

2. Teclado: es una cosa _____ que puedes escribir en tu computadora. Tiene teclas y normalmente usas los dedos para tocar las teclas.

3. Lavadoras: son unos electrodomésticos de metal _____ que ponemos la ropa sucia. Hay de varios tipos y a veces hacen mucho ruido.

4. Gafas: son unas cosas de cristal _____ que puedes ver mejor. Pueden ser redondas, cuadradas o de sol.

16–31 **Inventos que consideras importantes**

Now write four new sentences, using relative pronouns, about four inventions that you consider very important for society. Follow the examples in your textbook of how the prepositions (**en, con, a, para**) are used in relative clauses.

1. _____

2. _____

3. _____

4. _____

INTERACCIONES

16-32 **Novedades**

 Listen to the following conversation between Marta and Javier. Marta has traveled to their little town and is telling Javier what is new there. Answer the questions about Javier's reactions to what Marta is telling him.

1. What surprises him?

_____

2. What does he consider sad?

_____

3. What does he express lack of knowledge about?

_____

4. What does he think is strange?

_____

5. What does he express satisfaction about?

_____

16-33 **Tu reacción a las novedades**

Your Spanish classmate tells you about some changes at the university. React to each comment showing surprise, disbelief, or that something is not normal or express satisfaction, sadness or lack of knowledge about something. Be sure to give your responses orally, and explain your reactions.

EJEMPLO:

You hear: No va a haber libro de texto en español, todo va a ser en Internet.

You say: *¡Qué bien! A mí no me gusta llevar el libro de español a clase, es muy pesado.*

1. ...

2. ...

3. ...

4. ...

5. ...

6. ...

7. ...

16-34 **Categorías**

Select all of the expressions that best fit into the categories given below.

1. Show surprise or disbelief
   a. ¡Qué pena!
   b. ¡Qué extraño!
   c. ¡No me digas!
   d. ¡Ni idea!
   e. ¡Qué lastima!
   f. ¿De verdad?
   g. ¡Qué raro!

2. Show that something is not normal
   a. ¡Qué pena!
   b. ¡Qué extraño!
   c. ¡No me digas!
   d. ¡Ni idea!
   e. ¡Qué lastima!
   f. ¿De verdad?
   g. ¡Qué raro!

3. Express sadness about recent news or events
   a. ¡Qué pena!
   b. ¡Qué extraño!
   c. ¡No me digas!
   d. ¡Ni idea!
   e. ¡Qué lastima!
   f. ¿De verdad?
   g. ¡Qué raro!

4. Express lack of knowledge about something
   a. ¡Qué pena!
   b. ¡Qué extraño!
   c. ¡No me digas!
   d. ¡Ni idea!
   e. ¡Qué lastima!
   f. ¿De verdad?
   g. ¡Qué raro!

Nombre: _____   Fecha: _____

NUESTRA GENTE

GENTE QUE LEE

 ¿Quién inventó el tango?

Read the following passage about the tango and then answer the questions below.

El tango nació entre 1850 y 1890 en el área del Río de la Plata, una zona geográfica que comprende todo el territorio uruguayo y las provincias argentinas litorales. El tango es la música y la danza urbana más representativa de esta región, y de la cultura argentina y uruguaya a partes iguales.

El "tango arrabalero" surgió alrededor de 1860 en los barrios marginales, y lo bailaban en el **arrabal** hombres y mujeres con los cuerpos fuertemente abrazados, **lo** que escandalizó a la sociedad de la época. Condenado por la iglesia y prohibido por la policía por incitar al escándalo, se bailaba en sitios ocultos, burdeles, rancherías y boliches. <u>Es decir</u>, sólo los estratos sociales humildes, los del suburbio, practicaban esta danza, a la que los estratos más conservadores consideraban vulgar.

En 1910 el tango ya se bailaba en París y su popularidad creció en todo el mundo. Su glamour conquistó a los sectores más altos de la sociedad y fue bailado en casi todas las capitales europeas. Hollywood hizo popular el tango en Norteamérica a través de la figura de Rodolfo Valentino, quien lo bailó vestido de gaucho.

Según algunos **estudiosos** del tango, ni la Argentina ni el Uruguay pueden reivindicar ningún derecho de "invención" de este baile. Por el contrario, los dos países rioplatenses pueden considerarse, al mismo tiempo, la patria común del tango. El primer tango, titulado "La Morocha", lo compuso un uruguayo. Otro uruguayo, Gerardo Matos, compuso en 1917 el tango más célebre de todos los tiempos, al que los uruguayos consideran su segundo himno nacional: "La Cumparsita".

1. Lee el título y las frases temáticas de cada párrafo. ¿De qué crees que trata este texto?

   _____

2. La palabra **estudiosos**, ¿es un adjetivo o es un nombre? Busca su significado en el diccionario. ¿Cuál es adecuado en este contexto?

   _____

3. ¿A qué se refiere el pronombre <u>lo</u>?

   _____

4. ¿Qué función tiene el conector <u>Es decir</u>?

   _____

5. En el segundo párrafo aparece un sinónimo de **arrabal**. ¿Cuál es?

   _____

6. ¿Hacia qué año comenzó a cantarse y bailarse el tango?

   _____

7. ¿Dónde perdió su carácter marginal el tango?

   _____

8. Según el autor, ¿hay algún país que pueda revindicar la "invención" del tango?

   _____

16-36 **¿Comprendes?**

Based on the reading passage about the tango, select the correct answer to each of the following questions.

1. Lee el título y las frases temáticas de cada párrafo. ¿De qué crees que trata este texto?
   a. la "invención" del tango
   b. la polémica (*controversy*) sobre dónde surgió el tango
   c. la difusión del tango desde el área rioplatense

2. La palabra **estudiosos**, ¿es un adjetivo o un nombre? ¿Cuál de los significados que aparecen en el diccionario es el adecuado en este contexto?
   a. (adj.) studious
   b. (n.) scholar

3. ¿A qué se refiere el pronombre **lo**?
   a. tango
   b. que las parejas bailaran el tango fuertemente abrazadas
   c. que se bailara el tango en barrios marginales

4. ¿Qué función tiene el conector **Es decir**?
   a. dar un ejemplo
   b. especificar
   c. repetir

5. En el segundo párrafo aparece un sinónimo de **arrabal**. ¿Cuál es?
   a. suburbio
   b. marginal
   c. barrio

6. ¿Hacia qué año comenzó a cantarse y bailarse el tango?
   a. 1850
   b. 1860
   c. 1890

7. ¿Dónde perdió su carácter marginal el tango?
   a. París
   b. Hollywood
   c. capitales europeas

8. Según el texto, ¿cuál de estas afirmaciones es falsa?
   a. El tango se inventó en Argentina y Uruguay.
   b. El tango es tanto música como baile.
   c. El tango es uruguayo porque sus compositores más famosos son uruguayos.

GENTE QUE ESCRIBE

16–37 **A completar**

Complete the following sentences with the correct information. For the ones about Uruguay, you can check activities 16–13 (p. 277) and 16–24 (p. 285) in your textbook.

EJEMPLO: El acceso a energía eléctrica es del 99%, **es decir** *en cualquier parte del país se puede usar energía eléctrica.*

1. Hay solamente siete ganadores del premio Nobel en Medicina o Química en Latinoamérica, **como** _____.

2. En los últimos años la tecnología de los teléfonos móviles ha avanzado mucho, **es decir** _____.

3. Me interesa la tecnología, **en particular** _____.

4. Uruguay es un país con una población pequeña, **en otras palabras** _____.

5. **En general** _____, el 96% de su población vive por encima del nivel de pobreza.

6. El ganador del premio Nobel de Química, Mario Molina, estudia la química de la atmósfera, **específicamente** _____.

16–38 **Los conectores**

Complete the paragraph about the tango with the following connectors: **es decir, como, en particular**, and **por ejemplo**.

El tango nació entre 1850 y 1890 en el área del Río de la Plata, (1) _____ en la zona geográfica que comprende todo el territorio uruguayo y las provincias argentinas litorales. El tango es la música y la danza urbana más representativa de esta región, y de la cultura argentina y uruguaya a partes iguales. El "tango arrabalero" surgió alrededor de 1860 en los barrios marginales, y lo bailaban en el arrabal hombres y mujeres con los cuerpos fuertemente abrazados, lo que escandalizó a la sociedad de la época. Condenado por la iglesia y prohibido por la policía por incitar al escándalo, se bailaba en sitios ocultos, (2) _____ burdeles, rancherías y boliches. En 1910 se bailaba en casi todas las capitales europeas, (3) _____ en París desde donde creció su popularidad en todo el mundo. Ni Argentina ni el Uruguay pueden reivindicar ningún derecho de "invención" de este baile, aunque el primer tango, titulado "La Morocha", lo compuso un uruguayo. Probablemente el cantante y compositor de tangos más popular del mundo es Carlos Gardel (1887–1935). Existe controversia sobre su lugar de nacimiento, o sea se discute si nació en Toulouse (Francia) o nació en Tacuarembó (Uruguay). Gardel escribió muchos tangos clásicos, (4) _____ "Mi Buenos Aires querido", "Volver" y "El día que me quieras".

17 *gente* que cuenta historias

Nombre: _____   Fecha: _____

VOCABULARIO EN CONTEXTO

 Palabras relacionadas

Indicate the word in each group that does not belong.

1. misterio   personaje   aventuras   ficción
2. protagonista   cuento   ensayo   novela
3. escritor   cómplice   narrador   autor
4. guardaespaldas   mayordomo   pista   testigo
5. interrogar   resolver un caso   investigar   fugarse

 17-02 **Sinónimos y antónimos**

Indicate whether the words in each pair are synonyms or antonyms.

1. escritor / autor

   synonyms   antonyms

2. cuento / relato

   synonyms   antonyms

3. narrar / contar

   synonyms   antonyms

17-03 **Definiciones**

Write each word next to its definition.

secuestro	personaje	huella	búsqueda	testigo	comisaría

1. figura o persona ficticia de una obra literaria: _____
2. acción de intentar encontrar o localizar una cosa o una persona: _____
3. oficina pública y permanente de la policía: _____
4. llevar a una persona contra su voluntad: _____
5. indicio, señal de un suceso pasado: _____
6. persona que tiene conocimiento directo de una cosa o de un suceso: _____

17-04 **Asociaciones**

Write the verb associated with each of the following nouns or adjectives.

1. investigación   _____   5. interrogatorio   _____
2. secuestro   _____   6. disfraz   _____
3. sospechoso   _____   7. fuga   _____
4. cuento   _____

GRAMÁTICA EN CONTEXTO

REVIEW: USES OF THE IMPERFECT TENSE

17–05 **¿Qué hacías entonces?**

Write two or three things that you were doing or that were happening to you during the following time periods. Be sure to follow the example.

EJEMPLO: *En agosto del año pasado yo trabajaba en La Paz y vivía con mis padres.*

agosto del año pasado	invierno del 2000	hace cinco años	hoy hace un año
	el último (día de) Año Nuevo	tu último cumpleaños	

_____

_____

_____

17–06 **¿Dónde estaban a medianoche?**

Listen to the following people as they describe a scene. Where was each one of them last midnight? Select the correct answer.

1. a. en su casa
   b. en un espectáculo
   c. en casa de alguien
   d. en la calle
   e. en un bar o un restaurante
2. a. en su casa
   b. en un espectáculo
   c. en casa de alguien
   d. en la calle
   e. en un bar o un restaurante
3. a. en su casa
   b. en un espectáculo
   c. en casa de alguien
   d. en la calle
   e. en un bar o un restaurante

4. a. en su casa
   b. en un espectáculo
   c. en casa de alguien
   d. en la calle
   e. en un bar o un restaurante
5. a. en su casa
   b. en un espectáculo
   c. en casa de alguien
   d. en la calle
   e. en un bar o un restaurante
6. a. en su casa
   b. en un espectáculo
   c. en casa de alguien
   d. en la calle
   e. en un bar o un restaurante

17-07 **Su infancia**

Model Cristina Rico and inspector Palomares talked about their childhood for the magazine 600 Segundos. Read what they said, find all the examples of uses of the imperfect tense, and then list the verb forms. Be sure to write the verbs in the order that you see them, and do not repeat verbs if they appear more than once.

Cuando era chica vivía en un pueblecito de Bolivia cerca de Cochabamba e iba al colegio todos los días en autobús porque en mi pueblo no había escuela. Los fines de semana ayudaba a mi madre en las tareas de la casa y, algunos días, iba con mis hermanos y mi padre a pescar. La vida en el pueblo no era muy divertida pero tampoco era tan mala: podíamos ir al cine una vez por semana, hacer excursiones, jugar en el campo… Yo entonces era muy bajita y bastante fea y no podía ni pensar que un día iba a ser modelo. Pero un día en La Paz, cuando tenía 16 años, al salir de una discoteca, un señor me dio su tarjeta. Lo llamé al día siguiente y desde entonces me dedico a la moda.

De niño yo vivía en el centro de La Paz. Por aquel entonces la vida en Bolivia era bastante dura; aunque mis papás trabajaban —mi mamá cosía en la casa y mi papá trabajaba en una fábrica de caramelos— no nos podíamos permitir ningún lujo. Yo estudiaba en un colegio público… Lo que mejor recuerdo son los domingos: por la tarde íbamos al cine. Cuando las películas eran de gángsters, yo soñaba que era policía. Y ahora ya ven, soy inspector de policía, lo que quería ser de niño.

Verbos en –ar:

_____

_____

_____

Verbos en –er:

_____

_____

_____

Verbos en –ir:

_____

_____

_____

PRETERIT VS. IMPERFECT

17–08 **Conecta las ideas**

Construct seven original sentences by connecting the elements from each list.

Ayer no comí nada	él se puso rojo	y no pude volver a la casa.
Cuando Lola besó a Luis	no había taxis	y nos quedamos en casa.
Cuando tenía diez años	me compraron una bicicleta	que se llamaba Rex.
Isabel y Jacobo	hacía mucho frío	donde no había tiendas.
El viernes pasado	porque me encontraba	porque era la primera vez.
Llovía mucho	tenía un perro	muy mal del estómago.
Laura	vivían en una calle	que tenía cuatro ruedas.

1. _____
2. _____
3. _____
4. _____
5. _____
6. _____
7. _____

17–09 **¿Cómo la conoció?**

Pedro wants to narrate how he met the love of his life. However, the circumstances surrounding the events are missing. Complete the six sentences below with the imperfect form of the verbs in parentheses.

1. (ser, ella) _____ morena, de ojos verdes, (parecer) _____ tímida y (estar) _____ sola.

2. Aquel día (hacer) _____ mucho calor, y ella (estar) _____ sentada en un banco del paseo.

3. Desde nuestra mesa (oírse) _____ el ruido de las olas y ella no (dejar) _____ de sonreír.

4. Ella me (mirar) _____ y (sonreír) _____, pero no me (decir) _____ nada.

5. En aquella época yo no (saber) _____ ni una palabra de inglés.

6. Yo (estar) _____ bastante nervioso, pero me (gustar) _____ tanto.

17–10 **¿Te acuerdas?**

Do you remember these events in your life? For each one, answer the questions orally.

EJEMPLO: un día feliz

¿Cuándo fue? *El dieciocho de mayo de 1990.*

¿Qué pasó? *Nació mi hijo.*

¿Dónde estabas? *En esa época yo vivía en La Paz.*

¿Qué tiempo hacía? *Hacía buen tiempo.*

¿Con quién estabas? *Estaba con mi esposo.*

¿Cómo ibas vestido/a? *Llevaba un camisón.*

1. un día de suerte

   ¿Cuándo fue?

   ¿Qué pasó?

   ¿Dónde estabas?

   ¿Qué tiempo hacía?

   ¿Con quién estabas?

   ¿Cómo ibas vestido/a?

2. un día en que tomaste una decisión importante

   ¿Cuándo fue?

   ¿Qué pasó?

   ¿Dónde estabas?

   ¿Qué tiempo hacía?

   ¿Con quién estabas?

   ¿Cómo ibas vestido/a?

3. un día especial de tu infancia

   ¿Cuándo fue?

   ¿Qué pasó?

   ¿Dónde estabas?

   ¿Qué tiempo hacía?

   ¿Con quién estabas?

   ¿Cómo ibas vestido/a?

4. un día de mala suerte

   ¿Cuándo fue?

   ¿Qué pasó?

   ¿Dónde estabas?

   ¿Qué tiempo hacía?

   ¿Con quién estabas?

   ¿Cómo ibas vestido/a?

5. un día en que te pasó algo misterioso

   ¿Cuándo fue?

   ¿Qué pasó?

   ¿Dónde estabas?

   ¿Qué tiempo hacía?

   ¿Con quién estabas?

   ¿Cómo ibas vestido/a?

6. un día en que te enfadaste mucho

   ¿Cuándo fue?

   ¿Qué pasó?

   ¿Dónde estabas?

   ¿Qué tiempo hacía?

   ¿Con quién estabas?

   ¿Cómo ibas vestido/a?

7. la primera vez que te enamoraste

   ¿Cuándo fue?

   ¿Qué pasó?

   ¿Dónde estabas?

   ¿Qué tiempo hacía?

   ¿Con quién estabas?

   ¿Cómo ibas vestido/a?

8. la última vez que pasaste mucha vergüenza

   ¿Cuándo fue?

   ¿Qué pasó?

   ¿Dónde estabas?

   ¿Qué tiempo hacía?

   ¿Con quién estabas?

   ¿Cómo ibas vestido/a?

THE PLUPERFECT

17-11 **Correo electrónico para Matilde**

Mark, who is studying Spanish, wrote the following e-mail to a Bolivian friend. However, he is having some trouble with the past tenses. Help him by selecting the correct verb forms.

Querida Matilde:

La semana pasada Javier y yo (1) íbamos / fuimos de campamento a la sierra con Jon y Natalia. (2) Andábamos / Estuvimos andando unas dos horas hasta llegar a un refugio en las montañas. Allí nos comimos los bocadillos que aquella mañana (3) hacíamos / habíamos hecho en casa. Después (4) jugábamos / estuvimos jugando al fútbol hasta que se hizo de noche. Entonces montamos las tiendas de campaña, pero yo, como no (5) hizo / hacía nada de frío, decidí dormir fuera. Al día siguiente (6) hizo / había hecho bastante calor y nos levantamos tempranísimo, a las siete o siete y media, y volvimos al pueblo caminando. La verdad es que lo (7) pasábamos / pasamos muy bien. Y tú, ¿cuándo piensas venir para ir juntos de campamento? ¿Me escribirás?

Mark

17-12 **Cuando Alberto llegó**

Tell what these people had already done by the time Alberto arrived, completing the following sentences with the correct pluperfect form of the verbs in parentheses.

EJEMPLO: Marta ya *había terminado* el trabajo cuando Alberto llegó. (terminar)

1. Nosotros ya _____ cuando Alberto llegó. (salir)

2. Arturo ya _____ al fútbol cuando Alberto llegó. (jugar)

3. Ustedes ya _____ la película cuando Alberto llegó. (ver)

4. Yo ya _____ de la librería cuando Alberto llegó. (volver)

5. Ustedes ya _____ un paseo cuando Alberto llegó. (darse)

6. Tú ya _____ con tu novia cuando Alberto llegó. (romper)

7. Usted ya _____ otro capítulo cuando Alberto llegó. (escribir)

8. Ellos ya _____ cuando Alberto llegó. (reunirse)

17-13 **¿Cuándo había ocurrido?**

Complete the following exchanges using the pluperfect form of the underlined verbs to state that events happened earlier than expected.

EJEMPLO: ¿Ella llegó ayer?

No, *había llegado* la semana pasada.

1. ¿Ustedes fueron al cine el domingo?

No, _____ el sábado.

2. ¿Firmaste el contrato en mayo?

No, lo _____ en abril.

3. ¿<u>Volvieron</u> ustedes a leer la novela este año?

No, la _____ a leer el año pasado.

4. ¿Usted <u>estuvo</u> de vacaciones el mes pasado?

No, _____ de vacaciones hace casi un año.

5. ¿Ellos <u>resolvieron</u> el caso la semana pasada?

No, lo _____ en octubre.

6. ¿Él te <u>dijo</u> lo que pasó ayer?

No, me lo _____ anteayer.

7. ¿<u>Viste</u> a los agentes por la tarde?

No, los _____ por la mañana.

8. ¿Ustedes <u>devolvieron</u> los libros a la biblioteca el jueves?

No, los _____ el martes.

9. ¿<u>Pusieron</u> ustedes la mesa por la mañana?

No, la _____ la noche anterior.

17-14 Ya lo habían hecho

Select the correct form of the verb to complete the following sentences in the pluperfect.

1. Ellos _____ ido directo al grano.
   a. había   b. habían   c. habías   d. habíais

2. Habíamos _____ una mano.
   a. echado   b. echando   c. echada   d. echados

3. Ustedes _____ rehecho la sala, ¿verdad?
   a. habían   b. habías   c. había   d. habíais

4. Ustedes _____ vuelto de vacaciones cuando los vimos.
   a. había   b. habíais   c. habías   d. habían

5. Cuando el inspector entró en la casa el ladrón ya _____.
   a. se había fugado   b. te habías fugado   c. se habían fugado   d. me había fugado

6. ¿Qué les habías _____?
   a. decir   b. dichos   c. dicho   d. diciendo

7. Los portavoces habían _____ referencia a eso.
   a. hechos   b. hecha   c. hecho   d. hacer

8. Los policías lo _____ llevado a la comisaría.
   a. había   b. habían   c. habías   d. habías

17-15 **Se había hecho antes**

Complete the following sentences with the correct form of **haber** to form the pluperfect.

1. Ya _____ empezado a llover cuando salimos.

2. Nosotros _____ salido cuando volviste a casa.

3. Carmen no _____ llegado cuando comenzó la sesión de fotos.

4. Ustedes _____ hecho el desayuno cuando los niños se levantaron.

5. Tú no _____ puesto la mesa cuando llegaron los invitados.

6. Ustedes se _____ mudado cuando decidieron rehacer la cocina.

7. Yo _____ resuelto el caso cuando empezaron a investigarlo.

8. A usted ya se le _____ ocurrido una idea cuando su colega tuvo otra.

9. Ellos ya _____ entrado en la casa cuando comenzó a llover.

10. Felipe y yo _____ ido a la recepción cuando llamaste.

17-16 **Biografía de Marina**

 You will hear some of Marina's biographical data. Compare and contrast it with yours, or with events that occurred in your country or in the world. Use **en aquella época, aquel año, aquel día**... to give your answers orally.

EJEMPLOS: You hear: Marina nació en 1975, el 1 de enero.

   You say: *Yo en 1975 todavía no había nacido.*

   You hear: En 1985 sus padres se divorciaron.

   You say: *En aquella época mis padres eran novios.*

1. ...   4. ...   7. ...   10. ...

2. ...   5. ...   8. ...   11. ...

3. ...   6. ...   9. ...

17-17 **Los interrogatorios**

 Inspector Palomares took some notes while he was questioning three witnesses, but some words got deleted. Listen to the recording and complete his notes.

A. El señor García Cano salió del hotel a las nueve y media porque (1) _____ una cita con una amiga. Fueron a cenar y luego (2) _____ un trago en un club. Ella (3) _____ cansada. García Cano dijo que su amiga (4) _____ hoy para Singapur.

B. La señorita Toledo (5) _____ con Cristina en el cuarto de ésta hasta las 10: (6) _____ y viendo un vestido. Después (7) _____ a su cuarto y se quedó allí porque (8) _____ cansada. Después sólo (9) _____ a su novio, que pasó a verla.

C. El señor Rosales afirma que (10) _____ la tele hasta las once, que después fue a ver a su novia, a dar un paseo y que (11) _____ al hotel a las once y cuarto. Fue a pedirle las llaves del carro a Laura porque hoy lo (12) _____ pero ella no (13) _____.

17-18 **¿Qué pasó?**

We can narrate things in many different ways, and from different points of view. Rewrite these three narrations, starting with the sentences in italics. You will need to use the pluperfect.

1. ORIGINAL NARRATION

Fue un día duro. Tuve tres reuniones muy importantes y apenas pude comer. Sólo comí un sándwich, de pie en la oficina. Por la tarde hablé con Ricardo, un compañero, sobre un problema que tenemos en nuestro departamento. Fue una conversación un poco desagradable… Cuando entré en la casa me di cuenta inmediatamente. "¡Lo que faltaba!", pensé. "Me robaron".

YOUR NARRATION

Cuando entré en la casa me di cuenta inmediatamente. "¡Lo que faltaba!", pensé. "Me robaron."

Y es que había sido un día duro: había tenido tres reuniones y…

_____

_____

_____

_____

2. ORIGINAL NARRATION

Ese día me levanté demasiado tarde, me vestí a toda velocidad. Salí de casa con prisas, nerviosa… Me llevé el carro más pequeño para poder estacionarlo mejor. Llegué a la estación con el tiempo justo para tomar el tren, pero entrando en el estacionamiento, pum… Fue un accidente muy estúpido.

YOUR NARRATION

Fue un accidente muy estúpido. Ese día me…

_____

_____

_____

3. ORIGINAL NARRATION

Por la mañana le compré un anillo precioso y carísimo, después le envié un ramo de flores a la casa. Por la tarde me vestí muy bien, me puse la colonia que a ella le gusta y me fui a la cita nerviosísimo. Y me dijo que sí, que se quería casar conmigo.

YOUR NARRATION

Me dijo que sí, que se quería casar conmigo. Por la mañana le…

_____

_____

_____

_____

17-19 **Agenda de Alberto**

The following are some fragments of Alberto's calendar from last week. Narrate orally what he did each day, and be sure to begin with the activity in boldface.

EJEMPLO: 15 JUEVES

10.00	recoger a Marta en el aeropuerto
13.30	**comida con Javier Gila en Vips**
15.30	Laura. Grandes almacenes General

El jueves, a la una y media, fue a comer con Javier Gila en Vips. Aquella mañana había ido a recoger a Marta al aeropuerto. Y dos horas después de comer con Javier, se encontró con Laura en unos grandes almacenes.

1.

14 MIÉRCOLES

8.30	desayuno con la delegación japonesa
12.30	**reunión de trabajo con Alex**
6.00	sauna y masaje en Relax

2.

13 MARTES

9.15	vuelo a París
14.00	**boda de mi prima Elena**
19.00	vuelo a La Paz

3.

12 LUNES

9.00	visita a la fábrica nueva
11.20	**golf con Arturo**
16.20	recepción en la embajada rusa

ESTAR + GERUND (PRETERIT VS. IMPERFECT)

17–20   Acciones pasadas

Select the correct verb form to complete each sentence.

1. Él _____ cuando yo entré.
   a. estaba durmiendo
   b. estuvo durmiendo

2. La policía _____ hasta las tres de la tarde.
   a. estaba buscándolo
   b. estuvo buscándolo

3. El criminal _____ cuando lo vimos.
   a. estaba fugándose
   b. estuvo fugándose

4. Ayer yo _____ todo el día.
   a. estaba estudiando
   b. estuve estudiando

5. Mis amigos y yo _____ hasta las cinco de la tarde.
   a. estábamos conversando
   b. estuvimos conversando

6. Nosotros _____ la calle cuando oímos la voz de Marta.
   a. estábamos cruzando
   b. estuvimos cruzando

7. Los chicos _____ cuando llegaron sus tíos.
   a. estaban acostándose
   b. se estuvieron acostando

17–21   Lo que fue

Complete the following sentences with the imperfect or preterit form of **estar** as required by the context.

1. Los directores ya _____ saliendo cuando llegaron los consultantes.

2. Yo _____ hablando con ella de las 2 hasta las 3.

3. La policía _____ investigando su desaparición por dos horas ayer.

4. Cuando yo prendí la tele, el detective _____ aclarando el caso en el telediario.

5. Nosotros _____ firmando los contratos cuando ustedes entraron.

6. ¿Qué _____ (tú) haciendo ayer hasta la una?

7. Yo _____ hojeando los documentos cuando me llamó el jefe.

8. Él y yo _____ estudiando el proyecto por cinco horas.

17–22   **¿Te sorprende?**

Some very surprising things happened to the following people. What were they doing when these things happened? Write your answers, and be sure to use your imagination!

EJEMPLO:

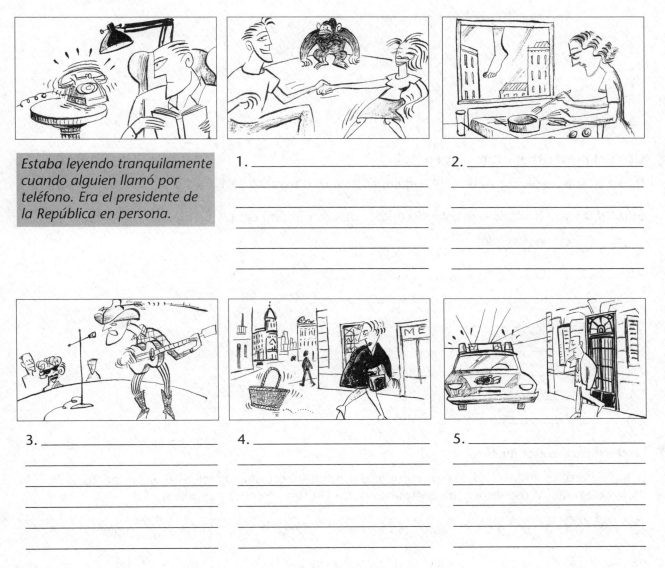

Estaba leyendo tranquilamente cuando alguien llamó por teléfono. Era el presidente de la República en persona.

1. _____
_____
_____
_____
_____
_____

2. _____
_____
_____
_____
_____
_____

3. _____
_____
_____
_____
_____

4. _____
_____
_____
_____
_____

5. _____
_____
_____
_____
_____

17–23   **Ayer por la tarde**

What were you doing yesterday afternoon? Tell orally four things you did, and for how long you were doing them.

17–24 **¿Tú también?**

 Now listen to the following people. Did you do some of the same things that they did yesterday? For each statement, tell orally whether you also did the activity or not.

EJEMPLO: You hear: Estuve leyendo un par de horas en mi casa.

You say: *Yo también estuve un rato leyendo.*

1. …   5. …

2. …   6. …

3. …   7. …

4. …   8. …

17–25 **Uso del pretérito y estuve + gerundio**

 Listen to the following statements again, and write down the verb forms that are used in each.

EJEMPLO: You hear: Estuve leyendo un par de horas en mi casa.

estuve leyendo

1. _____

2. _____

3. _____

4. _____

5. _____

6. _____

7. _____

17–26 **La declaración del mesero**

Use the verbs in the word bank to complete the statement of a server who works at Hotel Florida Park. You need to use either the preterit or **estar** (in the preterit) + gerund.

empezar	ver	venir	lavar	marcharse	llegar	hablar	comer	volver	irse

Pues ayer (1) _____ platos en la cocina del bar toda la mañana. A las doce
(2) _____ a trabajar en el bar y a eso de las doce y media o la una menos cuarto
(3) _____ Cristina, que (4) _____ a tomar un café. (5) _____ una
media hora con otra muchacha que parecía amiga suya y después (6) _____. Al cabo
de un tiempo (7) _____ a bajar al bar. Eran las dos o dos y cuarto, y hasta las tres
(8) _____ algo en la terraza: un sándwich, creo. Luego (9) _____ y ya no la
(10) _____ más.

PERO VS. SINO

 No, no fue así

The following pieces of information are not correct. Can you correct each sentence? Use the relative pronouns **donde**, **quien**, and **cuando** to write complete sentences as in the example, and use the preposition **sino**.

EJEMPLO: Hernán Cortés descubrió América.

No, no fue Hernán Cortés quien descubrió América, sino Colón.

1. Jack Ruby mató a John F. Kennedy. (Lee Harvey Oswald)

   _____

2. Las Olimpiadas de Barcelona se celebraron en 1990. (1992)

   _____

3. Abraham Lincoln murió en Argentina. (Estados Unidos)

   _____

4. Los Beatles empezaron su carrera en Londres. (Liverpool)

   _____

5. Giuseppe Verdi vivió en el siglo XVIII. (XIX)

   _____

6. Creo que El Greco pintó *Las Meninas*. (Velázquez)

   _____

7. Albert Einstein nació en Estados Unidos. (Alemania)

   _____

8. Julio Verne escribió *La isla del tesoro.* (Robert Louis Stevenson)

   _____

Nombre: _____   Fecha: _____

INTERACCIONES

 17-28 **¡No tenía ni idea!**

 Listen to the following phone conversation between Antonio and Belén. Antonio is commenting on the disappearance of Cristina Rico. There are some things that Belén doesn't know about it. Make a list of four things that she didn't know.

EJEMPLO: *Laura Toledo es chilena.*

1. _____
2. _____
3. _____
4. _____

17-29 **¿Qué sabes de Bolivia?**

Listen to the following facts about Bolivia. Which ones did you already know? Answer orally with the expressions you have learned in this lesson: **¡No tenía ni idea!** or **¡No, no lo sabía!**

EJEMPLO: You hear: ¿Sabías que en Estados Unidos hay unas 80.000 personas de origen boliviano?

You say: *¡No, no tenía ni idea!* OR *Sí, sí lo sabía.*

1. ...
2. ...
3. ...
4. ...
5. ...

17-30 **Mi universidad**

Say orally five things about your university or college using the following expressions.

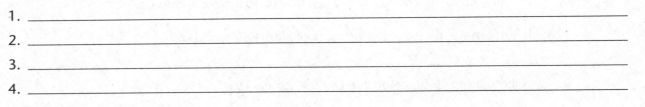

| ¿Sabes que? | ¿Sabes? | ¿Sabías que? |

EJEMPLO: *¿Sabías que mi universidad está entre las cien mejores del país?*

NUESTRA GENTE

GENTE QUE LEE

17-31 **Una civilización perdida en Bolivia**

Read the following passage and then answer the questions below.

En 2004, el Grupo de Exploración Geográfica Akakor descubrió los restos de una antigua civilización a decenas de metros de profundidad en el lago Titicaca, en pleno altiplano de los Andes. La expedición de Akakor estaba formada por 18 expertos de Italia, Brasil y Bolivia, y contó con el apoyo de la Fuerza Naval y del Instituto Nacional de Arqueología de Bolivia. Los arqueólogos fotografiaron a más de 70 metros de profundidad un ídolo de oro de unos 30 kilos así como también varias vasijas, artefactos que según los expertos estaban vinculados al imperio Tiwanaku, una civilización que había vivido en el altiplano andino entre el 1500 a. C. y el 1172 de nuestra era y que es considerada precursora del Imperio Inca.

El equipo de arqueólogos **batió** un récord mundial de buceo al sumergirse a más de 70 metros en el Titicaca, el lago navegable más elevado del planeta (3.810 metros sobre el nivel del mar). Los buzos emplearon equipo especial para contrarrestar el frío extremo, que en lo profundo del lago está por debajo de los cero grados y recurrieron a robots diseñados para explorar a mayor profundidad. En las inmersiones, los arqueólogos también anunciaron que habían descubierto otra isla sumergida.

Se trata de la Isla Wilakota que se traduce como Lago de Sangre, y donde se presume que se hacían sacrificios humanos, pero que quedó sumergida a más de 100 metros con el paso de los siglos.

Dos años antes una expedición peruana había encontrado bajo las aguas de este mismo lago escalinatas, rampas y muros preincaicos, además de una plataforma de piedra en la que se hallaron piezas de cerámica. Algunos historiadores y antropólogos aseguraron en aquel momento que podía tratarse de restos de la cultura Tiwanaku. Otro de los descubrimientos fueron los restos del primer barco de madera y hierro que navegó el Titicaca en el siglo XIX y que naufragó en 1876 cerca de las islas de Tequile y Amantaní. Los restos de esta nave se encontraron a 35 metros de profundidad al filo de una pendiente debajo de las aguas.

La cultura Tiwanaku fue una civilización precolombina que, durante su periodo de mayor expansión, se distribuía en parte de lo que ahora son Bolivia, Chile y Perú. Su capital y principal centro religioso fue la ciudad de Tiwanaku, ubicado en las riveras del río Tiwanaku en el departamento de La Paz en Bolivia. Los **tiwanakotas** tuvieron un imperio megalítico, como muestran sus monumentales construcciones, y produjeron el bronce, poseyendo así una ventaja militar sin precedentes. Además poseían cultos religiosos muy complejos y desarrollaron un sistema filosófico dual que permaneció luego de su desaparición como civilización. La cultura Tiwanaku es denominada por los historiadores bolivianos como la "Cultura madre de Bolivia".

El territorio Tiwanaku fue fundado aproximadamente en 1500 a. C. como una pequeña villa, y más tarde creció a proporciones urbanas (entre el 300 y el 500 d. C.) consiguiendo un importante poder regional en el sur de los Andes. En su máxima extensión, la ciudad cubría aproximadamente 6 km², y tuvo un máximo de 40.000 habitantes. Al cabo de varios siglos colapsó repentinamente y la ciudad fue abandonada.

1. Lee el título y las frases temáticas de cada párrafo. ¿De qué crees que trata este texto?

   _____

2. Identifica los eventos que se incluyen en el texto y escríbelos en orden cronológico.

   _____

3. La palabra **batió**, ¿es un nombre, un adjetivo o un verbo? Busca su significado en el diccionario. ¿Cuál es adecuado en este contexto?

   _____

4. Si Tiwanaku fue la capital de una civilización preincaica, ¿qué significa **tiwanakotas**?
_____

5. Busca en el texto (*scan*) información para responder a estas preguntas: ¿Cuánto duró la civilización Tiwanaku? ¿Cuándo alcanzó esta civilización dimensiones urbanas?
_____

6. Sustituye los conectores de tiempo subrayados en el texto (en aquel momento, luego, más tarde, al cabo de varios siglos) por otros que signifiquen lo mismo.
_____

7. ¿Por qué estaba mejor equipado el ejército de la cultura Tiwanako al de sus contemporáneos?
_____
_____

17-32 **¿Comprendes?**

Based on the reading passage, select the correct answer to each of the following questions.

1. Lee el título y las frases temáticas de cada párrafo. ¿De qué crees que trata este texto?

    a. los descubrimientos más recientes de la cultura Tiwanako

    b. la exploración del lago Titicaca   c. las características de la cultura Tiwanako

2. ¿De todos los eventos que se citan en el texto cual es el más reciente?

    a. el naufragio de una nave de madera y hierro en el lago Titicaca

    b. la expedición arqueológica peruana   c. el descubrimiento de la isla Wilakota

3. ¿Cuál de los significados que aparecen en el diccionario de la palabra **batió** es el adecuado en este contexto?

    a. to beat   b. to break   c. to flap   d. to search

4. Si Tiwanaku fue la capital de una civilización preincaica, ¿qué significa **tiwanakotas**?

    a. los monumentos megalíticos de Tiwanaku   b. las riveras del río Tiwanaku

    c. los habitantes de la ciudad de Tiwanaku

5. Busca en el texto (*scan*) cuándo alcanzó la civilización Tiwanaku dimensiones urbanas.

    a. en el año 1500 a. C.   b. en el siglo XIX   c. en el año 1172 d. C.

    d. entre los años 300 y 500 d. C.

6. ¿Cuál de los siguientes conectores es equivalente al conector de tiempo al cabo de varios siglos?

    a. antes de varios siglos   b. después de varios siglos   c. los siglos siguientes

    d. desde varios siglos

7. ¿Cuál de los siguientes enunciados es falso según el texto?

    a. La expedición peruana en el lago Titicaca sólo encontró restos arquitectónicos.

    b. La capital del imperio Tiwanako estaba sumergida a 70 metros en el lago Titicaca.

    c. El imperio Tiwanaco es anterior al imperio Inca.

    d. Los restos de la nave que se encontró a 35 metros de profundidad no pertenecía a la cultura Tiwanako.

8. ¿Por qué estaba mejor equipado el ejército de la cultura Tiwanako al de sus contemporáneos?

    a. Por sus construcciones monumentales.   b. Por la ubicación de su capital.

    c. Porque esta cultura sabía cómo producir bronce.

GENTE QUE ESCRIBE

17-33 **Narrar un evento importante**

You have to write an essay about the day that you were informed of your acceptance into the college that you attend or attended. Read the events that probably happened, in order, and then follow these steps to write the first paragraph of your composition:

- *Write four sentences that present the sequence of the events. Do you use the first or third person?*
- *Which past tense did you use? Why?*
- *Add details to these four sentences. For example, say where you were, how you felt or any other circumstances that surround this event.*
- *What past tense did you use in these sentences? Why?*
- *Finally, write the anecdote in chronological order.*

1. ver el correo electrónico o correo

2. ver el correo electrónico de la Universidad X o la carta de la Universidad X

3. abrir el correo electrónico / la carta

4. Te informan que te han aceptado en la Universidad X.

_____

_____

_____

_____

_____

_____

17-34 **Conectores en la biografía de Cristina Rico**

This is the biography of Cristina Rico that has been published in the magazine *Gente Chismosa*. For each word or expression in boldface, select the word or expression that has the same meaning.

Cristina Rico nació el 2 de febrero de 1985 en Cochabamba, donde su padre tenía una pequeña sastrería en la que también trabajaba su madre. Cuando tenía siete años le pidió a su padre que le dejara usar su máquina de coser, y (1) **desde ese día** empezó a hacerse sus propios vestidos. (2) **Unos años después**, cuando era adolescente, estos vestidos causaban gran sensación en su escuela; (3) **en ese momento** su madre y ella comenzaron un pequeño negocio de ropa para jóvenes. (4) **En seguida** fue conocida en Cochabamba no sólo por su vestuario sino también por su gran belleza. (5) **Entonces** mientras se estaba rodando un comercial en Cochabamba, el director de fotografía se fijó en ella y le tomó algunas fotos, que (6) **luego** envío a una agencia de modelos internacional. (7) **Varios años después,** en una entrevista Cristina contaba que lo único que recuerda (8) **después** de que se tomaran estas fotos, era a ella con su madre en un avión con destino a Nueva York cuando todavía no había cumplido 16 años. Cuando vivió en Nueva York trabajó en varias de las agencias de modelos más conocidas de la ciudad. Pero, en el 2005 se cansó de la ciudad de los rascacielos y fijó su residencia en Milán, donde es ahora la musa de Parda, y (9) **entre tanto** la imagen de la famosa casa de cosméticos francesa L'auréole.

1. a. mientras	b. desde ese momento	c. de repente
2. a. Al mismo tiempo	b. A los pocos años	c. Hacia unos años
3. a. entonces	b. el momento antes	c. desde entonces
4. a. Mientras	b. Desde entonces	c. Inmediatamente
5. a. Unos años antes	b. Un día	c. Enseguida
6. a. después	b. entretanto	c. antes
7. a. Hacía varios años	b. Al cabo de varios años	c. Al mismo tiempo
8. a. luego	b. mientras	c. entonces
9. a. en aquel momento	b. al mismo tiempo	c. desde ese momento

18 *gente* de negocios

Nombre: _____   Fecha: _____

VOCABULARIO EN CONTEXTO

 18-01 **Palabras relacionadas**

Select the word in each group that does not belong.

1. financiero   comercial   empresarial   taller
2. pedido   reparto   entrega   seguro
3. asesoría   diseño   floristería   editorial
4. impuestos   agricultura   ganadería   alimentación

18-02 **Sinónimos y antónimos**

Indicate whether the words in each pair are synonyms or antonyms.

1. demanda / oferta

   synonyms   antonyms

2. novedoso / anticuado

   synonyms   antonyms

3. empresa / compañía

   synonyms   antonyms

4. reparto / entrega

   synonyms   antonyms

5. exportación / importación

   synonyms   antonyms

18-03 **A completar**

Select the word that logically completes each sentence.

1. En las carreteras modernas los coches pagan _____.

   a. cadena   b. peaje   c. negocio   d. banca

2. Cuando mi coche necesita reparaciones, lo llevo _____.

   a. al taller   b. al reparto   c. al almacén   d. a la tintorería

3. Los _____ perdieron mucho dinero en la bolsa (*stock market*).

   a. préstamos   b. pedidos   c. impuestos   d. inversores

4. Nuestro país _____ con Latinoamérica.

   a. estropea   b. comercia   c. funda   d. encarga

18-04 **Definiciones**

Match each word to its definition.

mercancía	impuestos	gubernamental	mejorar	editorial

1. se dice de las cosas fundadas o financiadas por el Estado: _____

2. perfeccionar algo: _____

3. dinero que se paga al Estado para hacer frente a las necesidades públicas: _____

4. todo lo que se puede vender o comprar: _____

5. compañía que publica libros: _____

18-05 **Asociaciones**

Write the noun associated with each of these verbs. Be sure to include the correct definite article with each noun.

1. repartir _____

2. ofrecer _____

3. invertir _____

4. comerciar _____

5. diseñar _____

18-06 **Campos semánticos**

Complete the following two semantic fields with at least six vocabulary words in each. One is given to you in each category as an example. Be careful not to repeat words!

EMPRESAS:

editorial, _____

ECONOMÍA:

banco, _____

GRAMÁTICA EN CONTEXTO

SI CLAUSES WITH INDICATIVE

18-07 **Ellos también**

State the conditions under which the following events will happen. Use the present indicative form of the verb in parentheses in the first part of the sentence and the future form of the same verb in the second.

EJEMPLO: Si tú *vas*, yo *iré* también. (ir)

1. Si usted _____ el viernes, yo _____ también. (salir)

2. Si ustedes se lo _____ a Paula, nosotros se lo _____ a Alfredo. (decir)

3. Si Alonso _____ el viaje, sus hermanos lo _____ también. (hacer)

4. Si ustedes _____ confianza, ella la _____ también. (tener)

5. Si tú te _____ los guantes, yo me los _____ también. (poner)

6. Si ellos _____ aprobar la resolución, ustedes la _____ aprobar también. (poder)

7. Si nosotros _____ qué día es la excursión, tú lo _____ también. (saber)

8. Si yo _____, usted _____ también. (venir)

9. Si Marta _____ una decisión, ellas _____ una también. (tomar)

18-08 **Los servicios que le ofrecemos**

In order to convince potential clients of the quality of a business, you need to give them examples. What can you say about these businesses? Choose three items for each business and write sentences using the if/then construction or the future tense, as in the example.

EJEMPLO: nuestros técnicos (ir) a su casa cuando (tener) un problema

Si usted tiene un problema nuestros técnicos irán a su casa.

1. UN GIMNASIO
   - un médico especializado (controlar) todos sus ejercicios
   - cada mes (tener) derecho a dos masajes gratuitos
   - (disponer) siempre del asesoramiento de entrenadores especializados
   - (poder) participar en las clases de culturismo, mantenimiento, ejercicios para la tercera edad, infantil, tai chi

   _____
   _____
   _____

2. UNA TIENDA DE INFORMÁTICA
   - (regalar) las nuevas versiones de sus programas cuando (aparecer)
   - le (informar) de todas las novedades
   - le (ofrecer) siempre los precios especiales de cliente
   - (reparar) su ordenador gratuitamente los primeros dos años

   _____
   _____
   _____

3. UNA GUARDERÍA INFANTIL
   - sus hijos (estar) con profesores especialistas en educación preescolar
   - (tener) actividades artísticas y musicales
   - (aprender) un idioma extranjero
   - (poder) permanecer en el centro de 8 h a 20 h y (tener) servicio de comedor con menús especialmente pensados para los más pequeños
   - sus hijos (acostumbrarse) a convivir con otros niños y (adquirir) autonomía

   _____
   _____
   _____

18-09 **¿A qué empresa llamará?**

Listen to the following people speaking: they either have a problem or need certain things. Which of these businesses will they call? Write complete sentences, as in the example.

CAMELIA
Flores y plantas.
Entrega a domicilio.
Tel. 94 456 98 36

REPARACIONES MIL RECAMBIOS DE TODAS LAS MARCAS
Philips - Sanyo - Sony - Miele - Bosch - SIEMENS - NEFF
Tel. 609 33 44 55

TECNOMÓVIL
Concesionario oficial FORD.
Viriato, 12
TEL. 45 456 46 57

PEPE GOTERA INSTALACIONES ELÉCTRICAS Y FONTANERÍA
Calefacción y gas.
Servicio de urgencias.
Tel. 689 893 308

FAST PIZZA
Pastas, pizzas y helados.

SERVICIO A DOMICILIO. ELABORACIÓN PROPIA.
Tel. 989 26 37 74

AMBULANCIAS ESTEBAN
Servicio permanente las 24h.
Tel. 609 67 23 43

TRANSPORTES, MUDANZAS Y GUARDAMUEBLES DON PÍO
Nacional e internacional.
Tel. 953 34 55 67

MEGALIMPIO MANTENIMIENTO Y LIMPIEZAS INTEGRALES
Industriales y domésticas.
Empresas, comunidades de vecinos, hostelería.
Tel. 900 44 56 78

ASCENSORES LA TORRE
Mantenimiento y reparaciones.
Tel. 902 323 233

EJEMPLO: *Están encerrados en un ascensor. Llamarán a Ascensores La Torre.*

1. _____
_____

2. _____
_____

3. _____
_____

4. _____
_____

5. _____
_____

18–10 **El partido**

Imagine that you can create your own political party. Invent a name for it. Then write a
paragraph in which you make promises about all these different issues. Don't forget to use the
future tense.

**EL
DESEMPLEO**

**EL MEDIO
AMBIENTE**

LA EDUCACIÓN

LA SITUACIÓN
DE LA MUJER

LA SALUD

LOS IMPUESTOS

LA DELINCUENCIA

EJEMPLO: *Dentro de unos años tendremos menos desempleo.*

NOMBRE
DEL PARTIDO : _____

1. Si ganamos las elecciones _____
    _____

2. Cuando estemos en el gobierno _____
    _____

3. Con su apoyo _____
    _____

4. Dentro de unos años _____
    _____

5. Frase final y eslogan: _____
    _____

CUALQUIER + NOUN

 Cualquier cosa servirá

Answer these questions saying that any of the things asked about will be good. Be sure to follow the example.

EJEMPLO: ¿Qué libro le sirve?

Cualquier libro será bueno.

1. ¿A qué taller desea usted ir?

   _____ será bueno.

2. ¿A qué asesor quiere usted contratar?

   _____ será bueno.

3. ¿Qué inmobiliaria debemos llamar?

   _____ será buena.

4. ¿Qué computadora debo comprar?

   _____ será buena.

5. ¿Qué almacenes dan descuentos?

   _____ será bueno.

6. ¿Qué electricista podrá reparar esta avería?

   _____ será bueno.

7. ¿Qué diseños quiere usted usar?

   _____ será bueno.

8. ¿Para qué empresa quiere usted trabajar?

   _____ será buena.

18-12 **Generoso con sus amigos**

Juan Luis is very accomodating. Help him answer his friends' requests using **cualquier** + noun and the subjunctive form of the verb in parentheses.

EJEMPLO: ¿Puedo ver una de tus fotos? (querer)

Cualquier foto que quieras.

1. ¿Me puedes prestar uno de tus libros? (desear)

   _____

2. ¿Tienes un paraguas para mí? (encontrar)

   _____

3. ¿Qué periódico quieres leer? (tener)

   _____

4. ¿Qué restaurante te interesa? (conocer)

   _____

5. ¿Qué curso es importante para mi carrera? (seguir)

   _____

6. ¿Qué documentos me vas a mostrar? (necesitar)

   _____

7. ¿Qué coche debemos alquilar? (escoger)

   _____

8. ¿Qué película vamos a ver? (preferir)

   _____

18-13 **Seguro médico**

Ignacio is very happy with his health insurance plan because it offers many options. Complete his recommendation with **cualquier** or **cualquiera**.

Me gusta mi nuevo seguro médico más que (1) _____ otro porque tiene muchas opciones. Cuando les pregunté quién podía asegurarse, me aseguraron que (2) _____. Es decir, (3) _____ persona puede asegurarse sin tener que pagar extra independientemente si está enfermo o no. También, me indicaron que puedo escoger entre (4) _____ médico que acepte su seguro. ¿Y los especialistas? ¡Esto es lo mejor! Puedo escoger a (5) _____, siempre que esté en (6) _____ hospital de esta zona.

Nombre: _____ Fecha: _____

RELATIVE PRONOUNS (*DONDE / CUANDO / COMO / TODO LO QUE...*) + SUBJUNCTIVE

18-14 **Ustedes escogen**

Mónica and Jose Luis have some friends visiting. They are asking some questions, but Mónica and Jose Luis just want to please them. Use **cuando, adonde, donde, como,** and **todo lo que** + subjunctive of the verb in parentheses to say that you will do whatever they want on today's outing.

EJEMPLO: ¿Cuándo vamos a salir? (querer)

Cuando ustedes quieran.

1. ¿Dónde nos vamos a ver? (querer)

_____

2. ¿Adónde vamos a ir? (desear)

_____

3. ¿Qué vamos a comprar? (necesitan)

_____

4. ¿Cuándo vamos a almorzar? (tener hambre)

_____

5. ¿Cómo vamos a organizar la excursión? (decir)

_____

6. ¿Qué monumentos vamos a ver? (querer)

_____

7. ¿Dónde vamos a cenar? (preferir)

_____

18-15 **Lo que ella quiera**

Arturo does not want to make any decisions today, so he is letting Carolina make all the decisions. Answer all her questions using relative pronouns such as **cuando, adonde, donde, lo que, la que, el que, como, con quien...** + subjunctive.

EJEMPLO: ¿Adónde podemos ir esta noche? ¿Al cine?

Adonde tú quieras.

1. ¿Y qué película podemos ir a ver? _____

2. ¿A qué hora te parece mejor ir? _____

3. ¿Y luego a qué restaurante vamos? _____

4. Arturo, ¿con quién quieres que vayamos a la ciudad? _____

5. ¿Y cómo vamos? ¿En tren, en carro o en avión? _____

6. ¿Qué le regalamos a Teresa para su cumpleaños? _____

7. ¿Qué día nos reunimos con la clase de inglés? _____

18–16 **Sí, todo**

Create phrases with the word **todo** for each of these nouns.

EJEMPLO: taller   *todo el taller*

1. pedido   _____
2. mensajes   _____
3. empresas   _____
4. comercio   _____
5. consumidores   _____
6. industria   _____
7. oferta   _____
8. descuentos   _____
9. hipotecas   _____
10. mercancía   _____
11. sucursales   _____
12. mercado   _____

18–17 **Todo lo que había**

Write an employee's affirmative answers to each of his boss's questions using the correct form of **todo/a/os/as,** as in the example.

EJEMPLO: ¿Leyó usted los documentos?

Sí, los leí todos.

1. ¿Oyó usted la información?

_____

2. ¿Inspeccionó usted la entrega?

_____

3. ¿Leyó usted la publicidad?

_____

4. ¿Visitó usted nuestras sucursales?

_____

5. ¿Abrió usted los paquetes?

_____

6. ¿Almacenó usted los informes?

_____

7. ¿Pidió usted los préstamos?

_____

8. ¿Examinó usted la mercancía?

_____

DIRECT AND INDIRECT OBJECT PRONOUNS: *SE + LO/LA/LOS/LAS*

18–18 **¿Les gustó la fiesta de cumpleaños?**

Some children celebrated a birthday party yesterday. Answer the questions affirmatively, following the example. You can use the verbs **comerse, beberse, romper, llevarse + todo/a/os/as.**

EJEMPLO: ¿Les gustaron las pizzas? *Sí, se las comieron todas.*

1. ¿Y los jugos? _____

2. ¿Y los pasteles? _____

3. ¿Y el chocolate? _____

4. ¿Y la torta de manzana? _____

5. ¿Y las galletas? _____

6. ¿Y qué pasó con las sillas? _____

7. ¿Y las bolsas de caramelos? _____

8. ¿Dónde están los pájaros? _____

18–19 **Se lo puedo regalar**

You want to give the following presents to some of your classmates. Which one will you give to each person? Write 10 complete sentences, and be sure to use direct and indirect object pronouns where necessary.

EJEMPLO: *El vídeo se lo puedo regalar a Simon porque le gusta mucho Almodóvar.*

1. _____
2. _____
3. _____
4. _____
5. _____
6. _____
7. _____
8. _____
9. _____
10. _____

Nombre: _____   Fecha: _____

18-20 **Publicidad**

Complete the following ads with the missing third-person pronouns. Be careful: some will require the use of double object pronouns.

Si su computadora hace tiempo que sólo (1) _____ da problemas, no (2) _____ piense más: compre un portátil Inform. Las computadoras Inform (3) _____ fabricamos para dar soluciones a sus problemas.

Nuevo Lavaplus (4) _____ deja la ropa más blanca. Su ropa (5) _____ agradecerá.

¡Ya está aquí la muñeca que todos los niños esperaban: ¡Carmela! Toda su ropita (6) _____ podrás guardar en su armario y sus comidas (7) _____ podrás hacer en su cocina. Píde (8) _____ a Santa Claus esta Navidad.

¿Quién ha dicho que las Navidades hay que pasar (9) _____ en el frío? ¿Quién ha dicho que a los Reyes Magos hay que esperar (10) _____ en casa? Estas Navidades venga a Panamá.

18-21 **El mensajero**

Andrés, the messenger of Gente a punto, is talking with Ana, the manager. What orders are they discussing? Listen to their brief dialogues, and pay attention to the direct object pronouns they are using (**lo, la, los, las**). Then select the correct answers.

1. a. unos medicamentos
   b. unas cervezas

2. a. unos pasteles
   b. una planta

3. a. unos libros
   b. unas bombillas

4. a. unos bocadillos
   b. unas pizzas

5. a. un pollo
   b. unas hamburguesas

REVIEW OF IMPERSONAL EXPRESSIONS

18–22 La rutina

Help Martín tell us what life is like at his college, using the impersonal **uno** with the verbs in parentheses.

EJEMPLO: *Uno se despierta* a las siete. (despertarse)

1. _____ en seguida. (levantarse)

2. _____. (ducharse)

3. _____ rápidamente. (vestirse)

4. _____ al comedor. (bajar)

5. _____ antes de ir a clase. (desayunar)

6. _____ con sus amigos para almorzar. (reunirse)

7. _____ mucho tiempo estudiando. (pasar)

8. _____ temprano durante la semana. (acostarse)

18–23 Bienvenido a Panamá

Complete the following paragraph about tourism in Panama with different impersonal forms (**tú = A, uno = B, se = C**). Be sure to pay attention to the verb conjugations.

Bienvenido a Panamá. Todo un país que sólo espera ser descubierto. Ya sea que
(1. B, estar) _____ de compras en la ciudad o explorando una playa desierta, en Panamá
(2. A, poder) _____ ver y hacer muchísimas cosas. En Panamá (3. C, usar) _____ el dólar de
Estados Unidos como moneda primaria. También (4. B, poder) _____ tomar taxis por todas
partes de la Ciudad de Panamá y a precios razonables. Llegar de A a B nunca ha sido más
divertido. (5. A, poder) _____ elegir entre arrendadoras de automóvil, arrendadoras de barcos,
giras en ómnibus, taxis… o simplemente (6. C, poder) _____ pedir un aventón hasta cualquier
destino. En Panamá (7. B, poder) _____ alojarse en docenas de lugares, desde lujosos hoteles
de cinco estrellas hasta encantadores centros de turismo ecológico.

INTERACCIONES

18-24 **Debate**

A few students are debating about what businesses are needed close to their university. Listen to what each one says, and indicate whether they are stating a lack of understanding, asking for clarification, making sure they were understood or clarifying further or reformulating their point.

1. a. making sure you understood them
   b. asking for clarification
   c. clarifying further or reformulating their point
   d. stating a lack of understanding

2. a. making sure you understood them
   b. asking for clarification
   c. clarifying further or reformulating their point
   d. stating a lack of understanding

3. a. making sure you understood them
   b. asking for clarification
   c. clarifying further or reformulating their point
   d. stating a lack of understanding

4. a. making sure you understood them
   b. asking for clarification
   c. clarifying further or reformulating their point
   d. stating a lack of understanding

5. a. making sure you understood them
   b. asking for clarification
   c. clarifying further or reformulating their point
   d. stating a lack of understanding

6. a. making sure you understood them
   b. asking for clarification
   c. clarifying further or reformulating their point
   d. stating a lack of understanding

7. a. making sure you understood them
   b. asking for clarification
   c. clarifying further or reformulating their point
   d. stating a lack of understanding

8. a. making sure you understood them
   b. asking for clarification
   c. clarifying further or reformulating their point
   d. stating a lack of understanding

18–25   **A debatir**

You and a few friends want to invest in one of these businesses. Look at the photos and information given, and listen to what your classmates have said. Then give your answers orally, according to what is asked.

EJEMPLO: You hear: No me parece un buen negocio Niñeros Divertidos. Nadie en el campus necesita un niñero.

(Clarifying)

You say: *Yo no digo que sea un negocio para los estudiantes, lo que quiero decir es que hay muchos estudiantes que podrían trabajar de niñeros.*

1. making sure you understood them

2. asking for clarification

3. clarifying further or reformulating your point

4. stating a lack of understanding

NUESTRA GENTE

GENTE QUE LEE

18–26 **Panamá, centro de negocios de América Latina.**

Read the following passage, and then answer the questions below.

Su estratégica ubicación geográfica, su enorme potencial productivo y de recursos naturales y su sólida economía lo han convertido en el escenario preferido por los inversionistas de todo el mundo. Panamá es un país de fronteras abiertas gracias a sus políticas de globalización que buscan la instalación y operación de grandes grupos económicos en el país. Esta idea se ha hecho realidad con un significativo aumento de empresas multinacionales radicadas en el país.

Sin duda, si Panamá tiene una característica principal, es su situación privilegiada. Logísticamente es una fuente inagotable de ingresos debido a su famoso Canal que comunica el océano Pacífico y el océano Atlántico. Muy próximo a Estados Unidos, y en una zona tranquila, 100% libre de huracanes y terremotos. Posee buenas comunicaciones, con un aeropuerto internacional Tocumen, a unos 15 km del centro de la Ciudad de Panamá con vuelos directos a las ciudades más importantes del mundo. **Asimismo** posee cinco puertos marítimos con las más modernas instalaciones y la flota mercante más grande del mundo.

A nivel empresarial, Panamá ha sido el foco de atención de importantes multinacionales y grandes bancos mundiales, ya que su economía es propicia para crecer. Los inversores internacionales, de países desarrollados, están viendo a Panamá como un lugar propicio a invertir, por su estabilidad monetaria, el prudente manejo fiscal-financiero y la política pro-crecimiento promovida por el gobierno, el respeto a los derechos de propiedad y por los incentivos existentes. Cabe también remarcar que su economía está orientada fundamentalmente a los servicios, la banca, el comercio y el turismo.

La dinámica de la economía proviene de tres motores de crecimiento claramente definidos: las exportaciones de bienes y servicios, la inversión en construcción y el consumo. Las exportaciones totales de bienes y servicios crecieron un 16.8% durante el pasado año, continuando la tendencia de los últimos años, en particular en el segmento de las exportaciones de servicios (19,6%).

Teniendo como primer motor de la economía el Canal, el otro motor de crecimiento fue la inversión en construcción, la cual creció 17,4% durante el año. La dinámica del sector se manifiesta por la construcción de rascacielos, la incorporación de demanda de extranjeros, e incluso por los incrementos en la construcción pública. El crecimiento del sector de la construcción está respaldado por un crecimiento del crédito bancario, del 14% para hipotecas y 44% para la construcción.

Además cuenta con su propio paraíso económico: la Zona Libre de Colón, donde se puede comprar sin que los productos estén gravados por impuestos. La Zona Libre de Colón es un centro logístico global para el mundo, con más de 2.000 empresas establecidas, 250.000 visitantes anuales y transacciones comerciales anuales que generan $11.000 millones en importaciones, exportaciones y re-exportaciones.

1. ¿Cuál es la tesis del autor?

   _____

   _____

   _____

Nombre: _____   Fecha: _____

2. Resume los argumentos que da el autor para apoyar la tesis.

_____

_____

_____

3. ¿Qué tipo de información incluye el autor para apoyar su tesis?

_____

_____

_____

4. ¿A qué se refieren los referentes subrayados en el texto?

_____

_____

_____

5. Identifica los cuatro conectores del texto. ¿Qué significan y qué función tienen?

_____

_____

_____

6. Busca en el texto (*scan*) el porcentaje que ha crecido la inversión en el sector de la construcción.

_____

_____

_____

7. ¿Cuáles son las ventajas de la ubicación geográfica de Panamá para los inversionistas?

_____

_____

8. ¿Cuáles son las tres áreas económicas en crecimiento?

_____

_____

_____

18-27 **¿Comprendes?**

Read the passage about Panamá again, and then select the option that best answers each of the questions below.

1. ¿Cuál es la tesis del autor?
   a. Panamá es un país importante para las empresas que quieran invertir.
   b. Panamá tiene una ubicación ideal para invertir.
   c. Los inversionistas prefieren invertir en Panamá por sus recursos naturales.

2. ¿Cuál de estos argumentos no señala el autor para apoyar la tesis?
   a. la fuerte moneda panameña
   b. el crecimiento de las exportaciones
   c. la ubicación turística paradisíaca
   d. la inversión en la construcción

3. ¿Qué información no ha incluido el autor en este ensayo?
   a. porcentajes de crecimiento
   b. infraestructura del país
   c. volumen del turismo
   d. inflación e impuestos

4. ¿A qué se refiere el referente subrayado la cual?
   a. economía del canal   b. inversión en la construcción   c. crecimiento

5. ¿Qué función tiene el conector **asimismo**?
   a. añadir   b. resumir   c. dar un ejemplo   d. especificar

6. Busca en el texto (scan) el porcentaje de crecimiento de la inversión en el sector de la construcción.
   a. 14%   b. 17,4%   c. 19,6%   d. 44%

7. ¿Cuál de estas ventajas no se cita como ventaja geográfica en el texto?
   a. 250.000 visitantes anuales
   b. una zona sin huracanes y terremotos
   c. cinco puertos marítimos

8. Según el autor, ¿cuál de estas áreas no es uno de los tres motores de crecimiento de la economía panameña?
   a. la inversión en la construcción
   b. el turismo
   c. las exportaciones de bienes y servicios

GENTE QUE ESCRIBE

18-28 **Rubén Blades**

Your friend Hillary is writing an essay about Rubén Blades, the famous Panamanian songwriter, musician, actor, and politician. Hillary is asking you to help with these sentences. Rewrite the sentences and improve them by using connectors and/or referent words.

1. Rubén Blades es un mundialmente famoso cantante panameño de la llamada *salsa intelectual*. Rubén Blades ha sido candidato presidencial en su país y ministro de turismo.

   _____

   _____

2. Blades es muy crítico de las dictaduras latinoamericanas. Blades critica en las letras de sus canciones las dictaduras latinoamericanas. En la canción "Desapariciones" critica las dictaduras latinoamericanas.

_____

_____

3. En 1969 Blades participó en la grabación del disco *De Panamá a Nueva York* con Pete Rodríguez. Blades no incluye en su biografía el disco *De Panamá a Nueva York*.

_____

_____

4. En 2004 Blades apoyó la candidatura presidencial de Martín Torrijos. Martín Torrijos ganó las elecciones en 2004. Blades aceptó y ejerció el puesto de ministro de 2004 al 2009.

_____

_____

5. Rubén Blades ha vendido muchos discos de salsa. *Siembra* es un disco de salsa. *Siembra* es un clásico de la salsa de todos los tiempos.

_____

_____

6. En 2009 Blades dejó su cargo de ministro de turismo en el gobierno de Panamá. En 2009 inició una gira mundial.

_____

_____

18-29 Tu ensayo

You want to go to a business school in Panama and you have to send an essay about economy and business. Your task is to delimit this general subject until you find a specific problem or question, and then formulate a thesis. Afterwards, think about three reasons that support your thesis and write them in full sentences. Finally, make a list of the facts, examples and details that support every reason.

Topic: _____

Thesis: _____

Reasons that support your thesis:

1. _____

2. _____

3. _____

Facts, examples, and/or details that support reason number 1:

_____

Facts, examples, and/or details that support reason number 2:

_____

Facts, examples, and/or details that support reason number 3:

_____

19 gente que opina

VOCABULARIO EN CONTEXTO

19-01 **Palabras relacionadas**

Indicate the word in each group that does not belong.

1. pobre	marginado	medioambiental	refugiado
2. comercio justo	exploración del espacio	ingeniería genética	viajes espaciales
3. sequía	tala de árboles	contaminación	subsuelo
4. desigualdad	tierra	esclavitud	desempleo

19-02 **Sinónimos y antónimos**

Write the antonym of each of these vocabulary words.

1. pobre _____   4. riqueza _____

2. privilegiado _____   5. igualdad _____

3. paz _____   6. esclavitud _____

19-03 **A completar**

Select the logical completion for each sentence.

1. La capa de ozono en peligro es un tema _____.
   a. valioso   b. desconfiado   c. desafortunado   d. medioambiental

2. _____ en el golfo ha sido uno de los mayores desastres medioambientales en Estados Unidos.
   a. La marea negra   b. El consumo   c. La sequía   d. La tala de árboles

3. A causa de la guerra civil hay muchos _____ en los países vecinos.
   a. refugiados   b. escépticos   c. escasos   d. dignos

4. La computadora, el Internet, el iPod y los viajes espaciales son grandes _____.
   a. sequías   b. hambres   c. adelantos científicos   d. crecimientos

5. La _____ es la falta de libertad.
   a. riqueza   b. esclavitud   c. esperanza de vida   d. contaminación

19-04 **Definiciones**

Match each word with its definition.

rico	mestizo	desempleo	sequía	subsuelo	botar

1. falta de trabajo, condición de la persona que no tiene trabajo: _____

2. tiene mucho dinero: _____

3. persona de ancestros europeos e indígenas: _____

4. falta de agua: _____

5. lo que esta debajo del suelo: _____

6. tirar: _____

Nombre: _____ Fecha: _____

19-05 **Asociaciones**

Write the vocabulary word associated with each of the related words below.

1. rico _____

2. pobre _____

3. consumir _____

4. seco _____

5. igual _____

19-06 **Problemas de nuestro planeta**

According to many scientists, the following are some of the great dangers that our planet is facing. For each statement, select the environmental issue that is described.

1. Los bosques se talan para obtener madera y crear tierras de cultivo.
   a. cambio climático
   b. disminución de los recursos naturales
   c. contaminación marina
   d. contaminación atmosférica y agujero en la capa de ozono
   e. crecimiento demográfico
   f. deforestación

2. La actividad humana y, en particular, el consumo de combustibles fósiles, está causando un aumento de la temperatura de la Tierra, lo que origina numerosos problemas.
   a. cambio climático
   b. disminución de los recursos naturales
   c. contaminación marina
   d. contaminación atmosférica y agujero en la capa de ozono
   e. crecimiento demográfico
   f. deforestación

3. Las naciones industrializadas utilizan una proporción mucho más grande de recursos que los países en vías de desarrollo.
   a. cambio climático
   b. disminución de los recursos naturales
   c. contaminación marina
   d. contaminación atmosférica y agujero en la capa de ozono
   e. crecimiento demográfico
   f. deforestación

4. En muchas grandes ciudades la contaminación originada por los coches y las industrias provoca graves problemas de salud a sus habitantes.
   a. cambio climático
   b. disminución de los recursos naturales
   c. contaminación marina
   d. contaminación atmosférica y agujero en la capa de ozono
   e. crecimiento demográfico
   f. deforestación

5. La cantidad de residuos que el hombre arroja al mar ha aumentado radicalmente durante el último siglo.
   a. cambio climático
   b. disminución de los recursos naturales
   c. contaminación marina
   d. contaminación atmosférica y agujero en la capa de ozono
   e. crecimiento demográfico
   f. deforestación

6. Aproximadamente 50 oleadas de algas tóxicas llegan a las aguas de Japón anualmente.
   a. cambio climático
   b. disminución de los recursos naturales
   c. contaminación marina
   d. contaminación atmosférica y agujero en la capa de ozono
   e. crecimiento demográfico
   f. deforestación

7. Nueva Delhi, Beijing, Teherán y otras muchas ciudades están durante más de 150 días al año por encima de las recomendaciones de la OMS respecto a la cantidad de partículas nocivas en el aire.
   a. cambio climático
   b. disminución de los recursos naturales
   c. contaminación marina
   d. contaminación atmosférica y agujero en la capa de ozono
   e. crecimiento demográfico
   f. deforestación

8. La mayoría de los científicos creen que la temperatura media del mundo aumentará un grado hacia el año 2030 y cuatro a finales del siglo XXI.
   a. cambio climático
   b. disminución de los recursos naturales
   c. contaminación marina
   d. contaminación atmosférica y agujero en la capa de ozono
   e. crecimiento demográfico
   f. deforestación

9. El aumento de la población pone en peligro los recursos naturales de la Tierra.
   a. cambio climático
   b. disminución de los recursos naturales
   c. contaminación marina
   d. contaminación atmosférica y agujero en la capa de ozono
   e. crecimiento demográfico
   f. deforestación

10. Más de un millón de árboles se utilizan cada año para proporcionar los periódicos del domingo a los ciudadanos norteamericanos.
    a. cambio climático
    b. disminución de los recursos naturales
    c. contaminación marina
    d. contaminación atmosférica y agujero en la capa de ozono
    e. crecimiento demográfico
    f. deforestación

GRAMÁTICA EN CONTEXTO

USE OF SUBJUNCTIVE TO STATE OPINIONS

19-07 **No tengo la impresión**

Select the correct verb form to complete each of the following expressions of opinion.

1. No pienso que estas obras de referencia _____ útiles.
   a. sean   b. serán   c. son

2. No considero que el argumento _____ rechazarse.
   a. debe   b. deberá   c. deba

3. No me parece que ellos _____ cuál es el problema.
   a. saben   b. sepan   c. sabrán

4. No tengo la impresión de que _____ el problema de forma correcta.
   a. plantees   b. planteas   c. plantearás

5. No me parece que los usuarios _____ este servicio gratis.
   a. reciban   b. recibirán   c. reciben

6. No me parece que estos productos químicos _____ la capa de ozono.
   a. destruyan   b. destruirán   c. destruyen

19-08 **¿Qué opinas?**

Complete the following opinions with the correct form of the verbs in parentheses.

EJEMPLO: No creo que ellos *mantengan* un debate constructivo. (mantener)

1. No pienso que la intolerancia _____ el mayor problema. (ser)

2. No me parece que el desequilibrio entre los países ricos y pobres _____ aumentando. (estar)

3. Yo no considero que se _____ los derechos humanos de los indígenas. (respetar)

4. No tengo la impresión que el avance tecnológico _____ una solución en este caso. (proveer)

5. No pienso que la mejora de la enseñanza _____ papel secundario en la solución de este problema. (tener)

6. No creo que el medio ambiente les _____ a las empresas. (preocupar)

7. No me parece que las organizaciones internacionales _____ lo necesario para solucionar estos conflictos armados. (hacer)

8. No tengo la impresión que el índice de desempleo _____ en los próximos años. (bajar)

19-09 **Yo pienso que...**

Complete the following sentences using the verbs from the word bank to express your opinion.

> aumentar   empeorar   mejorar   desaparecer   cambiar   sustituirse por / sustituir a...
>
> continuar siendo / existiendo / creando...   imponerse   provocar   afectar a...

EJEMPLO: las energías limpias

> *Yo no pienso que las energías limpias sustituyan a las tradicionales.*

1. la desigualdad entre hombres y mujeres
   _____

2. el agujero de la capa de ozono
   _____

3. los nacionalismos
   _____

4. la democracia
   _____

5. el hambre
   _____

6. el consumo de gasolina
   _____

7. los movimientos pacifistas
   _____

8. las dictaduras
   _____

9. las relaciones entre las diferentes culturas
   _____

10. la deforestación
    _____

19-10 **¿Qué opinas de estos problemas?**

The following are some of the most common problems that many countries experience today. Express your opinions about five of them orally, using expressions such as: **Yo (no) creo / Yo (no) pienso / Yo (no) considero / A mí (no) me parece.**

la delincuencia	la violencia juvenil	la corrupción de los políticos
la falta de libertades	los impuestos	la burocracia
la emigración	la desigualdad entre hombres y mujeres	

19–11 **Horóscopo**

Imagine that the following things are going to happen to you, according to a horoscope in a magazine. Which of them are possible, and which ones are impossible, in your opinion? Give your responses orally, and be sure to justify your answers.

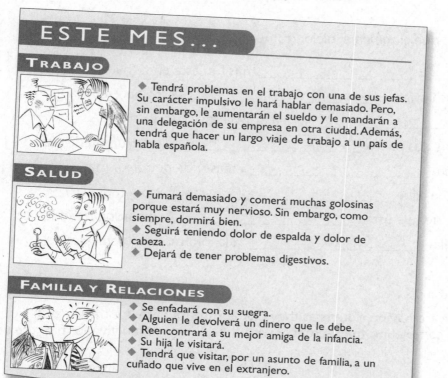

ESTE MES...

TRABAJO

◆ Tendrá problemas en el trabajo con una de sus jefas. Su carácter impulsivo le hará hablar demasiado. Pero, sin embargo, le aumentarán el sueldo y le mandarán a una delegación de su empresa en otra ciudad. Además, tendrá que hacer un largo viaje de trabajo a un país de habla española.

SALUD

◆ Fumará demasiado y comerá muchas golosinas porque estará muy nervioso. Sin embargo, como siempre, dormirá bien.
◆ Seguirá teniendo dolor de espalda y dolor de cabeza.
◆ Dejará de tener problemas digestivos.

FAMILIA Y RELACIONES

◆ Se enfadará con su suegra.
◆ Alguien le devolverá un dinero que le debe.
◆ Reencontrará a su mejor amiga de la infancia.
◆ Su hija le visitará.
◆ Tendrá que visitar, por un asunto de familia, a un cuñado que vive en el extranjero.

EJEMPLO: You say: *No creo que me aumenten el sueldo; ya me lo aumentaron el mes pasado.*

19–12 **Leyendo el futuro**

A fortune teller anticipates various outcomes for Pancho's future. Listen, take notes, and tell orally which of the following people he will become. Be sure to justify your selection.

Nombre: _____   Fecha: _____

USE OF SUBJUNCTIVE TO STATE PROBABILITY OR DOUBT

 19–13 **La duda**

Express your doubts by completing the following sentences with the correct form of the verbs in parentheses.

EJEMPLO: Es posible que él *rompa* el hielo. (romper)

1. Es probable que _____ más frío este año. (hacer)
2. Dudo que a estas lluvias las _____ la sequía. (seguir)
3. Tal vez ellos _____ la justicia social. (buscar)
4. Es dudoso que los dos países _____ a un acuerdo de paz. (llegar)
5. No es verdad que _____ escasez de petróleo. (hay)
6. Es improbable que ellos _____ la situación. (agravar)
7. No estoy seguro de que usted _____ con ardor. (reaccionar)
8. Es posible que ella _____ a la informática. (dedicarse)

19–14 **Una fiesta de sorpresa**

The following people are having doubts as they plan a surprise party for their friend. Express their reservations by completing the sentences with the correct subjunctive form of the verbs in parentheses.

EJEMPLO: ¡No puede ser que Lorena *cumpla* dieciocho años! (cumplir)

1. Tal vez nosotros _____ a la casa de Lorena para las seis. (llegar)
2. Es dudoso que mis amigos _____ la torta de cumpleaños todavía. (tener)
3. Es posible que Daniel _____ las flores. (comprar)
4. Es probable que tú _____ a comprar la comida por la tarde. (salir)
5. Probablemente Lorena _____ que vamos a hacerle una fiesta. (saber)
6. Es improbable que su hermanita le _____ lo de la sorpresa. (decir)
7. No estoy seguro que Juan no _____ a la fiesta. (ir)
8. Dudo que Lorena _____ lo que va a pasar. (sospechar)

19-15   **Lo que me pasará**

How do you see your future? Do you think that any of the following things will happen to you? Use the expressions of probability and time in the lists below to adapt the sentences to your own life, and give your answers orally.

creo que...	el año que viene
tal vez...	en un par de años
es probable que...	pronto
(no) es probable que...	nunca
puede ser que...	dentro de muchos / ... años
(no) creo que...	cuando tenga... años

EJEMPLO: Me cansaré de estudiar español.
Es probable que en un par de años me canse de estudiar español.

1. Podré dejar de trabajar.

2. Me tomaré tres meses de vacaciones.

3. Encontraré al hombre/a la mujer de mi vida.

4. Hablaré muy bien español.

5. Encontraré un trabajo mejor.

6. Trabajaré desde mi casa.

7. Me iré a vivir al extranjero.

8. Tendré un hijo.

9. Me casaré.

10. Me mudaré.

11. Tendré más tiempo libre.

19-16   **¿Qué pasará en los próximos años?**

What do you think will happen in relation to these environmental and social issues within the next 10 years? Give your opinions orally, using the following expressions.

1. LA CONTAMINACIÓN

   Estoy seguro/a de que...

2. LA BUROCRACIA

   (Yo) no creo que...

3. EL RACISMO

   Dudo que...

4. LA VIOLENCIA EN LAS ESCUELAS

   No estoy seguro/a de que...

5. LA PIRATERÍA MUSICAL

   Probablemente...

6. LA CONQUISTA DEL UNIVERSO

   (No) es probable que...

19-17 Y tú, ¿qué piensas?

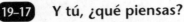

You will hear eight opinions given about several topics. React to what you hear orally, according to your own point of view. You can use expressions such as **Estoy seguro, Seguro que, Seguramente, Es posible que, Es probable que, No estoy seguro de que, Dudo que, No creo que, Posiblemente, Probablemente, Quizá, Tal vez,** and **A lo mejor.**

EJEMPLO: You hear: Yo creo que en el futuro la humanidad sabrá conservar mejor el medio ambiente.

You say: *Es probable que en el futuro se conserve mejor el medio ambiente.*

1. ...
2. ...
3. ...
4. ...
5. ...
6. ...
7. ...
8. ...

CUANDO + SUBJUNCTIVE: TALKING ABOUT THE FUTURE

19-18 ¿Cuándo?

Tell when each of these things happened or will happen by completing the sentences with either the correct subjunctive, present, or preterit form of the verbs in parentheses.

1. No lo vi cuando él _____. (entrar)

2. Avíseme cuando _____ los clientes. (llegar)

3. Él siempre me saluda cuando me _____. (ver)

4. El mesero trajo el postre cuando nosotros se lo _____. (pedir)

5. Ella me llamó cuando (ella) _____ empleo. (conseguir)

6. Iré a verte cuando _____ mi trabajo. (terminar)

7. Llámanos cuando _____ al supermercado. (ir)

8. Se enfermó cuando _____ la medicina. (tomar)

19-19 ¿Cuándo desaparecerán?

Reread the passage **Palabras, objetos y costumbres**... on p. 328 of your textbook. Then complete the following sentences based on the ideas presented.

Los CDs desaparecerán cuando _____

No será necesario conocer el alfabeto cuando _____

No necesitaremos documentos de identificación cuando _____

19-20 **¿Cuándo ocurrirá esto?**

 Answer the questions you hear orally in complete sentences, expressing your own opinions.

EJEMPLO: You hear: ¿Cuándo nadie hará cola para comprar boletos para el cine?

You say: *Nadie hará cola para comprar boletos de cine cuando los compremos en la red.*

1. …
2. …
3. …
4. …

19-21 **¿Cuándo pasará?**

Say orally what you will do when the following things happen to you.

EJEMPLO: cansarse de estudiar español

You say: *Cuando me canse de estudiar español, empezaré a estudiar portugués.*

1. tomarse tres meses de vacaciones
2. encontrar al hombre/a la mujer de mi vida
3. ir a vivir al extranjero
4. tener un hijo
5. casarse
6. tener más tiempo libre

EXPRESSING CONTINUITY OR INTERRUPTION

19-22 **¡Todavía!**

Rewrite the following sentences, replacing the italicized phrase with a phrase consisting of **seguir** + the gerund of the same verb. The two sentences will mean the same thing.

EJEMPLO: *Todavía trabaja* allí.

Sigue trabajando allí.

1. *Todavía ahorran* mucho dinero.
_____ mucho dinero.

2. *Todavía contradices* al profesor.
_____ al profesor.

3. *Todavía disfruto* de mis vacaciones.
_____ de mis vacaciones.

4. *Todavía posponen* la reunión.
_____ la reunión.

5. Ellos *todavía mienten.*
Ellos _____ .

6. Yo *todavía me levanto* temprano.
Yo _____ temprano.

7. Los estudiantes *todavía se esfuerzan* mucho.
Los estudiantes _____ mucho.

8. Nosotros *todavía nos interesamos* en el medio ambiente.
Nosotros _____ en el medio ambiente.

Nombre: _____   Fecha: _____

19-23 **¡No puedo más!**

Use **no dejar de** + infinitive to tell your friend that Alfredo keeps on doing the most annoying things.

EJEMPLO: ¿Alfredo sigue fumando?

Sí, *no deja de fumar.*

1. ¿Alfredo sigue molestando?

   Sí, _____.

2. ¿Alfredo sigue interrumpiendo?

   Sí, _____.

3. ¿Alfredo sigue llamándote?

   Sí, _____.

4. ¿Alfredo sigue haciendo ruido?

   Sí, _____.

5. ¿Alfredo sigue contradiciendo a todo el mundo?

   Sí, _____.

6. ¿Alfredo sigue mintiendo?

   Sí, _____.

7. ¿Alfredo sigue inventando excusas?

   Sí, _____.

8. ¿Alfredo sigue pidiéndote dinero?

   Sí, _____.

19-24 **Se terminó**

Use **ya no** to tell your friend that the things he is asking about are no longer happening.

EJEMPLO: ¿Paula sigue trabajando aquí?

No, *ya no trabaja* aquí.

1. ¿Los estudiantes siguen cuidando el medio ambiente?

   No, _____ el medio ambiente.

2. ¿Esta empresa sigue tirando basura al río?

   No, _____ basura al río.

3. ¿Los políticos siguen agravando la situación?

   No, _____ la situación.

4. ¿Sigues estudiando japonés?

   No, _____ japonés.

5. ¿Los Pérez siguen viviendo en este barrio?

   No, _____ en este barrio.

6. ¿Ana María sigue interesándose en política?

   No, _____ en política.

7. ¿Sigues comprando en aquel almacén?

   No, _____ en aquel almacén.

8. ¿Tu familia sigue buscando casa en otro barrio?

   No, _____ casa en otro barrio.

Nombre: _____ Fecha: _____

19–25 **Manuela Vega**

These are the things Manuela Vega used to do 20 years ago, and the things she does now. What is she still doing? What doesn't she do anymore? Write five complete sentences according to the lists of activities below.

HACE VEINTE AÑOS

- Hacía mucho deporte: jugaba al tenis, montaba a caballo...

- Estudiaba inglés, japonés y ruso.
- Llevaba faldas cortas y ropa negra.
- Salía con Arturo.
- Vivía en Caracas.

ACTUALMENTE

- Juega al tenis.

- Estudia japonés.
- Lleva ropa clásica negra y faldas largas.
- Sale con Genaro.
- Vive en Bogotá.

EJEMPLO: *Sigue jugando al tenis, pero dejó de montar a caballo. Ya no monta a caballo.*

1. _____

   _____

   _____

2. _____
   _____
   _____

3. _____
   _____
   _____

4. _____
   _____
   _____

5. _____
   _____
   _____

INTERACCIONES

19–26 **Debate**

The following students are debating about the problems that need to be resolved first in the world: the climate change, health care, wars and conflicts, or poverty and hunger. Listen to what each person says and indicate whether they are disagreeing in part, expressing possibility, or expressing doubt or skepticism.

1. a. disagreeing in part   c. expressing doubt
   b. expressing possibility   d. expressing skepticism

2. a. disagreeing in part   c. expressing doubt
   b. expressing possibility   d. expressing skepticism

3. a. disagreeing in part   c. expressing doubt
   b. expressing possibility   d. expressing skepticism

4. a. disagreeing in part   c. expressing doubt
   b. expressing possibility   d. expressing skepticism

5. a. disagreeing in part   c. expressing doubt
   b. expressing possibility   d. expressing skepticism

6. a. disagreeing in part   c. expressing doubt
   b. expressing possibility   d. expressing skepticism

7. a. disagreeing in part   c. expressing doubt
   b. expressing possibility   d. expressing skepticism

8. a. disagreeing in part   c. expressing doubt
   b. expressing possibility   d. expressing skepticism

19–27 **A debatir**

What do you have to say in this debate about which of these problems needs to be resolved first in the world? Listen to what your classmates have said and answer orally according to the prompts below. Don't forget to justify your answers.

EJEMPLO: You hear: El primer problema que hay que solucionar es el que afecte a un mayor número de personas y hay más personas pobres en el mundo que enfermos o atrapados en conflictos bélicos.

(disagreeing in part)

You say: *Quizá tengas razón, pero si no solucionamos el calentamiento global en poco tiempo va a haber más pobres.*

1. disagreeing in part
2. expressing possibility
3. expressing doubt
4. expressing skepticism

NUESTRA GENTE

GENTE QUE LEE

19–28 **El gran reto de Guatemala**

Read the following passage, and then answer the questions below.

En Guatemala, la división entre ricos y pobres es más que evidente. Más del 30% de la población vive por debajo de la línea de la pobreza, es decir, apenas pueden cubrir sus necesidades básicas de vivienda y alimentos. Entre tanto, el 10% de la población más rica recibe el 40,3% del total de ingresos del país. Según el Centro de Investigaciones Económicas Nacionales de Guatemala, si la economía nacional continúa creciendo al mismo ritmo, Guatemala necesitará 100 años para duplicar el nivel de vida de la población. ¿Cuáles son las soluciones?

Un país con el 30% de la población por debajo de la línea de pobreza no puede avanzar, y la única manera de hacer frente a este mal es através del crecimiento económico sostenido. Ese es el gran reto del futuro para Guatemala. ¿Cómo lograrlo? Si el gobierno quiere el bienestar social, entonces deberá apostar por un modelo económico que permita el crecimiento sostenido. Para ello deberá recuperar la confianza, tanto a nivel nacional como internacional, una condición básica para aumentar las inversiones y las exportaciones. **En cuanto a** estas últimas, la negociación de un tratado de libre comercio con Estados Unidos podrá ser beneficiosa para Guatemala. **No obstante**, Guatemala tendrá que negociar con Estados Unidos en aquellos productos en los que pueda competir y lograr que este país elimine los subsidios a sus productos. Sin duda, si las puertas de comercio se abren sólo para un lado, Guatemala se verá plagada de productos extranjeros y eso sólo servirá para **empeorar** aun más la economía. También tendrá que fomentar la reinversión en el área social: el que invierte en educación y salud, invierte en el futuro de su país. **Para terminar**, la generación de empleo tendrá que ser la prioridad número uno.

1. ¿Cuál es la tesis del autor?
   _____

2. ¿Se apoyan los argumentos del autor en razonamientos, ética o emociones? Da un ejemplo.
   _____
   _____

3. Si peor es el comparativo de malo/mala, ¿qué significa **empeorar**?
   _____

4. El referente subrayado en el texto <u>ello</u>, ¿a qué se refiere?
   _____
   _____

5. Los conectores en el texto: **no obstante, para terminar** y **en cuanto a**, ¿qué significan y qué función tienen?
   _____
   _____

6. Busca en el texto (*scan*) el porcentaje del total de ingresos del país que recibe la población más rica de Guatemala.
   _____

7. ¿Cómo piensa el autor que Guatemala puede conseguir un crecimiento sostenido?
   _____

8. ¿Qué recomienda el autor a Guatemala para evitar que el tratado de libre comercio con Estados Unidos tenga un efecto negativo en la economía?
   _____

19-29 **¿Comprendes?**

Read the passage about Guatemala again, and select the correct answer to each of the following questions.

1. ¿Cuál es la tesis del autor?
   a. En Guatemala la diferencia entre pobres y ricos es muy grande.
   b. Guatemala necesitará 100 años para duplicar su nivel de vida.
   c. El crecimiento económico sostenido es el único medio para combatir la pobreza en Guatemala.

2. ¿En que se apoyan los argumentos que da el autor?
   a. En razonamientos
   b. En ética
   c. En emociones

3. Si peor es el comparativo de malo/mala, ¿cuál es el significado de **empeorar** en el texto?
   a. to get sick
   b. to be very bad
   c. to get worse

4. El referente subrayado en el texto ello, ¿a qué se refiere?
   a. el gobierno
   b. modelo económico
   c. crecimiento sostenido

5. ¿Qué función tiene el conector **no obstante**?
   a. añadir un argumento
   b. resaltar un argumento
   c. introducir un argumento opuesto
   d. referirse a un argumento expuesto anteriormente

6. Busca en el texto (scan) el porcentaje del total de ingresos del país que recibe la población más rica de Guatemala. Selecciona el correcto.
   a. 30%
   b. 40,3%
   c. 10%

7. ¿Cómo piensa el autor que Guatemala puede conseguir un crecimiento sostenido?
   a. Apostando por el bienestar social, eliminando los subsidios a sus productos e invirtiendo en salud y educación.
   b. Generando empleo, renegociando un tratado de libre comercio con Estados Unidos y recuperando la confianza.
   c. Aumentando la inversión y exportación, generando empleo e invirtiendo en área social.

8. ¿Qué recomienda el autor a Guatemala para evitar que el tratado de libre comercio con Estados Unidos tenga un efecto negativo en su economía?
   a. Convencer a Estados Unidos para que elimine los subsidios a sus productos
   b. Hacer competitivos los productos que exporta a Estados Unidos
   c. Importar más productos extranjeros

GENTE QUE ESCRIBE

19–30 **Un artículo argumentativo**

A Spanish newspaper wants to dedicate an article to a problem that is the subject of much debate in your university or school lately. Write the outline of your article with the possible solutions by answering the following questions.

Topic: _____

Thesis: _____

Background information: _____

Reasons that support your thesis:

1. _____

2. _____

Facts, examples, and/or details that support reason # 1:

_____

Facts, examples, and/or details that support reason # 2:

_____

Possible opposing arguments:

1. _____

2. _____

Facts, examples, and/or details that refute opposing argument # 1:

_____

Facts, examples, and/or details that refute opposing argument # 2:

_____

Conclusion:

_____

19–31 **Gobiernos democráticos en Guatemala en el siglo XXI**

Which expressions mean the same as the ones in boldface in the following passage? Read the passage and select the expressions that have the same meaning.

Guatemala ha sido gobernada los primeros años del siglo XXI por gobiernos democráticos que han tratado de dar soluciones a los problemas heredados del siglo XIX; (1) **no obstante** la corrupción y la falta de voluntad política han frenado muchas de las reformas esperadas. El primero en ganar las elecciones, Portillo, prometió apoyar la liberalización económica, aumentar la inversión en infraestructuras, establecer un banco central independiente y proteger los derechos humanos, (2) **incluso** reformar las fuerzas armadas para que no se dieran los abusos del pasado. Sin embargo, (3) **en cuanto a** los derechos humanos no mostró avances significativos para combatir la impunidad y la ayuda financiera para la consecución de la paz. Durante su gobierno se cometieron graves actos de corrupción, pero, (4) **en cualquier caso**, fue posible que se diera una transición democrática al gobierno de Berger, que a su vez no pudo abordar nuevos problemas como las pandillas, el narcotráfico y la masiva migración.

1. a. sin embargo   b. con respecto a   c. también
2. a. no obstante   b. además   c. en cualquier caso
3. a. con respecto a   b. y   c. no obstante
4. a. con respecto a   b. además   c. de todas maneras

19–32   La Antigua Guatemala

Read this text about the city of Guatemala. Can you find the missing connectors? Complete the passage with the correct words and phrases.

además	no obstante	también
incluso	en cuanto a	sin embargo

La Antigua Guatemala

Es una ciudad que mezcla lo antiguo con lo moderno y que, (1) _____, ha sido declarada Patrimonio Mundial por la Organización de Naciones Unidas. En este lugar se conservan casi quinientos años de historia del país y de Mesoamérica. (2) _____ en esta ciudad florecieron las artes y la educación, y aquí se fundó la Real y Pontificia Universidad de San Carlos de Guatemala, siendo la tercera de América después de las universidades de México y Lima. Esta ciudad tuvo (3) _____ el primer periódico mensual de Centroamérica: la Gaceta de Guatemala. (4) _____ la actualidad, hoy esta ciudad continúa deslumbrando a todos con su belleza arquitectónica, ofreciendo entretenimiento para todos los gustos. Es una ciudad muy antigua; (5) _____, junto a los monumentos y el arte, se encuentran modernos restaurantes y hoteles, y una gran variedad de discotecas y bares con un ambiente cosmopolita. (6) _____, si no le gusta el ambiente nocturno, usted puede visitar y admirar las maravillas arquitectónicas de la ciudad antigua.

19–33   In 2035

Complete each of these sentences about what will happen in 2035 with a logical conclusion, based on the connectors provided.

1. En el año 2035 los robots harán la mayor parte de todos los trabajos, pero de **todas formas**
   _____

2. En el salón de nuestra casa podremos ver películas de cine en tres dimensiones. **Además**
   _____

3. No necesitaremos llevar paraguas: habrá un mecanismo que regulará la lluvia. Y sólo lloverá cuando el programa lo decida. **Incluso**
   _____

4. Nos conectaremos con el supermercado por medio de una red informática. **Sin embargo**
   _____

5. Las energías alternativas proporcionarán más del 50% de la electricidad que consumiremos. **No obstante**
   _____

6. Las centrales de energía nuclear no serán necesarias. **Además,**
   _____

7. A mediados de siglo ya no habrá enfermedades contagiosas. **Sin embargo,**
   _____

20 gente con sentimientos

VOCABULARIO EN CONTEXTO

 Palabras relacionadas

Indicate the word in each group that does not belong.

1. insoportable	sincero	desconcertante	molesto
2. harto	dulce	generoso	agradable
3. pena	envidia	miedo	fuerza
4. poderoso	autoritario	abierto	rígido
5. nervioso	preocupado	dulce	asustado

 Sinónimos y antónimos

Indicate whether the words in each pair are synonyms or antonyms.

1. celos / envidia

   synonyms   antonyms

2. egoísta / generoso

   synonyms   antonyms

3. comprensivo / abierto

   synonyms   antonyms

4. perezoso / trabajador

   synonyms   antonyms

5. nervioso / tranquilo

   synonyms   antonyms

6. agradable / insoportable

   synonyms   antonyms

7. cerrado / rígido

   synonyms   antonyms

8. entenderse / pelearse

   synonyms   antonyms

Nombre: _____   Fecha: _____

20–03 **A completar**

Select the logical word or phrase to complete each sentence.

1. Al director le gusta el trabajo de este empleado y por eso lo _____ tanto.

   a. discute   b. alaba   c. enoja   d. prohíbe

2. Ella no _____ con su hermana. Siempre están peleándose.

   a. se lleva bien   b. cae bien   c. se transforma   d. enoja

3. Cuando conseguí el empleo que tanto quería, _____.

   a. me dio lástima   b. me puse contento   c. pasé vergüenza   d. me llevé bien

4. Estoy disgustada con mi hijo. Nunca _____ a mis buenos consejos.

   a. se enamora   b. se pone celoso   c. tiene celos   d. hace caso

5. No tiene trabajo y _____ porque cree que no va a conseguir otro empleo.

   a. se siente angustiado   b. se pone celoso   c. se avería   d. se entiende

20–04 **Definiciones**

Match each vocabulary word or phrase with the correct definition.

llevarse bien	dialogante	perezoso	anticuado	harto

1. que nunca tiene ganas de trabajar o de hacer un esfuerzo:_____

2. tener buenas relaciones con alguien:_____

3. que sigue normas o gustos del pasado:_____

4. que no puede soportar más, que ha llegado a los límites de la paciencia:_____

5. abierto a las ideas y opiniones de los demás:_____

20–05 **Asociaciones**

Write the adjective related to each of these nouns.

1. generosidad   _____

2. decepción   _____

3. pereza   _____

4. dulzura   _____

5. responsabilidad   _____

20–06 **Correo electrónico de Tom**

Tom is studying Spanish in Ecuador during the summer. He just wrote an e-mail to his friend from Spain to tell him how everything is going. Complete the e-mail with the correct forms of the logical verbs from the word bank.

discutir	dar	caer	hacer	llevar	soportar	entender

Hola Juanjo:

¿Cómo te va? Aquí estoy en Ecuador. En la universidad estoy bastante bien y tengo ya algunos amigos. Me (1) _____ muy bien con Juan y con Enrique, dos muchachos muy simpáticos de Quito. Pero hay otros dos a los que no (2) _____. Hay uno, que se llama Raúl, que siempre está (3) _____ conmigo por todo. Y otro, Abel, que me (4) _____ muy mal.

Los profesores no están mal, me (5) _____ bastante bien con ellos; aunque el de historia siempre me hace salir a la pizarra y a mí me (6) _____ mucha vergüenza, entonces las cosas no me salen bien; y Maíta, la profesora que tenemos por la tarde, nunca me (7) _____ caso cuando intento hablar con ella. Pero por lo demás estoy bien. Escríbeme pronto.

Un abrazo muy grande de tu amigo,

Tom

GRAMÁTICA EN CONTEXTO

USE OF SUBJUNCTIVE WITH VERBS LIKE *GUSTAR* (FEELINGS AND EMOTIONS)

20-07 **Los sentimientos**

Help a friend express her feelings by completing her sentences with the correct present subjunctive forms of the verbs in parentheses.

EJEMPLO: Me da vergüenza que ellos nos *mientan*. (mentir)

1. Me da vergüenza que él _____ involucrado en algo malo. (estar)

2. Me da pena que tú no me _____ caso. (hacer)

3. Me duele que ustedes no _____ en contacto con nosotros. (ponerse)

4. Me da lástima que ellas _____ constantemente. (pelearse)

5. Me da miedo que ustedes _____ riesgos. (correr)

6. Me duele que usted no nos _____ a la boda. (invitar)

7. Me da vergüenza que tú _____ tales cosas. (decir)

8. Me da lástima que ellos no _____ confianza. (tener)

20-08 **Lo que sentimos**

Express the feelings of the following people by selecting the correct verb form to complete each sentence.

1. No nos da risa _____ los profesores disfrazados.
   a. ver   b. vea   c. veo

2. Me da pena que _____ tan angustiada.
   a. te sientas   b. sentirse   c. te sientes

3. Me _____ los conflictos bélicos.
   a. preocupa   b. preocupan   c. preocupara

4. A los niños les da miedo _____ solos en la casa.
   a. estar   b. están   c. estén

5. Me indigna que _____ comunidades indígenas marginadas.
   a. hay   b. haya   c. haber

6. Me molesta cuando las fábricas _____ los ríos.
   a. contaminan   b. contaminen   c. contaminar

7. A Teresa le encanta _____ pescaditos a las focas.
   a. dar   b. da   c. dé

8. Me emociono cuando _____ de mi cumpleaños.
   a. acordarse   b. se acuerdan c. se acuerde

9. Le pone nervioso que sus hijos _____ en la calle hasta medianoche.
   a. estar   b. están   c. estén

20–09 La persona con la que vives

Imagine that you are living with a very disorganized and untidy person. After a few months of living with this person, what could you write about the experience? Complete the following sentences using the indicative or the subjunctive.

1. Me da lástima que

_____

2. Me pongo muy contento/a cuando

_____

3. Me enfado cuando

_____

4. Lo paso muy mal cuando

_____

5. Me da rabia que

_____

6. Me pongo bastante nervioso/a cuando

_____

7. No me gusta que

_____

20–10 Lo que me molesta de viajar en avión

You will hear several people talking about how they feel when they fly in an airplane. The last part of each comment is missing; select the correct ending.

1. a. cuando los aviones se retrasan y tengo que esperar.
   b. que se retrasen los aviones y tener que esperar.

2. a. hacer mal tiempo y moverse mucho el avión.
   b. si hace mal tiempo y el avión se mueve mucho.

3. a. los boletos de avión ser tan caros.
   b. que los boletos de avión sean tan caros.

4. a. estar tan lejos del suelo y no saber qué hacer en caso de emergencia.
   b. que esté tan lejos del suelo y no sepa qué hacer en caso de emergencia.

5. a. si viajo mucho y me puede pasar algo.
   b. que yo viaje tanto y me pueda pasar algo.

Nombre: _____ Fecha: _____

REFLEXIVE VERBS TO STATE FEELINGS AND EMOTIONS

 20-11 **La última vez que...**

Do you remember the last time you felt each of these emotions? Give a brief description of each event orally.

EJEMPLO: ponerse nervioso/a

> You say: *Yo, hace poco, me puse nerviosísima porque fui a buscar mi carro y*
>
> *había desaparecido. Al final resultó que estaba estacionado en otra calle.*

1. ponerse muy nervioso/a

2. ponerse muy contento/a

3. volverse loco/a

4. enfadarse mucho con alguien

5. pasar mucha vergüenza

20-12 **En clase de español**

John is expressing how he feels in Spanish class. Rewrite the following sentences with the correct first-person reflexive form of the verbs in bold.

EJEMPLO: Me ponen nervioso las tareas orales.

> *Me pongo nervioso cuando tengo que hacer las tareas orales.*

1. **Me pone contento** cuando el profesor alaba mi trabajo.

   _____

2. **Me pone triste** sacar una mala nota.

   _____

3. **Me pone nervioso** que no me entiendan.

   _____

4. **Me pone de mal humor** la tarea excesiva.

   _____

5. **Me preocupa** tener muchas faltas de ortografía.

   _____

6. **Me enfada** cuando los estudiantes usan el celular en clase.

   _____

20-13 **En Halloween**

Allison is telling how she often feels on Halloween. Rewrite her sentences changing the first-person reflexive verbs to a verb like **gustar**.

EJEMPLO: **Me pongo nerviosa** cuando/si veo a la gente borracha en las calles.

Me pone nerviosa la gente borracha en las calles.

1. **Me pongo contenta** cuando veo a los niños disfrazados.

_____

2. **Me pongo triste** cuando veo los disfraces de muertos.

_____

3. **Me pongo nerviosa** si la gente quiere asustarme.

_____

4. **Me pongo de mal humor** cuando los disfraces son de mal gusto.

_____

5. **Me preocupo** si me pierdo en el tumulto de gente.

_____

6. **Me enfado** cuando la gente grita en la calle.

_____

USE OF SUBJUNCTIVE TO STATE ADVICE AND VALUE JUDGMENTS

20-14 **¿Cuál es el problema?**

Read the pieces of advice that each of these people received. Imagine what problems they have had, and write them in complete sentences.

EJEMPLO: • *Me duele el estómago y tengo fiebre.*

○ Deberías quedarte en casa y no ir a trabajar.

1. • _____
   ○ Lo que tienes que hacer es comprarte otra, ésta me parece que ya no sirve para nada.

2. • _____
   ○ Creo que lo mejor es que pases unos días en el campo, así podrás olvidarte de todo.

3. • _____
   ○ Yo te recomiendo que no vayas, pero tú haz lo que quieras.

4. • _____
   ○ Podrías comprarlo mañana, y así no perdemos tiempo.

5. • _____
   ○ Yo no te aconsejo que lo hagas; aunque si quieres, hazlo. Pero si después tienes problemas, no cuentes conmigo.

20-15 **Construcciones para dar consejos**

Look at the constructions that are used in these sentences to give advice and write the construction used, as in the example.

EJEMPLO: Deberías quedarte en casa y no ir a trabajar.

Deberías + infinitivo

1. Lo que tienes que hacer es comprarte otra, ésta me parece que ya no sirve para nada.
   _____

2. Creo que lo mejor es que pases unos días en el campo, así podrás olvidarte de todo.
   _____

3. Yo te recomiendo que no vayas, pero tú haz lo que quieras.
   _____

4. Podrías comprarlo mañana, y así no perdemos tiempo.
   _____

5. Yo no te aconsejo que lo hagas; aunque si quieres, hazlo. Pero si después tienes problemas, no cuentes conmigo. _____

CHANGES IN PEOPLE

20-16 **¡Cómo se pusieron!**

Use the correct preterit form of **ponerse** + the adjective given to tell how these people reacted to the latest news. Be sure that the adjectives agree with the subject of the sentence.

EJEMPLO: María / contento

María se puso contenta.

1. Lorenzo / triste
   _____

2. mis padres / furioso
   _____

3. Elena / nervioso
   _____

4. los niños / nerviosos
   _____

5. la vecina / de mal humor
   _____

6. mi tío / enojado
   _____

7. nosotros / alegre
   _____

8. mi abuela / pensativa
   _____

20-17 **Cambios profundos**

Use the correct present perfect forms of **volverse** to describe how these family members have changed in the last five years after Santiago's death. Be sure that the adjectives agree with the subject of the sentence.

EJEMPLO: tú / loco

Tú te has vuelto loco.

1. el hijo / tímido

_____

2. las hijas / serias

_____

3. la hermana / extrovertida

_____

4. la esposa / reservada

_____

5. yo / más responsable

_____

6. los hermanos / muy generosos

_____

7. la madre / introvertida

_____

8. nosotros / más flexibles

_____

20-18 **Todo cambia**

Complete these sentences with the correct present perfect form of **ponerse**, **hacerse**, or **volverse** to tell how these people have changed.

1. Ana María _____ médica.

2. ¿Por qué (tú) _____ de mal humor?

3. Marta _____ muy bonita para salir con Diego.

4. No sé qué me pasa. Creo que _____ enfermo.

5. Con su empresa de importación de productos naturales _____ millonario en unos años.

6. Ella _____ arrogante.

7. Ella y yo _____ amigas.

8. Nuestra colega _____ insoportable.

Nombre: _____   Fecha: _____

20–19 La gente cambia

The following sentences refer to people who have changed. Complete each sentence with any words you consider appropriate. Be sure to pay attention to the verbs that are used.

EJEMPLO: Salvador antes era muy sociable y tenía muchos amigos, pero ahora, desde que ha cambiado de trabajo, se ha vuelto *muy antipático.*

1. Cristina estaba tristísima porque su novio no iba a visitarla, pero ahora que la llamó para decirle que llega el viernes, se ha puesto _____.

2. Bill no tenía trabajo ni dinero, pero en la década de 1980 se hizo _____ vendiendo computadoras y ahora, con tanto dinero, vive muy bien.

3. Christian era un chico muy formal, estudiaba mucho y tenía buenas calificaciones en la escuela. Cuando entró en la universidad se volvió mucho más _____.

4. ¡Cómo ha cambiado Clara! Hace unos meses todavía jugaba con muñecas y, fíjate, ahora trabaja en un bar y sale con chicos: se ha hecho _____.

5. Carlos estaba anoche muy tranquilo en su casa, pero cuando lo llamé para decirle que el examen es la próxima semana se puso _____.

6. Los niños se han puesto muy _____ cuando han sabido que vamos a esquiar este fin de semana.

7. Ayer no le dolía nada pero hoy se puso _____ y se quedó en la cama.

20–20 ¿Volverse, hacerse, ponerse?

For each adjective given, select the correct verb that is used.

1. contento/a
   a. hacerse   b. volverse   c. ponerse

2. nervioso/a
   a. hacerse   b. volverse   c. ponerse

3. enfermo/a
   a. hacerse   b. volverse   c. ponerse

4. loco
   a. hacerse   b. volverse   c. ponerse

5. paraguayo
   a. hacerse   b. volverse   c. ponerse

6. un/a experto/a
   a. hacerse   b. volverse   c. ponerse

7. rebelde
   a. hacerse   b. volverse   c. ponerse

8. preocupado/a
   a. hacerse   b. volverse   c. ponerse

9. perezoso/a
   a. hacerse   b. volverse   c. ponerse

10. muy mayor
    a. hacerse   b. volverse   c. ponerse

SER + ADJECTIVE VS. ESTAR + ADJECTIVE

20-21 **La boda**

Look at this family picture: it is Alba's wedding day. Using the following words and phrases, write a brief description of the picture, imagining the relationships between the family members.

estar enamorado/a de

estar casado/a con

sentirse solo/a

ser celoso/a

tener miedo de

discutir con

llevarse muy mal con

llevarse bien con

_____
_____
_____
_____
_____
_____
_____
_____
_____

20–22 **¿Estar?**

Make a list of the words and phrases from the word bank below that can *only* be used with the verb **estar**, not with **ser**.

amable	de mal humor	guapo/a	contento/a	
insoportable	preocupado/a	harto/a	cansado/a	generoso/a

_____

_____

20–23 **Conversaciones**

Listen to the following four conversations. For each of the pieces of information below, indicate which conversation you hear it in.

1. Ella está embarazada.
   a. primera conversación
   b. segunda conversación
   c. tercera conversación
   d. cuarta conversación

2. Se casaron hace seis meses.
   a. primera conversación
   b. segunda conversación
   c. tercera conversación
   d. cuarta conversación

3. Son muy amigos.
   a. primera conversación
   b. segunda conversación
   c. tercera conversación
   d. cuarta conversación

4. Tienen un problema con la ex novia de él.
   a. primera conversación
   b. segunda conversación
   c. tercera conversación
   d. cuarta conversación

5. Él está deprimido porque no encuentra trabajo.
   a. primera conversación
   b. segunda conversación
   c. tercera conversación
   d. cuarta conversación

6. Ella lo pasa muy mal porque se interpone entre los dos.
   a. primera conversación
   b. segunda conversación
   c. tercera conversación
   d. cuarta conversación

7. Ella se ha enamorado de un amigo.
   a. primera conversación
   b. segunda conversación
   c. tercera conversación
   d. cuarta conversación

8. El padre y el hijo se llevan pésimo.
   a. primera conversación
   b. segunda conversación
   c. tercera conversación
   d. cuarta conversación

9. Hace tiempo que tienen problemas.

    a. primera conversación   c. tercera conversación

    b. segunda conversación   d. cuarta conversación

10. Está muy rebelde.

    a. primera conversación   c. tercera conversación

    b. segunda conversación   d. cuarta conversación

20-24 ¿Cómo se llaman?

Now listen to these four conversations again, and write the names of all the characters pictured, in the order that you hear them.

1. _____

2. _____

3. _____

4. _____

5. _____

6. _____

7. _____

8. _____

9. _____

10. _____

20–25   **¿Cómo son?**

Listen to these four conversations one last time, and associate each character with the appropriate characteristics. Make a list of all the options that apply.

generoso/a	egoísta	comprensivo/a	irresponsable	idealista	sincero/a
responsable		intolerante	anticuado/a	moderno/a	

1. Juan _____
2. Ana (esposa de Juan) _____
3. Francisco _____
4. Juan Víctor _____
5. Lucy _____
6. Juan _____
7. Alex _____
8. Ana (novia de Nicolás) _____
9. Nicolás _____
10. Norma _____

20–26   **¿Poco o un poco?**

Complete the following short sentences and rules correctly with either **poco** or **un poco**.

1. María es _____ indecisa.
2. Laura es _____ falsa.
3. Alberto es _____ abierto.
4. Carlos es _____ simpático.
5. _____ se usa con adjetivos que tienen un significado positivo.
6. _____ se usa con adjetivos que tienen un significado negativo.

20–27   **Gente famosa**

Now write complete sentences about famous people in your country using the following adjectives with **poco** or **un poco**.

1. antipático/a

_____

2. raro/a

_____

3. generoso/a

_____

4. retraído/a

_____

5. sociable

_____

6. flexible

_____

7. autoritario/a

_____

8. loco/a

_____

INTERACCIONES

20–28 **Interrumpe**

Your classmates are debating about whether the use of Facebook should be banned in your school. Interrupt the people that are in favor of the prohibition to tell them what you have to say about the subject. Give your responses orally, and use expressions like:

Perdon/disculpa, pero…

¿Podría decir algo?

Lamento interrumpir, pero…

Perdona/e que interrumpa, pero…

1. …

2. …

3. …

4. …

5. …

20–29 **Asegúrate que están poniendo atención a lo que dices**

You are now involved in the debate as to whether Facebook should be banned in your school. Give four of your opinions about Facebook orally, and use expressions like **¿no?, ¿Verdad?, ¿No crees/cree?, ¿No te/le parece?** to request confirmation or maintain someone's attention.

NUESTRA GENTE

GENTE QUE LEE

20–30 **Ecuador reconoce los derechos de la naturaleza**

Read the following passage and then answer the questions below.

Ecuador es el primer país del mundo que reconoce en su Constitución derechos inalienables a la naturaleza, convirtiéndola de esta manera en **sujeto** de derecho. La nueva Carta Magna ecuatoriana promueve el cuidado de la biodiversidad, de los recursos naturales y del patrimonio natural, pero además dedica uno de sus capítulos a otorgar a la naturaleza derechos **exigibles** jurídicamente.

Es posible que alguien pueda preguntarse: ¿Puede la naturaleza tener derechos? ¿Quién va a reclamarlos? ¿Dónde se van a procesar los reclamos? Hay que entender que se trata de hacer justicia a la naturaleza y reconocer que si la justicia social fue en el siglo XX el eje de las luchas, la justicia ambiental va a serlo en el siglo XXI. Además la Constitución otorga a "toda persona, comunidad, pueblo o nacionalidad" el poder de "exigir a la autoridad pública el cumplimiento de los derechos de la naturaleza".

A pesar del optimismo que ha despertado entre los grupos ambientalistas por la adopción de los derechos del medio natural, existe escepticismo sobre la manera en que serán ejercidos, <u>ya que</u> la economía de Ecuador sigue dependiendo en gran medida de la extracción de recursos naturales como el petróleo o los minerales. Varios grupos aseguran que el reconocimiento de los derechos del medio natural colisionará con los intereses de <u>estas</u> compañías.

También hay preocupación por ciertas contradicciones que dejan espacio para interpretaciones ambiguas. Un ejemplo es el artículo 407, en el que se "prohíbe la actividad extractiva de recursos no **renovables** en las áreas protegidas", pero más adelante se incluye como excepción a la regla de explotación "la petición fundamentada de la Presidencia de la República, previa declaratoria de interés nacional". <u>Por lo tanto</u> es facultad del presidente decidir si conviene explotar recursos valiosos como el petróleo o el oro en áreas protegidas o mantener la riqueza natural de selvas y bosques como proclama la Constitución.

Otra crítica es que no se incluye el consentimiento expreso de las comunidades afectadas en cualquier proyecto de explotación de recursos naturales. Muchos opinan que es **lamentable** que no haya una cláusula expresa que prohíba cualquier actividad minera o de extracción de petróleo que impacte en los hábitats en peligro.

Finalmente, algunas organizaciones ambientalistas consideran que el modelo económico del presidente Correa, sustentado en parte en los beneficios obtenidos de la explotación de los recursos naturales, también choca con los derechos de la naturaleza, y <u>por eso</u> creen que la única solución para evitar la colisión entre el modelo económico y los derechos del medio natural es la búsqueda seria y responsable de un nuevo régimen de desarrollo.

De cualquier modo, aquellos que dicen que es absurdo dar derechos a la naturaleza hay que recordarles que hace siglos a los abolicionistas se les llamaba locos por querer dar derechos a los esclavos.

1. ¿Cuál es el objetivo del autor del texto?

   _____

2. ¿Cómo argumenta el autor el tema presentado?

   _____

3. ¿Cuáles son los verbos de los adjetivos en negrita "exigibles", "renovables" y "lamentable"?

_____

4. ¿A que compañías se refiere el adjetivo subrayado <u>estas</u>?

_____

5. Explica el significado de los conectores subrayados.

_____

6. Busca en el diccionario la palabra **sujeto**. Primero determina si es un nombre, adjetivo o verbo. ¿Cuál es el significado más adecuado en este contexto?

_____

7. Según el autor, ¿cuáles son los obstáculos para el reconocimiento, en la práctica, de los derechos de la naturaleza en Ecuador?

_____

8. ¿Crees que el autor es optimista y piensa que en el futuro los derechos de la naturaleza serán respetados? Justifica tu respuesta.

_____

20–31 **¿Comprendes?**

Based on the reading passage, select the correct answer to each of the following questions.

1. ¿Cuál es el objetivo del autor del texto?
   a. Resaltar la importancia de la existencia de leyes que protegen los derechos de la naturaleza.
   b. Destacar que la justicia ambiental será el eje de las luchas de este siglo.
   c. Presentar el reconocimiento de los derechos jurídicos de la naturaleza en Ecuador y las dificultades para que sean respetados.

2. ¿Cómo argumenta el autor el tema presentado?
   a. Con ejemplos concretos y cifras.
   b. Primero presenta los hechos, después las críticas a que los derechos de la naturaleza vayan a ser de hecho respetados en Ecuador.
   c. Primero presenta los hechos y después los argumentos que apoyan las resoluciones de la constitución de Ecuador en cuanto a los derechos de la naturaleza.

3. ¿Qué categoría son las palabras en negrita "exigibles", "renovables" y "lamentable"?
   a. adverbios
   b. adjetivos
   c. verbos

4. ¿A que compañías se refiere el adjetivo subrayado estas?
   a. las que defienden los derechos de la naturaleza
   b. las mineras y petroleras
   c. las compañías ecuatorianas

5. De los conectores subrayados en el texto, ¿cuál no introduce una consecuencia?
   a. ya que
   b. por eso
   c. por lo tanto

6. De estas definiciones que aparecen en el diccionario de la palabra **sujeto**, ¿cuál es la categoría y el significado más adecuado en este contexto?
   a. (v/t) to hold
   b. (adj.) secure
   c. (n.) carácter, individual
   d. (adj.) subject

7. ¿Cuál de estos obstáculos no cita el autor para que se respeten los derechos de la naturaleza de Ecuador?
   a. El escepticismo de los grupos ambientalistas.
   b. Los intereses de las compañías petroleras y mineras
   c. El poder de decisión del presidente en este asunto.
   d. La falta de capacidad de decisión sobre este tema de las comunidades indígenas.
   e. El modelo económico del presidente Correa.

8. ¿Crees que el autor es optimista y piensa que en el futuro los derechos de la naturaleza serán respetados? ¿Cuál es la justificación que argumenta?

   a. Sí, porque dice que igual que fue posible abolir la esclavitud, también serán reconocidos los derechos de la naturaleza.

   b. Sí, porque conseguir que se respeten los derechos de la naturaleza es la lucha del siglo XXI.

   c. No, porque piensa que Ecuador no puede subsistir sin la explotación de sus recursos naturales.

   d. No, porque no es viable para Ecuador la adopción de un nuevo régimen de desarrollo.

GENTE QUE ESCRIBE

20–32 **Problema en la escuela**

Choose a specific problem in your university or school that you want to write an editorial letter about for a newspaper in Spanish. Write an outline for your letter based on the following steps.

1. What is the problem that you want to talk about?

2. What is the background of the problem?

3. What are the causes? List them.

4. What are the effects? List them.

5. Make a list of facts, supportive evidence, examples, or anecdotes that support the causes to persuade the reader.

6. Make a list of facts, supportive evidence, examples, or anecdotes that support the effects to persuade the reader.

_____

_____

_____

_____

_____

_____

_____

_____

20-33 **Causa y efecto**

Write two sentences that contain cause-effect relationships for each pair of sentences about the Galapagos Islands. In your sentences, be sure to use connectors such as the following: **Ya que, dado que, puesto que, debido a, a causa de, dada, y por eso, y por consiguiente, así que, por lo tanto,** and **como consecuencia**.

El ecosistema de la Isabela ha sido muy dañada.

Un gigantesco incendio en 1985 destruyó 400 km de la Isabela.

1. _____

2. _____

La biodiversidad de las islas Galápagos está amenazada.

En las islas Galápagos cada año hay 90.000 turistas más de los aconsejables.

3. _____

4. _____

La elevada población de colonos en las islas Galápagos no es buena para su ecosistema.

Los asentamientos de los colonos conllevan la acumulación de desechos y la introducción de enfermedades, plantas e insectos.

5. _____

6. _____